보두네 신부 서한집

보두네 신부 서한집

초판 1쇄 발행 | 2025년 09월 05일
초판 3쇄 발행 | 2025년 10월 02일

글쓴이 | 보두네 신부 François Xavier Calixte Baudounet
옮긴이 | 조안나
감　수 | 김성봉
발행인 | 한명수
발행처 | 흐름출판사
편집자 | 이향란 이현아
디자인 | 이선정
주　소 | 전북 전주시 덕진구 정언신로 59
전　화 | 063-287-1231
전　송 | 063-287-1232
홈페이지 | www.heureum.com
이 메 일 | hr7179@hanmail.net

ⓒ 전동성당, 2025
출판 승인: 천주교 전주교구 (No.2025-1)

ISBN 979-11-5522-410-6 93230

값 20,000원

저작권자의 허락 없이 이 책의 일부 혹은 전체를 무단 복제, 전재, 발췌하면 저작권법에 의해 처벌받습니다.

전라도 천주교 형성 과정이 담긴

보두네 신부 서한집

보두네 신부 씀 | 조안나 옮김

흐름

차례

· 보두네 신부 서한집을 발간하며 / 10

· 복사 선택에 대한 고민 및 성사 보고 — 14
· 1886~87년도 성무집행 보고서 -전라도 교우들의 신앙에 대한 제언- — 17
· 1887~88년도 성무집행 보고서 -회두자 보고와 몇 가지 감화하는 이야기- — 24
· 1887~88년도 성무집행 보고 보충 -관할 지역 교우 현황과 조선의 종교 상황- — 28
· 라푸르카드 신부의 장례미사 — 35
· 1888~89년도 성무집행 보고서 -관할 지역 교우 현황과 전라도 지방의 기아- — 40
· 1889~90년도 성무집행 보고서 -평온한 전라도 분위기와 각 사업의 결실- — 51
· 교우들을 괴롭히는 탐욕스러운 외교인 문제 해결 요청 — 58
· 모함당한 교우 유관순 사건 해결 촉구 — 62
· 최씨-함씨 일 경과 공유와 한 조사의 빚에 관한 정보 요청 — 64
· 1890~91년도 성무집행 보고서 -하느님 섭리께서 베풀어 주신 축복- — 67
· 장성 신자 관련 사건에 대한 경과보고 및 해결 재요청 — 72
· 심각한 장성의 박해 상황 보고와 해결 요청 — 76
· 서울의 명령을 확인할 수 있는 문서 및 독판의 편지 요청 — 80
· 장성 사건 관련 어려운 처지 호소 — 82
· 장성 사건 관련 경과보고 및 해결 촉구 — 85
· 1891~92년도 성무집행 보고서 -한 해 동안 전라도 지역에서 일어난 사건과 그 해석- — 88

- 화해를 위한 감사와의 만남과 그 결론 ──────────── 94
- 1892~93년도 성무집행 보고서 -투쟁의 성공과 하느님의 섭리- ── 97
- 프랑스 공사에게 보내는 탄원서 전달 요청 ──────── 102
- 감사의 둘째 편지에 대한 답장 ──────────── 104
- 감사에 대한 조치 촉구 ────────────── 105
- 감사의 의도에 대한 의견 및 행동의 원칙 소명 ──── 107
- 새해 인사와 재정, 영적 상황에 관한 보고 ─────── 110
- 1893~94년도 성무집행 보고서 -성영회·장례·신앙 전파·학방 사업- ── 112
- 동학도의 습격 ─────────────────── 118
- 동학군 습격 이후의 상황 ─────────────── 122
- 동학도 봉기의 원인과 경과 및 현재 상황 ──────── 124
- 동학도 봉기 이후 전라도 주민 및 천주교인 사정 ──── 129
- 전라도의 심각한 상황에 대한 우려 ────────── 132
- 동학도들에 대한 감사와 청국인들의 태도 ─────── 137
- 비상 사태를 전하는 전보의 표시 ──────────── 139
- 조조 신부 피살을 알리는 전보 ──────────── 140
- 비에모 신부와 함께 피신 중 프랑스 배를 통한 구조 요청 ── 141
- 조조 신부 사망 소식 다시 알림 및 구조 재요청 ───── 143
- 전라도 복귀 과정 및 수습에 관한 보고와 교우의 상태 및 이후 전망 ── 146
- 1895년도 성무집행 보고서 -동학난의 영향과 교우 공동체의 회복- ── 152
- 전라도 등지 콜레라 발생 ─────────────── 164
- 주교의 전라도 순시 소식, 라크루즈 신부의 병환 ──── 166
- 주교의 편지에 대한 회답 및 전라도 상황 보고 ───── 169
- 전라도 교우들의 주교 영접 준비 ──────────── 175

- 새해 인사 및 단발령에 대한 소문 등 전라도 소식 ── 177
- 관찰사의 탐욕과 이로 인한 교우들의 피해 ── 180
- 박씨 가문 사건 관련 호소 ── 183
- 박씨 가문 사건에 대한 의견 및 전라도 봉기 소식 ── 186
- 적대적인 관찰사 등의 위협과 개신교도와의 차별 대우에 대한 하소연 및 진위대 참위 옹호 ── 189
- 지난 사건의 추이 보고, 새로 부임한 관찰사에 대한 평가 외 ── 194
- 주교 방문 이후의 상황 보고 ── 197
- 진안현감의 탐학과 이로 인한 교우들의 고통 ── 199
- 진안현감 관련 탄원 결과 보고 및 전라도 특사의 공격을 받는 중대장 김병욱 옹호 ── 202
- 진안현감 교체 소식 및 신부들의 숙소 관련 보고 ── 205
- 전라도 교우 공동체 발전상 및 선교에 장애가 되는 개신교도의 행태 외 ── 207
- 신부들의 주거 환경 및 전라도 분위기 보고 ── 213
- 태인군수의 고발 ── 215
- 태인 사건 관련 인물 성격 설명 및 처리 방법 제언 ── 217
- 태인군수 고소 내용에 대한 변명과 동학도의 새로운 움직임 보고 및 인물 추천 ── 221
- 새해 인사와 성무집행 경과보고 ── 225
- 1897~98년도 성무집행 보고서 -관할 지역 공소 현황 및 개신교도 관련 곤란- 226
- 부진한 작황과 유통 부족에 따른 전라도의 불안 기미 및 조선의 행정 비판 ── 232
- 전주 진위대 참위 보호 요청 ── 235

- 최근 전라도의 천주교를 적대하는 분위기와 노인 살해로 고소당한
  교우 사건 관련 알림 ──────────────── 237
- 고인 아들 나씨 처벌 촉구 및 천주교인을 반대하는 분위기 속
  어려움 토로 ──────────────────── 240
- 조선 당국의 천주교인에 대한 태도와 아오스딩 신부 거취 문제 ── 243
- 아오스딩 신부의 임지 도착 소식 및 유승도의 인물됨 서술 ──── 245
- 남원군수 관련 답신 및 개신교도 정황 외 동료 신부와 교우의 안부 ── 248
- 새해 인사 및 나환자 소식, 전라도 영세자 수 감소 ──────── 250
- 1898~99년도 성무집행 보고서 -성교 확산에 장애가 되는 두 요소- ── 252
- 베르모렐 신부 사건 관련 정보 및 고부 봉기 소식 ───────── 256
- 1899~1900년도 성무집행 보고서 -고부 봉기 전후의 전라도 분위기- ── 259
- 전라도 신부들의 안부와 활빈당 출현 등 전라도의 근황 ────── 264
- 청국의 천주교 박해 소식과 그에 대비되는 평온한 전라도 분위기 ── 267
- 도둑들 창궐에 따른 염려 ────────────────── 270
- 주교의 전라도 포교지 신설·정리 계획에 대한 의견 외 ────── 272
- 새해 인사 계획과 전라도 신부들의 근황 보고 ─────────── 275
- 1900~01년도 성무집행 보고서 -올해의 성과와 긍정적인 내년 전망- ── 278
- 제주 참사 이후 전라도 천주교 상황과 성사 권한 및 대사 기도 관련
  문의 ──────────────────────── 281
- 새해 인사와 전라도 신부들의 안부 및 성무집행 경과 ─────── 284
- 페네 신부 성소 관련 사건으로 인한 천주교의 피해와 갈등 ───── 286
- 1901~02년도 성무집행 보고서 -생성 시기별 교우 공동체의 양상- ── 288
- 페네 신부 관련 경과보고 ───────────────── 294
- 1903년도 성무집행 보고서 -외교인 마을에 거주하는 영세자들 걱정- ── 296

- 새해 인사 및 성무집행 현황 보고, 기근과 세금, 강도 등으로 비참한 전라도 상황 ——————————————————————— 298
- 1904년도 성무집행 보고서 -기근 등 작년에 이은 시련과 황해도 사건의 영향- — 301
- 성무집행 보고와 새해 인사 -진보주의, 서명 운동의 실패와 불안한 분위기- — 306
- 페네 신부 관련 소식 및 관찰사와 그의 태도에 대한 하소연 ——— 309
- 전교회장 김련금 옹호와 전주 소요 경과보고 ————————— 311
- 주교 수품 기념일 축하 인사 및 전라도 순시 일정 문의 ———— 314
- 페네 신부 사건 관련 상황 보고 ———————————————— 316
- 을사늑약 이후 조선인 ———————————————————— 319
- 봉기에 대한 의견과 서얼 출신 교우의 신학교 입학 청원 ——— 321
- 의병과 일본인의 충돌 사이 천주교인, 악의 없이 중혼한 교우들의 처분 문의 ————————————————————————— 323
- 일본인과 일진회의 자위단 가입 겁박과 폭력에 따른 신속한 도움 요청 ————————————————————————————— 326
- 진안 자위단 가입 강요 사건 처리에 관한 정보 보완 및 의견 제출 — 330
- 통감 비서 미우라 방문과 그 의미 ——————————————— 333
- 부당하게 투옥된 진안의 김 스테파노 신부와 교우들 사건 전말 — 335
- 자위단 가입 강요 사건 처리에 관한 통감부의 주장 반박 ——— 338
- 진술서 내용이 불일치하므로 가해자 특정이 불가하다는 일본인의 주장에 대한 석명 ————————————————————— 342
- 진안 자위단 가입 강요 사건 주범 처벌 등을 위한 조처 호소 — 345
- 주교의 무사 귀환 소식을 접한 감상 —————————————— 347
- 순교자 유항검의 재산 회수를 위한 도움 요청 ————————— 349
- 소송을 제기한 변정식에 대한 정보, 성벽 매입을 위한 도움 요청 — 353

- 교회를 짓는 동안의 주일 노동 허락 요청과 의병의 침입을 받은
  페네 신부 소식 ───────────────────────── 355
- 페네 신부의 건강 상태와 상경 일정 보고 ───────── 357
- 1909~10년도 성무집행 보고서 -일본인 지배하의 종교적 상황, 인플루엔자 창궐- 359
- 성당 건축 자금 마련을 위한 대출 요청 ─────────── 362
- 주교의 성당 자금 대출에 대한 감사 및 상환 계획 ──── 364
- 전라도 신부들의 안부와 성당 건축 현황 보고 ─────── 366
- 주교님께 드리는 감사 인사와 새해 기원 ────────── 368
- 알릭스 신부의 프랑스 방문 동의 ───────────── 370
- 성무집행 현황 및 동료 신부들 안부 -투표 동봉- ────── 371
- 1910~11년도 성무집행 보고서 -부진한 성무와 조선인의 성격 변화- ── 373
- 전교회장 임약수의 노름빚으로 인해 휘말린 소송에서 권리를
  보전하기 위한 도움 요청 ───────────────── 375

보두네 신부 약전略傳 ─────────────────── 378

보두네 신부 서한집을 발간하며

　보두네 신부님은 파리외방전교회 선교사로 전주에 파견되어 이곳에서 본격적으로 천주교 공동체를 시작하였고 전동성당을 지으셨습니다. 신부님은 1888년부터 1915년까지 전라도 지역 선교의 중심에 계셨습니다. 신학생 시절부터 불평하지 않고 모든 것을 희생하며 살겠다고 다짐하신 보두네 신부님은 자신을 알리거나 알려지는 것을 좋아하지 않으셨습니다. 그래서 신부님이 남기신 편지들에도 오직 하느님을 널리 알리고 사람들을 돕는 데 주력하신 그의 자세가 온전히 드러납니다. 그러다 보니 편지에서도 사사로운 이야기는 최대한 자제하셨고 이로 인하여 우리는 신부님에 관한 많은 정보를 알지 못하기도 합니다.
　본인은 전동성당에 부임하여 성당의 역사를 공부하던 중 보두네 신부님의 삶에 커다란 감동을 받았습니다. 그 어려웠던 시기에 자신을 희생하면서 공동체를 일구시고 참으로 아름다운 성당을 지으셨던 신부님의 삶에 관심을 갖기 시작하였고 신부님에 대하여 더 알아야겠다는 생각을 하게 되었습니다.
　이런 취지에서 신부님이 고국 프랑스를 떠나신 지 139년 만인 2023년 가을에 신부님의 고향에 미리 연락한 다음 공식적으로 마을을 방문하여 보두네 신부님의 후손을 비롯한 지역 사람들을 만나고 정보를 공유하였습니다. 다음 해인 작년 2024년 가을에는 본당 신자들을 중심으로 하는 30여 명의 교우들과 함께 다시 그곳을 공적으로 방문하였습니다.
　무엇보다 보두네 신부님을 알리는 것은 단순히 전동성당만이 아니라 전주교구와 우리 교회를 위해 필요하다는 판단을 내리게 되었으며 이를 위해 부임 초기부터 신부님에 관한 자료를 수집하였습니다.
　그 가운데 원자료라 할 수 있는 보두네 신부님의 편지들을 호남교회사연구소 소장 이영춘 신부님을 통해서 받게 되었는데, 이는 파리외방전교회 선교사들의 수많은 편지 필사본들을 판독判讀하여 전사轉寫*한 고 지정환 신부님(벨기에 출신의 전주교구 사제)과 이를 추진하신 고 김진소 신부님(호남교회사연구소 초대 소장)의 노고의 결과물이었습니다. 편지의 원본을 소장하고 있는 서울 한국교회사연구소에서 자료를 비교 점검하다가 누락된 편지들이 제법 있음을 알게 되었으며, 위 연구소 소장이신 조한건 프란치스코 신부님의 배려로 모두 제공받았습니다.

파리에 거주하는 프랑스인 앙리 제스키에르Henri Ghesquière 씨는 추가된 편지들을 기꺼이 판독하여 전사해 주었습니다. 그리고 프랑스어 번역 전문가인 조안나 씨에게 이에 대한 번역을 의뢰하였고 바쁜 가운데 1년에 걸쳐 번역을 하였습니다. 파리외방전교회에 관련된 내용에 있어 확인이 필요할 때에는 파리외방전교회 한국지부의 고 두봉 주교님과 허보록 신부님에게 도움을 청하였고 그때마다 친절하게 설명해 주셨습니다.

전주교구 교구장 김선태 사도요한 주교님은 처음부터 이에 대한 관심과 지지를 아끼지 않으셨습니다. 이런 과정에 대하여 격려해 주셨고 서한집이 출판되어 교우들이 신앙의 열정을 되찾기를 바라셨습니다.

지금의 우리는 수많은 순교자들의 피와 수많은 선교사들의 땀을 통하여 신앙의 혜택을 누리고 있습니다. 착한 목자 보두네 신부님의 서한집을 통하여 우리 신앙의 고귀함을 다시 한번 실감하면서 우리 역시 귀한 신앙을 후손들에게 잘 물려주었으면 합니다.

2025년 9월

김 성 봉 프레드릭 신부

전동성당

---

* 본디 글이나 그림 따위를 옮겨 그대로 베끼는 것을 뜻하는 용어로 손글씨로 된 문서, 특히 오래된 필사본이나 고문서를 글자 그대로 옮겨 적는 행위를 뜻하기도 함.

일러두기

1. 서한 원문에 제목은 붙어 있지 않으나 가독성을 고려하여 편집 과정에서 각 서한의 제목을 설정하였다.
2. 서한 원문에 사용된 밑줄과 취소선은 번역문에 반영했다.
3. 본문 내용 중 추가 설명이 필요한 부분은 각주로 보완하였다.
4. 원문 판독이 불가한 부분은 ■으로 표기하였다.

보두네 신부 서한집

복사 선택에 대한 고민 및
성사 보고

+

예수 마리아 요셉

숭선[1]
1886년 4월 2일[2]

주교님,

주교님께서 제게 내려 주신 특별한 축복에 대해 감사드립니다. 그 축복이 제게 틀림없이 가져다줄 은총에 부응하도록 노력하겠습니다. 제게 은총이 필요하지만 그 은총을 받을 만한 일을 한 것은 별로 없습니다.

로베르 신부가 이미 경상도의 복사 한 사람을 골라 두었습니다. 주교님께서 저를 위해 생각해 두신 복사를 선택할 수 없는 것이 유감입니다. 그 사람에 대한 칭찬을 여러 차례 들은 바 있기 때문입니다. 하지만 주교님께서 로베르 신부가 저의 복사를 마련해 주리라고 예고하셨기에 저

---

1 숭선(崇善): 현 충북 충주시 신니면 문숭리로, 현재 청주교구 주덕성당 관할 구역으로 모남 공소에 포함된다.
2 편지의 작성 시기와 장소에 관한 표기에서 소괄호로 나타낸 부분은 번역자가, 대괄호로 나타낸 부분은 수신인 혹은 편지의 정리자가 표기한 것이다.

는 작고한 조스 신부의 복사에 대한 정보를 주십사는 청을 감히 로베르 신부에게 할 생각을 못 했습니다.

세례와 그 밖의 성사들에 대한 보고서 양식이 인쇄된 용지를 받지 못했기에 아래와 같이 제가 집행한 성사를 보고드립니다.

대인 영세자[3]: 28세 대인 1명

소아 영세자[4]: 2명

보례[5]: 어린이 1명

재고해자[6]: 150명

사규고해자[7]: 1명

23세 젊은 남성의 첫 고해

영성체자: 150명

임종하는 2명의 어린이와 17세의 소년에게 집행한 견진성사 3건

위의 3명에게 준 종부성사. 그중 2명은 사망함.

지금은 자정인데 4~5시간 후에 떠나야 하므로 오늘은 이렇게 짧게만 쓰는 것을 용서해 주십시오.

---

3 성인영세자를 가리키는 말로 당시 용어로는 '대인령세자'임.
4 유아영세자를 가리키는 말로 당시 용어로는 '소아령세자'임.
5 약식으로 거행한 세례식이나 결혼식을 나중에 보충하는 예식.(『표준국어대사전』)
6 再告解(frequens Confessio): 성사적 고백을 일 년에 한 번 이상 하는 일, 또는 그 고백. 제4차 라테란 공의회 이래 분별 연령에 달한 모든 신자는 적어도 일 년에 한 번 자신의 사죄(死罪)를 고백할 의무를 진다.(교회법 989조)
7 四規告解: 교회법의 여러 조문 가운데 신자들의 일상생활상 특히 필요한 네 가지를 뽑아서 십이단(十二端) 속에 수록한 조문을 성교사규라 하며, 성교사규의 하나로 발췌된 참회자의 고해 의무조항을 사규고해라 한다. 이는 교회법 제989조의 내용인데, 선악을 분별할 수 있는 지능에 달한 모든 신자는 매년 적어도 한 번 고해성사를 통하여 자신의 중죄(重罪)를 용서받아야 한다는 것이다.(『가톨릭대사전』)

주교님의 발 앞에 무릎 꿇고서 저를 주교님께 순명하는 미천한 선교사로 여겨 주시길 간청합니다.

조선의 교황 파견 선교사
X. 보두네 드림

1886~87년도 성무집행 보고서
-전라도 교우들의 신앙에 대한 제언-

천주교 신자의 의무에 관한 부분은 특히 전라도 여러 공소의 경우 아쉬운 점이 매우 많습니다. 저는 몇몇 교우들이 성사를 받고 나서 단 한 번도 요리문답要理問答을 읽지 않은 채 신부 앞에 감히 나서는 태도에 정말 놀랐습니다. 그들은 자기네가 똑똑하지 못하고 기억력이 좋지 않다는 변명을 늘어놓지만 단 한 번도 자기네 무지가 게으름 때문이라는 것을 인정하지 않았습니다. 오히려 제가 주일마다 그들에게 요리문답 네 부분, 곧 성세·고해·성체·견진 중 하나에 관한 교리를 암송할 것을 간곡히 요청함으로써 그들의 무지가 게으름 때문임을 여러 차례 지적해 주어야 했습니다. 그들이 약속을 지키길 바라고 있습니다… 게다가 저를 가장 놀라게 한 것 중 하나는 몇몇 전라도 교우들의 지독한 무지입니다. 이들은 세례의 은총을 받기 위해 반드시 알아야 할 신비들조차도 모릅니다. 도대체 그들이 어떻게 세례를 받았고 성체성사와 심지어 몇 사람은 견진성사까지 받았던 걸까요. 오! 그들은 견진성사를 받고 나면 요리문답을 배우겠노라고 신부에게 약속했을 겁니다. 그리고 나서 약속을 지키지 않았기에 그들은 오늘날(여러 차례 성사를 받고 나서도) 우리 성교聖敎에 대해 두세 번밖에 들어 보지 못한 신문교우新門敎友[8] 시절처럼 여전히 무지한 것입니다.

---

[8] 새로 입교한 사람을 이르는 말.(『표준국어대사전』)

이제 세례 주는 자들과 신앙 전파 사업이 이룩한 업적과 이 업적이 매년 이루는 발전과 진보에 대해 말씀드리고자 합니다.

올해 세례 주는 자들의 일은 뚜렷한 발전을 보았습니다. 작년에 로베르 신부가 950명에 달하는 작은 천사들이라는 꽃다발을 주교님께 바칠 수 있었습니다. 이 존경하올 동료 신부는 자신의 광대한 관할 지역에서 이들을 수확한 것인데, 그 지역 중 극히 작은 일부인 열다섯 공소가 올해 저에게 맡겨졌습니다. 그리고 저는 주님 포도밭의 이 작은 한 귀퉁이에서 활동적이고 열심한 일꾼들을 만나 행복합니다. 그들은 임종을 앞둔 외교인 아이들에게 세례의 은총을 얻어 주기 위해서라면 그 어떤 일도 마다하지 않습니다. 이 일에 특별히 마음을 쏟는 그들이기에 먼 길을 가야 하는 피곤함이나 길에서 겪는 위험(이 일은 대개 옹기장이를 생업으로 하는 여성들이 담당하기 때문입니다)도 그들에게는 애덕을 가로막는 큰 장애로 보이지 않았습니다. 이 용감한 여교우들은 열성적으로 활동하면서 욕설과 외교인들의 악담을 듣기 일쑤였지만, 그들이 한 어린아이에게 천국의 길을 준비하는 데 성공할 수만 있다면야 이 나라 신자의 삶에서 흔히 겪는 이러한 비참쯤은 아무것도 아닙니다. 심지어 이런 장애들은 매우 덕스러운 몇몇 사람의 열성을 북돋는다고 해도 과언이 아닙니다. 그들은 서원을 하지는 않았지만 자신들의 높은 연령에도 아랑곳하지 않고 예수님의 성심에 그토록 향기로운 이 일을 담당합니다. 그러나 주교님, 세례를 주는 남녀 신자들의 열성을 공연한 말로 칭찬할 필요는 없을 듯합니다. 세례를 받고 죽은 무수한 아이들이 지금 하느님의 어린 양의 옥좌 발치에서 이들의 관대함과 애덕을 소리 높여 증언하고 있고, 주교님께는 위로와 기쁨을 드릴 테니까요.

여러 공소에서 첫 번째 결실로 거둔 작은 천사들은 240명의 외교인 아이들인데 그중 대부분은 이미 하늘나라로 떠났습니다. 좀 더 작은 두 번째 결실은 130명의 아이들인데, 제 생각에 첫 번째 결실만 한 가치가 없는 듯합니다. 왜냐하면 첫 번째 결실은 얼마 안 되는 선교사들에 의해 수확된 것이었던 반면 두 번째 결실을 수확한 일꾼들은 꽤 많았기 때문입니다.

한 가정의 아이들이라도 서로 다른 소질을 갖고 태어나서 어떤 아이는 이 직업을, 다른 아이는 또 다른 직업을 택하는 것처럼, 주님 가정에서도 자녀들은 각기 서로 다른 소질을 보여 줍니다. 어떤 자녀는 죽을 위험에 처한 외교인 아이들을 돌보는 일에 더욱 소질을 드러내는 반면, 또 다른 자녀는 신앙 전파의 일에 소질을 보일 것입니다. 저는 성사를 집행하면서 이러한 차이 나는 개성들을 확인할 수 있었습니다. 이 개성들은 하느님 지혜의 빛에 의해 인도되기만 한다면 모두 칭송할 만한 것이지요.

둘 중 어느 일이든 그것을 담당하는 일꾼들은 찬사를 받을 자격이 있습니다. 그들 대부분이 쏟은 노고가 언제나 성공을 거두지는 않았지만 그들 모두는 매우 적극적이었습니다. 따라서 신앙 전파 사업은 답보 상태에 있지는 않습니다. 비록 눈에 띌 만한 진보를 하는 것 같지는 않지만 말입니다. 그 사업의 결과가 아무것도 아니라고 보아서는 안 될 것 같습니다. 작년에 교우들과 외교인들이 처한 특별한 상황을 고려한다면(어떤 이들은 친지의 죽음으로 마음에 타격을 입었고, 또 어떤 이들은 재해의 위협을 받아 모두 큰 불안에 사로잡혔습니다) 교우들은 외교인들을 돌볼 수 없었고, 외교인들은 세례를 제대로 준비할 수 없었음을 인정할 수밖에 없을 겁니다. 게다가 희년을 지내는 관계로 올해는 예년보다 더 이른 시기에 세례성사가 있게 되어, 보름이나 한 달만 늦추면 성사의 은총을 받을 준비가 되었을 몇몇 사람의 세례가 뒤로 미뤄졌기 때문입니다.

그러나 이 모든 난관에도 불구하고 저는 열다섯 명의 영세자를 탄생시켰습니다. 이 숫자는 매우 빈약하지만 제게 위안이 되는 점은 영세자들이 자질 면에서 믿을 만하다는 것입니다. 따라서 어떤 성인의 말을 되풀이하는 것으로 만족하렵니다. "아무리 적은 수의 영세자들이라 해도 그들은 모두 하느님께 영광을 드리려는 훌륭한 지향으로 가득하다. Non numerantur sed ponderantur."[9] 아, 전라도가 다른 선교 지역만큼의 외교인 대인 영세자와 소아 영세자를 배출하기만 한다면! 아! 그러나 주님 포도밭 중 이 부분에서는 그러한 수확을 바랄 수 없습니다. 전라도의 교우들은 수가 많은 것이 사실이지만 적극적인 일꾼들은 별로 없습니다. 저는 지난 주일(재의 수요일 전 둘째 주일) 복음에서 그리스도인의 열성은 세 가지 다른 형태로 나타난다는 내용을 읽었습니다. 자신의 이익보다 다른 이들의 이익을 더 염려하는 그리스도인들은 자신의 성화에 마음 씀이 없이 이웃의 구원에 기꺼이 전념합니다. 또 다른 그리스도인들은 자기들의 이익에만 관심이 있습니다. 그들의 모든 생각은 자기들이 얼마나 완덕에 가까이 가느냐에만 집중되어 있습니다. 이 두 번째 범주보다 더 적극적인 셋째 범주는 자기들의 성화와 이웃의 성화 모두를 위해 일합니다.

주교님, 이제 전라도 신자들을 어떤 그룹에 속한다고 말해야 할까요? 제 생각에 둘째 그룹이 가장 그들과 가깝다고 봅니다. 이웃의 구원에 별로 관심이 없는 그들은 자기들의 개인적 진보에만 관심을 쏟는데, 그럼에도 실제로 진보하지는 못합니다. 사실대로 말하자면 저는 그들에게서 사도의 자질을 발견했다고 생각지 않습니다. 만일 그들에게서 신비생활의 자

---

9 "그들은 세어지는 것이 아니라, 무게가 달아진다."는 뜻의 라틴어로, 어떤 것의 가치를 단순히 수량으로 판단해서는 안 되며, 오히려 그 질과 중요성에 따라 평가해야 한다는 것을 뜻한다.

질을 발견할 수 있었다면 그나마 만족했을 것입니다. 마음속에 그 같은 생각을 품는 것은 그들과 너무도 거리가 먼 이야기입니다. 전라도에서 성사를 주는 동안 가장 충격적이었던 것은, 교우들이 주일을 지키는 데 너무도 소홀하다는 점이었습니다. 그들이 하는 말을 들으면, 마치 9월과 10월의 주일은 연중 다른 주일들만큼 중요하지 않은 듯합니다. 교우들은 9~10월의 주일 의무들을 너무도 쉽게 저버립니다. 저는 그들을 몹시 꾸짖으면서, 그들이 걱정이 많고 미지근한 주원인은 바로 주일을 지키지 않는 데 있다고 분명히 지적했습니다. 저는 어쩌면 바로 이런 잘못 때문에 작년에 프랑스 공사가 종교 자유를 얻는 데 실패한 것이라고 덧붙일 때도 있었습니다. 사실 하느님을 영예롭게 하지 않는 자가 어떻게 호의를 받을 수 있으며, 열성을 잘 보존하지 못하는 자가 어떻게 오랫동안 열성을 간직할 수 있으며, 자기 안에 하느님 사랑의 불을 지니지 못한 자가 어떻게 다른 이들에게 그 불을 전할 수 있겠습니까.

주교님, 이상과 같은 것이 제가 교우들에게서 발견했다고 생각하는 결점들입니다. 이런 결점들은 아직 바로잡기가 불가능할 만큼 심각한 것은 아닙니다. 이 결점들은 쉽게 고칠 수 있다고 생각됩니다. 이를 위해 고산이나 진안에 상주常住 선교사 한 명을 파견하는 것으로 충분할 것입니다. 그곳에서 2~3년만 살고 나면 그는 상황을 파악할 것이고, 이곳 사람들과 장소들을 익히면서 구원에 도움이 되는 처방을 내릴 수 있을 것입니다. 다시 한번 말씀드리지만, 전라도의 신자들은 신앙이 있습니다. 그러나 이 신앙은 지도해 줄 선교사가 없어서 활성화되지 않고 있습니다. 또한 그 사제는 교우들이 존재하는 다양한 곳에서 능력 있는 전교회장들을 고를 수 있을 것입니다. 만일 이런 임무를 담당할 사람이 없는 공소라면 사제는 다른 곳의 전교회장 한 명을 보내어 그 마을에서 교리 교육을 담당하게 할 수 있을 것입니다. 전교회장들을 이처럼 여러 곳에 파견하는 것은 그리스도인들의 꺼져가는 열성을 다시 불태울 수 있을 것이고 신앙의 거룩한 씨앗으로서, 물을 제대로 줄 줄만 안다면 반드시 열매를 맺을 이 땅에 하느님의 말씀을 전하는 데 기여할 수 있을 것입니다.

이제 주교님, 저는 한마디 말만 덧붙이겠습니다. 미래를 위한 희망이라는 말입니다. 올해 경상도에 새로운 공소가 세 개 세워졌습니다. 게다가 강원도에서 내려온 교우들이 예전에 많은 교우들이 살던 경상도의 이 지역으로 이주해 들어왔습니다. 어쩌면 나중에 이 교우들의 도움으로 미지근한 교우들이 피신해 숨어 있는 여러 지역을 찾아내어 그들을 다시 양 우리로 데려올 수 있을지도 모릅니다. 작년에 이미, 1866년 이전에 열심했던 교우들로 이뤄진 마을이 이웃 공소 교우들에 의해 발견되었습니다. 로베르 신부는 그들에게 전교회장 한 명을 파견했지만 그는 섬세한 그 사명에 성공하지 못했습니다. 제가 이 공소를 방문했을 때 그 전교회장은 오래된 교우들의 마을에 대해 이야기했는데, 저는 사제의 편지 한 통이 단순한 한 교우의 말보다 그들에게 더 큰 인상을 줄 수 있으리라고 믿었습니다. 그래서 저는 그들에게 편지 한 통을 보냈는데, 처음에 이 편지는 그다지 큰 효과를 거두지 못하는 것 같았으나, 이 가련하고 불운한 교우들은 차츰 숙고한 뒤에 교우촌과 관계를 맺었습니다. 미지근한 교우들의 대표는 직업이 의사이고 마을에서 가장 부자였는데 저를 찾아와 먼저 정치나 사회적 이익에 대해 이야기하더니 화제를 종교 영역으로 약간 진전시켰습니다. 그의 신앙은 아마도 완전히 꺼지지는 않았지만 활발한 것 같지는 않았습니다. 그가 신앙에 관하여 교우들에게 한 질문을 보면 알 수 있습니다. 그럼에도 지난번 만났을 때 그는 성교회의 품으로 돌아오는 데 대해 적극적으로 저항하지는 않았습니다. 그는 무엇을 해야 할지 좀 더 시간을 두고 생각해 보겠다고 했습니다.

교우들이 한결같이 말하는 바는, 대구시의 일이 잘 해결된다면 아마도 어른과 아이 합쳐 100명가량의 이 불운한 교우들이 교회로 돌아오는 기회가 될 것이라는 것입니다. 교우들은 그렇게 희망하고 있고 저도 그들과 함께 희망합니다.

주교님께 순명하는 미천한 종
조선의 교황 파견 선교사
X. 보두네 드림

1887~88년도 성무집행 보고서
-회두자 보고와 몇 가지 감화하는 이야기-

✚

예수 마리아 요셉

1888년 5월 8일

주교님,

하느님의 섭리는 올해 저의 사목과 제가 맡은 지역 교우들의 열성을 특별히 축복해 주셨습니다. 그러나 큰 무리의 집단적 회두라기보다는 제게 맡겨진 57개 공소 여기저기에서 이뤄진 회두입니다. 외교인 자녀 영세자와 대인 영세자, 견진자, 첫영성체자를 배출하지 않은 공소는 하나도 없습니다. 이 모든 선량한 교우들은 하느님께 영광을 드리기 위해 앞다투어 열성을 발휘했습니다. 저는 그들에게 가장 큰 감사를 드려야 마땅하며, 하느님께서 우리 성교聖敎의 전파를 위한 그들의 노력을 도와주심으로써 그들 안에 활기찬 신앙을 더해 주시기를 마음을 다해 간청하고 있습니다.

회두자는 106명입니다. 이들 중 7명은 임종 대세자[10]였고, 나머지 영세

---

[10] baptisés in articulo mortis. 한국천주교주교회의는 2024년 추계 정기총회에서 '임종 대세'를 '죽을 위험 중의 세례'로의 수정을 승인하였다.(중협주 제2024-702호 (2024.10.23)) 이 서한집에서는 '임종 대세'라는 당시의 용어를 사용하기로 함.

자들의 확고부동함은 더 바랄 것이 없습니다. 또한 1,777명의 사규고해자, 1,642명의 부활절 영성체자, 임종을 앞둔 외교인 어린이 영세자 380명입니다.

이 380명의 어린이 영세자들 중 300명 남짓은 이미 영원한 영광을 누리며, 그들의 외교인 부모를 위해 기도하고 있습니다. 이 밖에도 83명이 견진성사, 43명이 종부성사(이들 중 여러 명이 이 성사를 받고 나서 곧바로 또는 몇 시간 후에 임종했습니다)를 받았고, 76명의 혼배성사자가 있었고, 68명이 사망하고, 148명이 출생했습니다. 예비교우 숫자는 꾸준히 증가하고 있습니다. 제가 다 알지 못하는 사람들 숫자를 빼놓고도 예비교우는 197명이나 됩니다.

더 정확한 보고를 드리자면, 주교님, 느림보 교우들이 하느님 아버지의 품으로 돌아오기 시작했다는 점을 말씀드려야겠습니다. 이들 중 약 스무 명이 23년 만에 처음으로 하느님과 화해했습니다. 그들이 주로 사는 곳은 경상도와 충청도를 분리하는 산들 사이의, 충청 지방의 경계선 근방에 있는 화령과 경상도의 북서 지역입니다. 그 지역의 한 전교회장은 그 딱한 이들의 숫자가 300명에 달할 것이라고 말해 주었습니다. 저는 이 길 잃은 가엾은 이들의 구원을 위해 열성을 다해 일하라고 그에게 당부했습니다. 그는 그러겠다고 약속했습니다. 하느님께서 그가 그들 곁에서 시작한 이 일을 축복해 주시길 빕니다!

주교님, 주교님께서는 대구의 열심한 여교우 허 골롬바의 체포와 구금 사실을 이셨습니다. 그녀는 여전히 감옥에 있는데, 그것이 자신의 수많은 죄에 대한 보속을 위해 하느님께서 보내시는 시련이라고 말합니다.

작년 2월 그녀가 체포될 무렵, 부정한 방법으로 돈을 갈취하기에 혈안이 된 포졸들이 제가 사는 곳에서 멀지 않은, 아마도 십 리가 채 안 되는 어떤 마을을 지나갔답니다. 그 마을에 교우들이 산다는 것을 안 그들은 신이 나서 교우들 중 하나를 이용하고자 했습니다. 그들은 예비교우 한 사람을 붙잡아 그의 손을 등 뒤로 묶고서 그가 배교하지 않는다면 그를 고문하고 관료 앞에 끌고 가겠다고 협박했습니다. 그것은 돈을 갈취하기 위한 트집이었습니다. 다행히 그들에게 붙잡힌 예비교우는 천주교에 깊이 빠졌을 뿐 아니라 성령의 은총으로 지탱된 이였습니다. 그는 포졸들이 쳐 놓은 함정에 빠지지 않았습니다. "당신들은 내가 누구이고 내 종교가 무엇인지 알고자 합니다. 나는 김가요 내가 믿는 종교는 천주교입니다. 지금 당신들은 나를 위협하면서 내 마음속 가장 깊은 곳에 새겨진 것을 포기하게 할 수 있다고 생각합니다. 당신들이 그렇게 하는 것은 자유지만, 당신들의 시도는 성공하지 못할 것이오. 관장도 역시 성공하지 못할 것이오. 나는 천주교인이고, 당신들이 내 육신을 온갖 고문으로 괴롭힌다 해도 나는 언제나 천주교인으로 남을 것이오." 포졸들이 전혀 기대치 않던 단호한 이 대꾸에 그들은 완전히 당황했습니다. 그들은 예비교우에게 아무 폭력도 쓰지 않고 그를 풀어 주었습니다. 이 신문교우가 원수를 이기는 데는 그를 가득 채운 성령의 은총이 엽전보다 훨씬 더 큰 역할을 한 것입니다.

주교님, 감화하는 이야기를 하는 김에 또 다른 이야기 하나를 하도록 허락해 주십시오. 십여 가구의 교우들이 사는 군위라는 마을에 장성한 두 딸을 둔 착한 여인이 살고 있습니다. 밤이 되어 세 모녀가 잠자리에 든 어느 날 밤 비명을 듣고 잠에서 깬 두 딸은 그것이 어머니의 비명임을 알았습니다. 그 비명에는 울음소리가 섞여 있었습니다. 한 외교인 어린이가 세례의 은총을 받지 못하고 죽어가기 때문이었습니다. 두 딸은 자기들이 꿈을 꾼 건가 생각했습니다. 비명과 울음소리가 한순간 계속되더니 별안간 죽음과 같은 침묵이 이어졌습니다. 딸들은 곧바로 다시 잠들었습니다. 그러나 다음 날 아침 어머니가 없는 것을 알게 된 두 딸의 놀라움은 어떠했겠습니까. 어머니는 죽어가는 아이에게 세례를 주러 간 것이었습니다. 그녀는 정오경에 돌아왔습니다.

이런 일이 두 번 더 되풀이되었습니다. 몇몇 교우들은 그 일의 신기함을 자기 눈으로 확인하길 원했습니다. 딸들은 들키지 않게 조심하면서 거리를 둔 채 이 불굴의 세례 집행자를 쫓아갔습니다. 그들은 마지막 두 차례 세례 때, 어린아이를 세례수에 담가 세례를 주는 그녀를 현장에서 덮쳤습니다. 아이는 세례받은 지 얼마 안 되어 사망했습니다.

아무리 희한한 사실이더라도 이는 그 지역의 전교회장으로서 믿을 만한 사람이 사실로 확인해 준 것입니다. 게다가 제가 방금 언급한 여인은 해마다 60명 정도의 어린아이들에게 세례를 준다고 합니다. 겨울의 추위도 여름의 더위도 그녀의 열성을 가로막지 못합니다. 그녀는 65세인데 주교님께서 모르시는 사람은 아닙니다. 주교님이 전라도 지방에 순시 오셨을 때 그녀에게 성사를 주셨을 테니까요. 그녀는 서울 출생이고 성은 백입니다. 그의 남편 박 요한은 널틔(진안)에서 예전에 전교회장이었는데 몇 년 전에 죽었습니다.

주교님, 당신의 미천한 선교사의 존경을 받아 주십시오.

조선의 교황 파견 선교사
X. 보두네 드림

1887~88년도 성무집행 보고 보충
-관할 지역 교우 현황과 조선의 종교 상황-

✝

예수 마리아 요셉

1888년 8월 18일

주교님,

병을 앓고 난 후의 허약한 몸 상태와 여러 가지 사정에 더하여, 서울로 가는 우편물의 출발까지 앞당겨지는 바람에 정기방문[11]에 대한 자세한 보고를 주교님께 보낼 수 없었습니다. 그래서 오늘 저는 제 관할 지역의 상태에 대한 전반적 개요 몇 가지를 말씀드림으로써 저의 보고를 보충하고자 합니다. 그리고 오늘까지 정확히 어떤 상황에서 나온 이야기인지는 모르지만, 회자되는 것들 중 예전에 들은 여러 가지 사실들을 이야기해 드리러 합니다.

---

11 administration이라는 용어의 뜻에 대하여 고 두봉 주교에게 생전에 문의를 하였고 다음과 같은 답을 받았다. "옛날에 본당마다 공소가 많았는데 부활 대축일을 앞두고 신부들이 공소 한 바퀴를 도는 것을 Administration이라고 불렀습니다. 성탄을 앞두고도 작은 공소는 하루, 큰 공소는 이틀 정도로 모든 공소를 방문하면서 실시한 세례나 고해성사, 혼인 등의 사목을 Seconde (둘째) Administration이라고 부르는 경우가 있었습니다."(2025년 3월 23일자 전자우편) 이른바 '정기 공소(교우촌) 방문'이라 할 수 있는데, 이 책에서는 '정기방문'으로 번역하기로 한다.

올해 제 관할 지역 교우들은 상대적으로 평화로운 시절을 보냈다고 일단 말씀드릴 수 있습니다. 그들은 지역 당국과 그 어떤 공공연한 분쟁도 없었고, 제가 아는 사실 중에도 천주교인이라는 이름이 그 영예로운 이름의 소지자에 대한 주된 기소 이유가 된 적은 있지만, 기소된 교우는 공소가 기각되고 어떠한 손해도 작은 형벌도 받지 않은 채 풀려나는 것이 대부분이었습니다.

천주교인에 대한 조선 당국의 이 같은 태도 변화는 서울에 유럽인들이 살게 되고 지방에서는 몇몇 아전들이 호의를 베풀었기 때문입니다. 사실 아전은 예전에는 천주교인이란 이름의 철천지원수였고, 그들이 이 나라에서는 유리한 위치의 사람들이었고 현재도 그러한 만큼 더더욱 두려운 존재였는데, 이제 그들은 자기들이 증오하던 이들에게 가까워져서 그들의 보호자요 친구가 되었습니다.

이처럼 전주(전라도)에서 외교인 아전 이성수는 어떤 교우 한 명이 감옥에 갇혔고, 또 다른 교우들은 재산이 몰수되었다는 말을 듣고 그들을 고발한 자들을 찾으러 갔습니다. 그는 예전에는 왕의 박해를 받았으나 지금은 왕의 보호를 받게 된 그 온유한 사람들에게서 강제로 돈을 요구하는 그들을 비난했습니다. 그는 그들에게 서울로 가서 우리의 왕세자가 신자들을 어떻게 대하는지 보라고 했습니다. "당신들 스스로 신자들이 얼마나 자유를 누리는지 확인해 보시오. 신자들은 현재 하느님께 드리는 성전을 짓고 있는데 왕은 그것을 제재하지 않습니다. 날마다 더욱더 사람들의 신뢰를 받는 이 사람들에게 과거의 전통을 따라서 싸움을 거는 자는 매우 무분별한 자일 거요. 그런 일로 그는 왕의 총애를 잃거나 유배형을 당하거나 어쩌면 죽음에 처해질지도 모르오. 그러므로 신자들에 대한 서울 행정 당국의 호의적인 태도를 거역하려 들지 마시오. 죄수를 풀어 주고, 훗날 후회하지 않으려거든 그 죄수와 다른 이들에게서 갈취한 모든 재산을 돌려주시오." 외교인 아전들은 자기들의 친구인 이성수의 말에 놀라 죄수를 풀어 주고 아마도 갈취한 모든 재산을 돌려주었고, 교우들은 자기들이 머물던 옛집으로 돌아갔습니다.

용담의 교우 공동체는 발전하긴커녕 오히려 위세를 잃어가는 것 같습니다. 작년에 그곳의 네 개 공소 중 가장 크던 구시울이 없어졌습니다. 그곳 주민들은 작고한 라푸르카드 신부의 지역으로 옮겨 갔습니다. 2~3가구가 계속 그곳에 살고자 했지만 외교인들이 대거 들어오면서 섞여들자 우리의 신문교우들은 버티지 못했습니다.

고산 지역은 여전히 평온함을 유지하고 있습니다. 앞으로는 아전들이 우리 교우들을 호의적으로 대할 것입니다. 어떤 아전의 아내는 심지어 우리 성교聖敎를 받아들이려 한답니다. 지방 당국의 이 같은 좋은 태도 덕분에 천주교는 날마다 점점 더 꽃피고 있고, 공소 숫자도 늘어나고, 여러 곳에서 교우 수가 외교인보다 더 많습니다.

진산의 교우 공동체는 예전과 똑같은 상황입니다. 그러나 진산이 누리는 평화는 점점 더 확고해지는 듯합니다. 한 명의 교우 아전 외에도 여러 명의 외교인 아전들이 천주교를 받아들일 태세가 되어 있는 것 같으니까요.

전라도의 천주교는 자유를 누리는 만큼 반드시 눈에 띄게 발전할 것입니다. 그럼에도 제가 확인한 바로는 전교가 활발하게 이뤄지지 않는 것 같습니다. 몇몇 교우들이 외교인들에게 우리 성교를 가르칠 용의가 충분히 있는 것이 사실입니다. 그러나 나쁜 표양이 그들이 이룩한 온갖 성공을 지워버립니다. 자기 동포들에게 조그만 잘못이라도 범하지 않으려고 세심하게 마음 쓰는 몇몇 교우들이 술이나 놀이에 빠져서 이웃들에게 추문이 되고, 자신과 이웃의 영혼에 해를 끼치는 것을 보는 것은 참으로 유감스럽습니다. 이 모든 악들을 치유하려면 사제 한 명이 상주할 필요가 있습니다. 전교회장들과 주요 교우들도 소리 높여 그렇게 주장하며, 감히 청하지 못하면서도 주교님께 사제 한 명을 보내주시길 청하고 싶어 할 것입니다. 자기가 상주하는 지역 교우들의 일을 이끌어 갈 사제 말입니다.

말 나온 김에 충청도의 제 관할 구역 일부에 대하여 한마디만 말씀드리고자 합니다. 이곳엔 제 전임자들 시절에 생겨났고 올해도 되풀이된 무질서함밖에는 특기할 만한 사항이 아무것도 없습니다. 술과 노름에 빠진 교우들은 옛 습관으로 되돌아갔습니다. 전교회장과 가장 열심한 교우들이 이들을 꾸짖었습니다. 그들은 심지어 신부에게 그들을 고발하겠다고 협박까지 했습니다. 그러나 비난도 협박도 아무 소용이 없었습니다. 제가 이 공소에 들렀을 때 이 불행한 교우들의 품행에 대해 알고서 저는 모임 장소에 그들을 불러서 모든 사람이 보는 앞에서 그들 각자에게 벌을 내렸습니다. 이 죄인들은 과거 생활을 후회하는 것 같고, 더 이상 과거와 같은 무질서한 생활로 돌아가지 않을 것 같습니다. 좋으신 하느님께서 그들에게 끈기를 주시길 빕니다!

경상도는 자신들의 좋은 전통을 계속 이어가고 있습니다. 교우들의 열심은 더 바랄 나위가 없습니다. 그들의 열심 덕분에 외교인들에 대한 전교가 교우 마을 주변에서 이뤄지면서 큰 성공을 거두고 있습니다. 예비교우 수도 많으며, 기도를 배우려는 그들의 열심은 선교사에게 가장 큰 위로 중 하나입니다. 용궁龍宮의 옹기점은 그 훌륭한 조직과 그곳에 사는 교우들의 자질로 유명합니다. 그들은 그곳에 오래 살면서 그 지방 사람들과 관계를 맺게 되었고, 외교인들의 귀에 우리 성교聖敎의 몇 가지 말씀들을 조금씩 전했습니다. 이 거룩한 씨앗은 비옥한 땅에 떨어졌고 벌써 가장 좋은 열매를 맺고 있습니다. 아홉 가구가 사는 마을에서 일곱 가구가 기도를 배우고 있습니다. 주요 가구의 구성원인 여섯 사람이 올해 이미 세례수로써 새로 나는 행복을 누렸습니다.

저는 조선의 종교 상황을 나타내는 사건인 동시에 제가 지금 하고자 하는 이야기의 주인공을 영예롭게 하는 한 가지 사건에 대해 침묵할 수는 없을 것 같습니다.

작년 11월에 있었던 일입니다. 여진이[12]의 전교회장의 아들이며, 학생 운학[13]의 아버지인 사람이 자기가 살던 충청도에 종교 서적 몇 권을 저로부터 가져가야 했습니다. 그는 길가에 있는 큰 주막 앞을 지나던 중 열댓 명의 포졸들을 보았습니다. 그가 모른 척하고 지나가려 하자 포졸 하나가 그를 멈춰 세우더니 어디서 왔으며 어디로 가는 길인지, 들고 가는 것이 무엇인지 물었습니다. 그 교우는 대구에서 오는 길이고 충청도로 책 몇 권을 가지고 가는 길이라고 답했습니다. 그 순간 다른 포졸들이 다가오더니 여러 명이 동시에 외쳤습니다. "무슨 책들인가? 책 보따리를 열어 우리에게 보이거라!" 그 가엾은 교우는 하라는 대로 할 수밖에 없었습니다. 그는 보따리를 내려놓고 펼쳤습니다. 포졸들은 책들을 집어 들고 읽었습니다. 그것은 조선 법에 금지된 종교 서적들이었습니다. 그 교우는 말없이 있었습니다. 포졸들은 그 범법자를 판관에게 끌고 가겠다고 엄포를 놓았습니다. 그 교우는 조금도 겁먹지 않은 목소리로, 자기는 법정

---

12 여진(余津)이는 현 경북 구미시 해평면 낙산리(현 대구대교구 해평성당 낙산 공소)에 해당.
13 원문은 Ounaik-i라고 표기되어 있다. 정확한 한국어 이름은 알 수 없지만, 표기된 단어의 발음에 가까우면서 한국어 이름다운 '운학'으로 번역한다.

에 가기가 소원이며 포졸들보다 더 빨리 달려갈 것이라고 대꾸했습니다. 그런 후 그는 책 보따리를 조심스레 다시 싼 후 어깨에 메고 나서 열댓 명의 포졸들에 둘러싸여 법정으로 향했습니다. 포졸들은 법정에 앉은 재판관을 향해, 자기들이 길에서 신자 한 명을 만나 끌고 왔다고 말했습니다. 판관은 그리스도인이라는 소리를 듣자 엄한 어조와 불꽃이 이는 듯한 눈초리로 포졸들에게 호령하며 물었습니다. "누가 너희들에게 그리스도인들을 체포할 명령을 내렸느냐? 왕이냐? 왕이 친히 내린 명령이냐?" 그는 즉시 형 집행관들을 불러 이렇게 선고했습니다. "체포 명령을 받지 않고서 함부로 그리스도인을 붙잡아 데리고 온 포졸들은 태형을 받아야 한다. 형 집행관들은 포졸들을 붙잡아 한 명당 열 대의 형을 내리도록 하라."

포졸들의 행실을 바로잡고 나서 마음이 좀 진정된 판관은 그 교우를 향해 친절한 어조로, 그가 왜 그런 책들을 충청도로 가지고 가느냐고 물었습니다. 교우는 그것을 읽기 위해서라고 답했습니다. 그러자 판관이 말했습니다. "내게 책들을 보여라. 나도 읽어 보고자 하노라." "판관님께서 서양 종교를 받아들이고자 하시면 이 책들을 읽으실 수 있겠지만, 그렇지 않다면 그것을 살펴볼 이유가 어디 있습니까?" "너는 공자님을 공경하고 이런 외국 종교는 버려야 한다." "공자님도 우리나라의 현인은 아닙니다. 그분은 중국에서 태어나 살다 그곳에서 죽었습니다." 그러자 판관은 비난 어린 어조로 말했습니다. "너는 왜 그처럼 생각하느냐? 물러가거라."

제가 방금 말씀드린 사건은 옛 전통과의 완전한 단절을 보이는 것인 만큼 더욱더 독특합니다. 피고는 교우였지만 사면되었고, 고자질한 고소인들이 오히려 태형을 받게 되었으니까 말입니다. 이 이야기를 들은 오래된 교우들이 얼마나 놀라워했겠습니까! 또한 미래에 대해 얼마나 큰 희망을 가질 수 있었겠습니까! 그들은 벌써 종교 자유의 시대를 어렴풋이 느꼈으니까요.

저는 올해의 제 보고서 개요를 문경과 경상도의 여러 공소 교우들에 대한 감사로 마치고자 합니다. 이들은 제가 아팠을 때 놀랄 만큼 헌신적으로 돌봐 주었습니다. 그들은 제 건강에 긴급히 필요한 것들을 마련하기 위해 그 어떤 희생도 마다하지 않았습니다. 그들은 저를 위해 많은 돈을 쓰고 또 저를 방문해 주었을 뿐 아니라 대구로 로베르 신부를 찾으러 갔었습니다. 그들은 기후가 아무리 나빠도 상관하지 않고 가야 할 곳이면 갔습니다. 그들은 눈발이 휘날리는 가운데 걸었고 하루에 먼 거리를 답파했습니다. 힘이 약해질 때는 신앙 안에서 앞으로 나아갈 힘을 얻는 그들이었습니다. 그들에 대해 감탄하지 않을 수 없는 로베르 신부는 이렇게 증언했습니다. "그들은 마음이 살아 있는 신앙인으로 행동했습니다." 저도 저의 친애하는 동료에게 똑같은 칭찬의 증언을 할 수 있을 것이고, 제가 아무리 많은 말을 한들 그의 공덕을 제대로 다 말할 수는 없다는 것을 압니다.

로베르 신부와 그의 용맹한 교우들에게 진실한 경의와 감사를 드립니다. 좋으신 하느님께서 생명의 책에 이미 그들의 아름다운 행동을 적어 두셨으며 그들이 죽을 때 갚아 주실 것입니다.
저는 주교님을 지극히 존경하며 순명하는 주교님의 아들입니다.

조선의 교황 파견 선교사
X. 보두네 드림

라푸르카드 신부의
장례미사

+

예수 마리아 요셉

1888년 11월 4일

고산-배재 T. T.

하느님과 영혼들!

주교님,

저는 오늘 고통스러운 동시에 위로가 되기도 하는 의무를 다하고자 편지를 올립니다. 사랑하올 라푸르카드 신부의 장례미사에 대해 말씀드리려는 것입니다. 파리 신학교에서 일 년 반 동안 함께 지내며 훌륭한 덕과 자질을 알아볼 기회가 있었던 고인이 된 이 동료는 우리의 사도직을 오랫동안 함께할 운명이 아니었나 봅니다. 조선에서 우리와 함께한 일 년이 하느님 눈에는 그의 덕에 보상을 내리기에 충분했나 봅니다. 약 3개월 반 전에 티푸스로 인한 발열로 숨진 그의 소중한 유해는 관 속에 누인 채 지푸라기로 된 소박한 지붕 아래서 노천에 드러나 있었으니 좀 더 명예로운 장례를 기다리고 있었던 것입니다.

전라도의 착한 교우들도 자기들의 이 선량한 신부를 잊지 못하고 있었습니다. 그들이 신부의 영혼의 안식을 위해 하느님께 바치는 끊임없는 기도 외에도, 그들은 장례 비용을 충당하기 위해 각자 작은 기부금을 흔연한 마음으로 봉헌했습니다. 그들은 이미 100냥을 모았고, 모금액을 전하기 위해 신부들이 자기 지방에 오기만을 기다리고 있었습니다. 그들은 또한 그들 목자의 마지막 가는 길을 동반할 수 있는 날을 온 마음을 다해 기다렸습니다. 그날은 오래지 않아 다가왔습니다. 우리는 베르모렐 신부와 협력하여 모든 것을 조직하고 나서 장례일을 음력 9월 26일(11월 30일)로 정하는 것이 좋겠다고 판단했습니다. 이 소식은 곧바로 우리 가난한 교우들이 사는 곳이면 어디에나 퍼져나갔습니다. 장례식에 가장 열성적으로 참여하러 올 사람이면 누구에게나 전해진 소식이었습니다.

음력 9월 25일 출관 날 저녁에 그 지방 각지에서 온 50명의 교우들이 함께했습니다. 그들은 밤새도록 쉬지 않았습니다. 고인의 관 곁에서 교대로 반 시간씩 참으로 감동적인 신심으로 연도를 바쳤습니다.

철야기도로 고인의 곁을 지킨 신자들은 그다음 날 아침 베르모렐 신부와 제가, 작고한 우리의 동료를 위해 드린 두 대의 미사에 모두 참석하기를 바랐을 텐데 사람들은 너무 많고 경당은 너무 비좁았기에 그들 대부분은 집전 사제를 보지 못한 채 미사성제聖祭의 기도에 마음만 함께하는 것으로 만족해야 했습니다.

두 대의 미사가 끝난 후 저는 사도예절을 했습니다. 그러고 나서 모든 신자들에게, 그들이 간밤에 관 옆에서 했듯이 하루 종일 서로 교대로 연도와, 이 같은 상황에서 바치는 기도들을 하도록 권했습니다. 여기서 저는 자녀다운 효성의 의무를 채우고자 하는 그들의 충실성을 칭찬하지 않을 수 없습니다. 그들은 많은 기도를 아주 잘 바쳤습니다. 아! 그것은 그들이 이 착한 신부라는 사람 안에서 자기들에게 닥친 불행을 이해하고 있었습니다. 그들이 애도하는 이 신부는 그들에게 천국의 참된 길을 가르치기 위해 아주 먼 곳에서 왔습니다. 그는 부모, 형제, 자매, 친구, 조국을 떠났습니다. 그리고 조선에 와서 많은 비참을 겪었습니다. 그는 많은 희생을 감내해야 했습니다. 그는 낯선 관습을 따르고, 자기 기호와 반대되는 음식에 익숙해져야 했고, 매우 어려운 언어를 배워야 했습니다. 그리고 그가 막 첫 어려움들을 극복한 순간에 좋으신 하느님께서는 그가 하늘나라에 어울릴 만큼 무르익었음을 보시고 그를 당신께 도로 부르시는 것이 좋다고 판단하셨습니다. 하느님의 거룩한 뜻이 이루어지길 바랍니다. 단 일 년의 사목이 그에게는 긴 경력을 채우기에 충분한 시간이었습니다. *Consummatus in brevi explevit tempora multa* (짧은 생애 동안 완성에 다다른 그는 오랜 세월을 채운 셈이다. -지혜 4,13).

그러나 그날의 감동 한가운데서 또 다른 유의 생각이 사람들 머릿속을 채우고 있었습니다. 무언가 특별한 장식으로 장례식을 돋보이게 하려는 생각이었습니다. 가진 재물은 매우 빈약했으나 신자들의 솜씨가 모든 것을 보완했습니다. 그들은 자기네 둔탁한 도구들을 갖고서 네 개의 나무토막을 대충 만들어, 프랑스에서 들것이라 부르는 것을 만들었습니다. 그다음 그 위에 대나무로 영구대靈柩臺[14]를 요람 모양으로 만들었습니다. 그 윗부분과 양옆은 두 개의 큰 십자가가 주된 장식으로 그려진 벽지를 발랐습니다. 이 전체 위에 역시 종이로 된 닫집을 올렸는데, 네 귀퉁이에는 종이 등이 달려 있었습니다. 마지막 준비가 끝나고 저녁 7시경 저녁식사를 한 후 우리는 장례식을 할 준비에 들어갔습니다. 집을 떠나기 전

---
14 장례식을 하는 동안에 관을 올려놓는 단. 또는 장례식용 관의 장식.(우리말샘)

우리는 예식서에 적힌 대로 예식을 했고 교우들은 몇몇 기도문을 읊었습니다. 영구 행렬이 움직이기 시작했습니다. 성수를 든 교우가 행렬의 선두에 섰고, 그 뒤를 십자가를 든 사람이 따랐는데 그의 양옆에는 각각 손에 등불을 든 두 명의 복사가 있었습니다. 저는 중백의와 영대를 걸친 채 그 뒤를 따랐고, 베르모렐 신부가 제 옆에 있었습니다. 넷째 열에는 첫 번째 독서단이 있었고, 그 앞뒤로 여섯 명의 등불을 든 사람들이 있었습니다. 여덟 명의 교우들이 든 관이 다섯째 열에서 따라가고 그 뒤를 두 번째 독서단이 따라갔는데 이들은 첫 번째 독서단과 교대로 독서를 했습니다. 그리고 200명이 족히 넘는 군중이 행렬의 끝에서 따라갔습니다.

영구 행렬 동안 질서는 별로 없었습니다. 그 이유는 모든 교우가 읊어지는 기도들을 듣거나 따라 하기 위해 관 옆에서 걸으려 했기 때문입니다. 장례 행렬의 느린 걸음, 40~50개의 작은 등 또는 촛불의 생생한 빛, 더욱이 애절하고 일정한 운율로 노래 된 기도들은 우리 마음에 오랫동안 지워지지 않을 깊은 인상을 남겼습니다. 한마디로 예식은 매우 감동적이었다고 말할 수 있습니다. 무리 가운데 낯선 이들도 보였지만 감히 아무도 그들에게 적대감을 드러내려 하지 않았습니다.

영구 행렬이 무덤 가까이 도달하자 우리는 시신의 머리를 수청리라는 교우촌 쪽으로 두게 하면서 관을 내렸습니다. 제가 고인의 성과 이름, 사망일을 쓰게 한 사발이 약 1미터 깊이의 구덩이에 놓인 관 발치에 놓였습니다. 저는 모든 이의 북받친 감정 속에서 무덤을 축복했습니다. 그런 다음 저와 베르모렐 신부는 모든 교우들에게 마지막 기도를 천천히 경건하게 바치되, 외교인들 사이에서 행해지는 것처럼 소리를 지르지 말라고 당부한 다음 그곳을 떠나왔습니다. 집으로 돌아오는 저와 베르모렐 신부의 마음은 감미로운 희망으로 가득했습니다. 우리는 성경의 이런 대목을 떠올리며 기뻐했습니다. *Non simus sicut ii qui spem non habent.*[15] 우리 동료가 죽어서 그의 몸이 땅에 묻힌 것은 사실입니다. 그러나 우리는 생각했습니다. 틀림없이 그의 아름다운 영혼은 거룩한 고백자들 무리와 함께 내일이면, 우리가 축일에 기리는 복된 자들이 거듭거듭 부르는 영원한 찬가를 하늘에서 부를 것이라고 말입니다.

이상과 같은 것이 제 생각에 주교님께서 가장 관심을 가지실 것이라고 여겨지는 것입니다.

저는 언제나 주교님의 매우 미천한 종입니다.

조선의 교황 파견 선교사
X. 보두네 드림

---

15 ii를 illi로 대신하면 "희망이 없는 사람들처럼 되지 맙시다."로 해석이 가능함. 아마 "non contristemini, sicut et cæteri qui spem non habent (희망을 가지지 못하는 다른 사람들처럼 슬퍼하지 말라는 것입니다)."(1테살 4,13)를 인용한 것으로 보임.

1888~89년도 성무집행 보고서
-관할 지역 교우 현황과 전라도 지방의 기아-

✚

예수 마리아 요셉

1889년 4월 22일

하느님과 영혼들!

주교님,

올해 정기방문은 구원의 열매를 전혀 맺지 못한 것은 아니었으며, 오히려 좋았다고까지 말할 수 있습니다. 현재 전라도 지방에 타격을 주는 끔찍한 기아에도 불구하고 우리 성교聖敎를 향한 움직임은 점점 더 두드러지고 있습니다. 제가 집전한 61명의 세례와 교리를 배우기 시작했거나 일부를 배운 약 200명의 예비교우들은 앞으로 입교자가 많이 나오는 때를 예상하게 해 줍니다. 좋으신 하느님께서 이 움직임을 북돋아 주시고, 전라도 땅도 다른 지방처럼 제 몫의 영세자들을 내기를 바랍니다!

고산 지역에서는 교우 수가 점점 늘어나고 있습니다. 그 지역 교우들은 꽤 큰 비중을 차지합니다. 배재와 차돌배기 부근에서는 교우 수가 외교인 수보다 더 많을 것이라고 합니다. 고산의 교우들은 특히 신심 행위를 한결같이 실천하는 것으로 유명합니다. 주일을 잘 지키고 교리 암송과 설명도 변함없이 계속됩니다. 아이부터 어른까지 요리문답의 글자뿐 아니라 그 의미를 알기 위해 앞다투어 열성을 부립니다. 교우들은 특히 요리문답의 설명을 배우는 데 열심입니다. 요리문답을 잘 외우는 교우가 네 명, 다섯 명, 여섯 명처럼 여러 명인 공소는 없습니다. 다른 공소들은 교리를 배우는 중입니다. 여기서 제가 요리문답의 해설 암송에 대해 말씀드리는 것들은 진산, 용담, 진안, 전주의 교우들에 대해서도 똑같이 말씀드릴 수 있다고 생각합니다. 많은 이들이 그것을 배웠거나 배우고 있습니다.

저는 한때 고산의 교우들이 겨울 농한기의 한가로움을 틈타서 노름에 빠지지 않을까 염려했습니다. 그 지역 전교회장을 통해 제때 경각심을 갖게 된 저는 노름에 빠진 이들을 곧바로 엄중히 다스렸고, 이 악은 금세 그쳤습니다. 심지어 노름꾼 중 한 사람이 저에게 찾아와 자신의 행위를 뉘우친다면서 다시는 되풀이하지 않겠다고 신자로서 약속했습니다. 이처럼 재빠른 순명이야말로 우리 교우들의 신앙이 활발하다는 증거가 아니겠습니까?

제가 마음 아파하는 것은 고산 지역에서 외교인의 회두가 극히 드물다는 점입니다. 저는 여러 번 그 원인을 파악해 보려 했습니다. 새로운 것에 대한 일종의 무관심 때문이 아닐까요? 고산 사람들은 천주교 책들을 보았고 그것들이 좋다고 말하지만 그것을 배우기를 매우 경계합니다. 그들은 미신에도 그다지 빠지지는 않았습니다. 이곳이라고 해서 조상 숭배가 다른 곳보다 더하지는 않습니다. 문맹률도 다른 곳처럼 낮고 예절도 존중되고 있습니다. 고산은 충청도와 가까운 탓에 전라도의 다른 지역보다 충청도와 풍습이 비슷합니다. 언어도 같고 행동방식도 같으며 사고

방식도 같습니다. 충청도 여러 구역을 돌아다니고 나서 고산을 방문하는 여행자라면 자신이 전라도에 있다고는 생각지 못할 것 같습니다. 제2의 가설은, 신자가 됨으로써 박해를 받을까 하는 두려움이 이곳의 신앙 전파에 장애가 되는 게 아닌가 하는 것입니다. 저는 이것이 진짜 이유는 아니라고 생각합니다. 고산에 교우들이 있다는 것을 모르는 사람은 이곳에 아무도 없습니다. 교우촌들은 외교인들, 아전들, 포졸들, 관장에게마저 잘 알려져 있습니다. 비교적 안정된 6~7년간의 평온함은 과거의 박해가 일으키던 공포스러운 모든 편견을 무너뜨리는 동기가 되기에 충분하지 않겠습니까? 그렇다면 고산의 회두자가 드문 이유를 어디에서 찾아야 할까요? 저는 은총을 남용한 데 있다고 감히 추측합니다. 과연 전라도의 이 지역 주민들은 우리의 성교聖敎를 알 수 있었습니다. 그들은 교우들 가까이에서 살았고 그들과 아주 좋은 관계였으며, 그들은 마음만 먹으면 우리 성교聖敎에 대해 몇 마디 말을 나눌 숱한 기회가 있었습니다. 그러나 외교인들의 호기심은 거기서 그쳤고, 그들은 자기네 배움을 진척시킬 용기를 내지 못했습니다. 양반들의 눈에 잘못 비칠까 하는 두려움도 그들이 앞으로 나아가는 것을 막았고, 이제 그들은 신자가 되기에 더 호의적인 시절을 기다리고 있습니다.

진산은 예전에는 비옥한 땅 덕분에 오륙백 명의 교우들을 먹여 살렸고 무수한 순교자와 증거자들을 냈으나, 오늘날에는 대여섯 군데에 흩어져 사는 백 명가량의 교우들만 남아 있습니다. 그곳 사람들의 정신 상태도 대체로 상당히 나쁩니다. 교우들에 대한 양반들의 악의는 특히 눈에 띕니다. 따라서 경계할 필요가 있고 그것이 현명한 태도입니다. 그럼에도 작년 10월, 이 백성의 작은 폭군들의 오만함은 그들이 저지른 도둑질로 인해 받은 처벌로 꺾였습니다. 그 일의 전말은 대략 다음과 같습니다. 충청도의 교우인 박씨라는 사람이 특별한 볼일로 진산에 왔습니다. 그는 자기 재산인 암소 한 마리를 몰고 있었습니다. 지위가 낮은 두세 명의 양반이 있었고 그중 하나는 아직 어린아이였는데, 돈을 챙길 좋은 기회라고 생각해서 그들은 교우인 박씨 앞으로 가더니 그가 이 소를 훔쳤다고 고발했습니다. 박씨에게서 소를 빼앗기 위한 수작이었습니다. 박씨는 거세게 저항했습니다. 그러나 저항은 소용없었습니다. 세 부랑아는 박씨에게서 소를 빼앗고 그를 묶어 법정으로 데리고 갔습니다. 그들은 거기서 자기들 양심에 찔리는 바로 그 잘못을 박씨에게 뒤집어씌우면서 거짓으로 그를 고발했습니다. 그들이 절도죄를 범했다고 지목한 그 가련한 교우는 가혹한 대우를 받고 태형을 받았습니다. 이 같은 부당한 일이 벌어지는 동안 하느님의 섭리는 이 가엾은 희생자를 자비로운 눈길로 굽어보셨습니다. 어떤 교우 하나가 그날 법정에서 아전 임무를 담당하고 있었던 것입니다. 그는 더 이상 신자생활을 하지는 않지만 아직 영혼 속에 신앙의 감정이 남아 있었습니다. 그는 아전으로 근무하던 만큼 법정에서의 장면을 모두 보았습니다. 그는 희생자의 얼굴을 주의 깊게 살펴보고 나서 그의 얼굴에서 천주교인의 몇 가지 기미를 알아보았다고 믿었습니다. 아마도 박씨는 예수와 마리아의 거룩한 이름을 불렀을 겁니다. 그가 약간의 위로를 얻을 수 있었다면 그것은 이 감미로운 이름들을 부를 수 있었기 때문입니다. 아는 사람이 하나도 없는 도시에서 그가 어디에서 도움을 기다릴 수 있었겠습니까? 아무튼 아전인 그 교우는 살그머니 다가와서 작은 소리로 "당신 종교가 무엇이오?"라고 물었습니다. 박씨는 "나는 천주교인이오."라고 얼른 대답했습니다. "어디 사십니까?" "충청도요." "당신 이곳에 누군가 아는 사람이 있소?" "대성리의 배경집을 압니다." "그가 사는 집을 보았소?" "네, 보았습니다." "집이 크오?" "네, 아주 큽니다."라고 답한 후 그는 곧이어 그 집을 묘사했습니다. 낮은 목소리로 주고받은 이 몇 마디가 가엾은 피고인의 불안을 가라앉혀 주었습니다. 그는 희망을 갖기 시작했고, 대화 상대방에게서 해방자를 만났다고 믿었습니다. 그의 예측은 틀리지 않았습니다. 아전은 새로운 소식이 올 때까지 그를 보호해 주었습니다. 그때부터 거친 대우도 멈췄습니다. 일은 거기서 그치지 않았습니다. 아전은 배경집에게 편지 한 통을 쓰면서 진산에서 일어난 일을 알렸습니다. 배경집은 서둘러 전주의 우리 친구인 이성수李聖守에게 이 일을 알렸고, 이성수는 곧장 세 도둑을 체포하고 이 지역의 수부首府로 소환하기 위해 네 명의 포졸을 보냈습니다. 세 도둑은 이삼 일 후에 체포되었고 전주에서 재판이 열렸습니다. 세 양반은 절도죄가 입증되어 사형이 선고되었습니다. 만일 소 임자의 친척인 최감철이 피고들을 위해 중재하지 않았던들 그들은 처형되었을 것입니다. 그들은 죽음은 면했지만 길고 무시무시한 태형을 면할 수는 없었습니다. 셋 중 한 사람은 맞은 매 때문에 죽을 뻔했고, 25세의 젊은이는 평생 불구가 되었으며, 셋째 사람은 그나마 가장 나은 상태로 끝날 수 있었습니다. 도둑맞은 그 교우는 자기 소를 되찾았습니다. 별 중요치 않은 이 사건은 전라도의 이 지역에 큰 반향을 일으켰습니다. 외교인들은 소 임자가 천주교 신자임을 알았고, 세 양반들과 같은 벌을 받을까 두려워 더 이상 천주교인에 대해 감히 나쁘게 말하지 못했습니다. 그들은 우리 천주교인들이 매우 힘 있는 사람들이라고 믿습니다.

또한 천주교는 어느 정도 발전을 이루고 있습니다. 전교는 구만리와 진산(읍내) 두 군데에서 행해지는데, 특히 두 번째 지역에서 더욱 활기찹니다. 신문교우는 열두 명이고, 그들 중에는 외교인 가정의 딸들 두 명이 있는데 그들의 부모는 풍년이 들 때 교우촌으로 이사 가기 위해 기다리고 있습니다.

용담은 종교 면에서는 언제나 같은 상태입니다. 작은 공소가 셋 있는데 신자 수는 120명으로 추산됩니다. 신앙 전파는 전혀 되지 않으나 이곳 교우들은 바람직한 평온함을 누리고 있습니다. 올해에는 특기할 만한 사실이 아무것도 없었습니다.

교우 수가 눈에 띄게 늘어나는 곳은 특히 진안입니다. 전라도의 다른 지역 교우들이 이 고장으로 이사 옵니다. 게다가 올해 또는 작년의 영세자는 약 40명에 달했습니다. 만일 주민들과 행정 당국의 태도가 우리에게 호의적이기만 하다면 꽤 많은 회두자가 나올 것입니다. 그러나 어은동 지역의 박해에 따르면 현실은 이와는 전혀 다르다는 것을 짐작해 볼 수 있습니다. 우리 가련한 신자들은 약탈을 당했습니다. 그들은 전주의 최고 법정에 호소하길 원했고 이 일이 성사될 뻔했으나, 그들의 너무 큰 신뢰와 평온함은 전주 당국자들의 호의적 태도를 막아버렸습니다. 교우들은 이성수의 초대에 응하지 않았고 따라서 제때에 관찰사와 면담할 기회를 가질 수가 없었습니다. 우리 원수들은 교우 공동체를 해치기 위한 때를 놓치지 않았습니다. 그들은 자기들 소송을 무주에 맡겼고, 천주교인의 원수인 이 고을의 부사는 자신의 권력을 총동원하여 그들을 도왔습니다. 따라서 [교우들은] 서울에 상소해야 했습니다. 이 조치는 진안현감의 악의 때문에 온전한 성공을 거두지는 못했습니다. 그는 수도에서 온 공문을 따르지 않고, 약탈자들과 교우들에게서 빼앗은 700~800냥 대신 69냥을 돌려주도록 명했습니다. 좌수座首는 해임되었고 약간의 돈을 잃었는데, 그가 원래 소임으로 복직되었다는 소식을 오늘 들었습니다. 이 사건은 이렇게 끝났고, 그때 이래로 이 지역에서 또 다른 새로운 박해는 하나도 없었습니다.

주교님, 박해가 일어난 것은 어은동 예비교우들의 경솔함 때문이었다는 것을 주교님도 들으셨을 겁니다. 이는 이제 부인할 수 없는 사실입니다. 그들은 이 마을로 이사 온 김가라는 사람의 악의를 경계할 줄 몰랐습니다.

이 예비교우들은 박해가 시작되자 무너졌고 신앙을 저버렸습니다. 그들의 잘못에 대한 벌이 내리는 데는 오랜 시간이 걸리지 않았습니다. 화재가 나서 화마가 집 열 채를 삼켜 버렸습니다. 박해 주모자의 집도 여기에 포함되었습니다. 이 예비교우들에 대해 증언해야 하는데, 이들은 비록 신앙을 저버렸지만 주일 파공罷工[16]을 지키고 단식과 소재小齋 규정을 지켰습니다. 그들의 영혼을 여전히 비추고 있는 이 신앙의 빛이 차츰 하느님에 대한 사랑의 화로가 되고 그들이 우리의 성교聖敎를 받아들이도록 인도할 것을 희망해야겠지요.

예비교우가 많은 것은 어은동만이 아닙니다. 모든 공소에서 예비교우가 둘, 셋, 때로 다섯 명까지 나오고 있습니다. 쌀 수확이 좋기를, 그리고 진안의 영세자 수확도 상당히 풍성하길 기대합니다.

전주는 제 몫의 영세자를 냈습니다. 전주에서 현재 두세 명이 우리 성교聖敎를 배우고 있습니다. 아전 여러 명이 천주교 서적을 읽었습니다. 그들이 우리의 교리를 받아들일 것 같지는 않지만 그 교리가 좋다는 것은 인정합니다. 그들에게는 직장과 재산을 잃는 데 대한 두려움이 걸림돌입니다. 그들은 종교 자유가 인정되어야 천주교인이 될 것입니다. 아! 세속은 얼마나 강력한지요, 얼마나 많은 선량한 영혼들을 가로막는지요! 언제가 되어야 많은 이가 이 사슬을 부수고 예수 그리스도의 가벼운 멍에를 멜 수 있을까요!

8개의 공소가 있는 전라도 북서 지역은 두세 명의 영세자만 배출했습니다. 이곳 교우들은 꽤 열심하지만, 남쪽 지역 교우들만큼 요리문답을 잘

---

16 주일과 의무 축일에 육체노동을 하지 않는 것.

암송하려면 아직 멀었습니다. 신부의 권고의 말 몇 마디면 그들을 자극하여 다른 이들의 열심을 따라가게 하기에 충분하리라 감히 희망해 봅니다. 특히 임피에서는 여러 명의 예비교우들이 교리를 배우고 있습니다.

남부에서는 신앙 전파가 매우 활발합니다. 전교회장들은 대단히 열성적이며 예비교우들을 정성을 다해 준비시킵니다. 장수에서는 현재 스무 명이 살고 있는 마을 전체가 교리를 배우고 있습니다. 이 신문교우들 간의 화합은 탄복할 만한데, 특히 가장 두드러지는 덕목은 사랑, 즉 서로를 향한 배려심입니다. 그들은 비록 이 세상 재물은 없지만 어느 누구도 차별하지 않고 무조건 가진 것을 서로 나눕니다. 이 공소를 방문하면서 저는 마치 초대교회 시대에 와 있는 듯한 느낌이 들었습니다. 초대교회에서 그리스도인들은 자기네 모든 재산을 사도들의 발 앞에 갖다 놓았고, 예수 그리스도의 가장 가난한 이들과 함께 형제적 사랑을 나누는 것 외에 그 어떤 것도 바라지 않았으니까요. 양악陽岳의 예비교우들은 자기네 맏형들의 발자취를 따르고 있는 것이지요.

제가 가장 많은 영세자를 낸 곳은 경상도 안의安義입니다. 이곳 공소 한 군데에서만 여섯 명의 성인과 3명의 어린이 예비교우가 나왔습니다. 예비교우들은 매우 많고 엄청나게 열심히 교리를 배웁니다. 그러나 불행히도 그들은 전교회장에게 큰 짐이 됩니다. 그들을 빨리 준비시켜 세례를 받게 하려면 그들에게 양식을 마련해 주어야만 하기 때문입니다. 이런 예비교우들은 외교인 마을들에 둘, 셋, 때로는 홀로 흩어져 살고 있습니다. 이로써 그들을 교육하는 데 얼마나 어려움이 클지를 짐작할 수 있습니다. 최 아오스딩의 인내와 열성만이 이들이 무사히 세례를 받는 데 이르게 할 수 있습니다.

주교님, 제 관할 지역 각 곳에 대해 말씀드렸으니, 이제 저는 하느님의 섭리가 당신 자녀들을 자애롭게 돌보고 계심을 보여 주는 이야기를 하나 들려드리고자 합니다. 황 말구는 올해 세례를 받았습니다. 경상도 출신인 그는 교우들과 잘 알고 지냈는데, 서양 종교에 대해 말하는 것을 들으면서 차츰차츰 입교할 마음을 먹었습니다. 그는 십이단十二端[17]을 배우고, 특별한 호의를 입어 조선인 신부 최 도마까지 만났습니다. 그는 이유야 어찌 됐든, 어쩌면 심지어 세속적 이익을 위하여, 온 가족과 함께 자기 고향을 떠나 다른 곳에서 한몫 단단히 버는 것이 낫겠다고 판단했습니다. 그는 충청도로 갔다가 그다음 경기도에서 살다가 다시 경상도로 돌아왔고 운봉의 어떤 마을로 내려왔는데 그곳에는 예비교우가 한 명 있었습니다. 주목할 점은 황 말구가 이미 세례명까지 잊어버렸다는 사실입니다. 그는 예비교우에서 도로 외교인이 되어 있었는데, 그럼에도 신중한 사람인 그의 행실은 흠잡을 데 없었습니다. 이 길 잃은 가련한 양은 하느님의 섭리께서 그가 30여 년 전에 버린 길로 그를 도로 데려오리라고는 예상치 못했습니다. 동방박사들만 한 혜안이 없는 그는 육신의 눈으로나 영혼의 눈으로나 자신을 이끄는 별을 볼 수 없었습니다. 그는 예비교우가 있는 그 마을에 며칠 머물던 중 이웃에 사는 사람의 이상한 행동을 목격했습니다. 그 이웃은 사람들의 발소리가 나면 곧바로 어떤 책 한 권을 감추는 것이었습니다. 황씨는 호기심이 발동했습니다. 그는 그 책이 도대체 무슨 책일지 궁금했지만 그에게 감히 물어볼 생각은 하지 못했습니다. 황씨 편에서 묻지도, 상대편이 답변하는 일도 없이 며칠이 지났습니다. 황씨는 결국 그 책이 무슨 책인지 물어보리라 작정했습니다. 방씨(예비교우의 성씨는 방이었습니다)는 처음엔 그에게 책을 보여

---

[17] 1838년경 제2대 조선대목구장 앵베르 주교가 『천주성교공과』에서 12가지 기도문을 발췌하여 한글로 번역한 천주교서. 번역기도서.(『한국민족문화대백과사전』)

주려 하지 않았습니다. 그러나 황씨가 거듭 청하는 바람에 그에게 사실대로 말해 주기로 했습니다. 황씨는 종교와 하느님의 계명에 대한 말을 듣자마자 기쁨으로 가득 찼습니다. 그것은 30년 전에 자기가 믿던 바로 그 교리였으니까요. 그는 그날로 바로 우리의 거룩한 교리를 공부하기 시작하더니 두세 달 후, 이 잃었던 아들과 그의 친구이자 스승인 방씨는 세례를 받았습니다. 이 두 신문교우는 매우 열심합니다. 저는 외교인만 사는 고장에 그들의 존재가 신앙 전파와 신앙 쇄신의 초석이 되길 바라고 있습니다.

성영회 사업은 전라도에서 점점 더 발전하고 있습니다. 143명의 외교인 어린이들이 세례수로 새로 났으며, 이들 중 123명이 이미 하늘나라로 가서 동포들과 형제들을 위해 기도하고 있습니다.

이 사업은 올해 우리 교우들의 열심에 광대한 활동 분야를 마련해 주었습니다. 기아가 창궐했고 특히 평야에서 더욱 심했습니다. 작년에는 쌀 수확이 하나도 없었고 따라서 이 고장 전체에 기근이 들었습니다. 그 결과 이웃 고장에서 쌀을 가져와야 했습니다. 하지만 운송 체계가 극히 원시적이었기에 이 고장에 도착하면 곡식 가격이 매우 비싸졌습니다. 게다가 부자들이 가여운 동포들에게 동정심을 가졌더라면 비참이 그토록 심하지는 않았을 것입니다. 그들이 공공 자선 조직을 시도했더라면 얼마나 좋았을까요! 하지만 불행히도 외교인은 아직 애덕의 가치를 알지 못합니다. 그들은 백성을 구제하기 위해 아무 일도 하지 않았습니다. 그들은 대중들의 모든 비참에 소름 끼칠 정도로 무관심했고, 지금도 그러합니다. 외교인 부자들은 자기 형제들의 곤궁을 달래 줄 생각은 없이 자기만을 위해서 산다고 말할 수 있습니다. 때때로 그들이 돈을 빌려주는 것은 백성들이 도저히 낼 수 없는 엄청난 이자를 받기 위해서입니다. 이자는

50퍼센트, 어떤 때는 80퍼센트까지 됩니다. 만일 올해에 부자들이 그런 이자로라도 곡식을 빌려준다면 백성은 살 수 있을 테지만, 안타깝게도 그런 일은 일어나지 않습니다. 가뭄이 계속되었고 올해 수확은 위태롭습니다. 이것만으로 부자들에게는 가난한 백성들에게 돈을 빌려주지 않을 충분한 이유가 됩니다. 그 돈이라면 백성들이 보리 수확 때까지 연명할 수도 있을 텐데 말이지요. 아무도 대여자로 나서지 않으니 백성은 굶주린 배를 안고 하루하루 살아갈 뿐입니다. 형편이 조금 나은 몇몇은 일을 하여 농사를 약간 지을 수 있을 것입니다. 하지만 돈도, 식량도 없어서 힘이 없는 나머지 백성들은 일없이 쉴 수밖에 없습니다. 그들은 이웃으로부터 그 어떤 도움도 받지 못한 채 서서히 죽어갑니다. 교우들 역시 대부분 큰 비참을 맞닥뜨리고 있습니다. 그들 중 몇몇은 굶어 죽습니다. 우리는 그들의 탄식 소리를 듣고 그들의 헐벗음을 목격하지만 그들을 살릴 만큼 충분한 구제를 해 줄 수가 없습니다! 아! 굶주림의 고통은 너무나 끔찍합니다! 그런데 우리는 모든 사람을 도울 수가 없습니다! 우리 처지가 얼마나 어려운지요! 외교인들은 벌써 많은 수가 굶어 죽었습니다. 시간 부족으로 여기서 그쳐야 하지 않는다면 더 많은 사실들을 말씀드릴 수 있을 것입니다. 나중에 여유가 있을 때 기아에 대한 새로운 소식들을 전해드리겠습니다.

저는 주교님께 순명하는 매우 보잘것없는 종입니다.

조선의 교황 파견 선교사
X. 보두네 드림

1889~90년도 성무집행 보고서
-평온한 전라도 분위기와 각 사업의 결실-

✝

예수 마리아 요셉

전라 지역

하느님과 영혼들!

1889~90년도 성무집행 보고서

올해 전라도 교우 공동체가 누린 상대적 평온함은 미래를 위한 좋은 징조입니다. 외교인들은 차츰차츰 교우들과 친해지고 있습니다. 주민들의 편견이 사라지고, 더욱 호의적이 된 행정 당국은 우리 교우들과 갈등을 일으키지 않으려고 노력합니다. 이 같은 호의적 태도의 주원인은 서울에 유럽인들이 들어왔기 때문입니다. 과연 소문은 가장 거짓된 소식을 퍼뜨립니다. 온갖 나그네들이 대중에게 퍼뜨리는 소문에 따르면, 수도 서울에서는 대신들과 그 밖의 고위 당국자들마저 다수가 천주교를 믿는다는 것입니다. 그들은 한술 더 떠서 유럽과의 전쟁이 코앞에 있기에 천주교 신자가 아닌 사람은 누구나 큰 불행을 사소할 수 있다고 말합니다. 전주 교인들은 유럽인들과 이해를 같이하므로 전쟁이 터지면 외교인 동포들에게 복수할 것이기 때문이라고 합니다. 그들은 다가오는 이 모든 재앙에 대하여 재빨리 치유책을 강구하는 것이 현명하다면서, 그 치유책이란 바로 천주교인들의 호의를 얻는 데 있다고 말합니다.

가장 어수룩한 사람들만이 믿으려 들 수 있는 이 근거 없는 소문도, 만일 우리 위정자들의 태도가 교우들에게 호의적이지 않다면, 이 나라에 성교聖敎가 발전하는 데 그 어떤 실제적 도움도 되지 않을 것입니다. 다행히도 위정자들의 태도는 호의적입니다. 아전들은 하나같이 천주교인들에 대해 좋게 말합니다. 그들은 천주교인들은 선량한 사람들이고, 부지런하며, 빚진 것을 꼭 갚는 사람들이라고 말합니다. 양반들은 천주교인들의 검소함을 칭송하고, 주민들은 그들에 대해 좋은 마음을 갖고 있습니다.

천주교인들에 대한 동포들의 호의적 태도만 본다면, 우리의 성교聖敎를 향한 움직임은 강화되었음이 틀림없다고 믿고 싶어질지도 모릅니다. 그러나 현실은 전혀 그렇지 않습니다. 진정한 회두回頭[18]는 매우 드무니까요. 예비교우들의 수는 여전히 많지만 영세자들은 별로 없습니다. 오늘날도 우리 주님의 시대처럼 많은 이가 혼인 잔치에 초대되었지만 대다수의 사람들이 자기들의 일로 갖가지 핑계를 댑니다. 어떤 이들은 땅을 경작해야 해서 교리를 배울 수 없다고 하고, 또 어떤 이들은 빚을 청산한다든가 부모의 간청에 따라서 굿에 참석해야 하는 등 여러 가지 일을 처리해야 한다고 합니다. 또 어떤 이들은 "저는 여러 가족을 먹여 살려야 합니다. 그들에게 줄 것이 하나도 없으므로 저는 매일 장사를 해서 먹을 것을 벌어야 합니다."라고 하고, 또 다른 이들은 "저의 부모는 모두 천주교를 반대하십니다. 내년에 부모 집을 떠나면 교리를 배우겠습니다."라고

---

18 '개종'을 가리키는 옛 용어.

말합니다. 많은 예비교우들이 이렇게 생각하므로 그들 대부분이 세례를 받는 데까지 이르지 못하리란 것은 뻔한 일입니다. 가장 다행한 자들도 어느 길을 가야 할지 몰라 때때로 몇 년 동안이나 주저합니다. 종교의 진리를 확신하는 그들은 종교를 받아들이기를 결코 단념하려 들지 않으며, 게다가 그들은 부모와 친구들의 권유에 떠밀려 이따금씩 미신적 행위에 참여하지 않을 수 없습니다. 이러한 망설임, 그리고 망설임 극복을 위한 수단의 무기력함 때문에 오랜 시간이 지나더라도 아무 결과를 내지 못할 겁니다. 그들의 늑장에 지치신 좋으신 하느님께서 그들에게 질병을 보내거나 어떤 벌로 그들을 쳐서 스스로 반성하게 하심으로써 그 상황에 끝장을 내시지 않는 한 그럴 것입니다. 이런 경고는 대개 효과를 가져옵니다. 매년 그런 예를 종종 보게 되니까요. 요약해서 말씀드리자면, 저는 이 지역에서 신앙 전파의 가장 큰 장애 중 하나는 주민들의 성격 자체라고 말하겠습니다. 그들은 그토록 거룩한 일을 시작할 때부터 만나게 마련인 불가피한 어려움들에 맞서기에는 너무 겁이 많습니다. 그들은 감행할 줄을 모르고, 설령 그렇게 한다 해도 잇따를 수 있는 어려움이 조금이라도 엿보이면 용기를 잃어버립니다. 아! 얼마나 많은 사람들이 최고의 자세로 우리에게 왔지만, 끈기가 없어서 우리 사람이 되지 못했는지요! 얼마나 많은 이가 우리 종교의 아름다움을 칭송하면서도 받아들이는 데 느리기만 한지요! 아주 적은 사람만이 자기네 영혼의 가치가 얼마나 큰지를 이해했습니다. 그들은 섭리의 부르심에 응답하기를 망설이지 않았고, 천주님의 그토록 달콤한 멍에를 메기 위해 기꺼이 고개를 숙였습니다. 이들의 숫자는 사람들 눈에 별 볼 일 없지만 신앙의 빛으로 보면 위로가 됩니다. 이 마흔 명의 선량한 사람들은 저의 성무집행의 기쁨입니다. 게다가 그들은, 제가 바라는 바입니다만, 더 풍성한 내년 수확의 씨앗입니다.

신앙 전파 외에 이 지역에서 제가 아끼는 또 하나의 일이 있습니다. 바로 성영회聖嬰會 사업입니다. 그 결과는 매우 큰 위로가 됩니다. 외교인 어린이들의 임종 대세代洗는 220명에 달하여 작년보다 80명 더 늘어난 셈입니다. 이곳의 영세자 수가 다른 지역 영세자 수에 못 미치는 이유를 주교님께서는 이미 아십니다. 우리 교우들은 모두 꽤 좁은 땅에 옹기종기 모여 삽니다. 게다가 담배 농사를 짓는 이들은 큰 외교인 중심지들에서 먼 산간지방에 삽니다. 그들이 평지로 내려오거나 장에 가는 일은 아주 드물고, 집 밖으로 외출하는 사람들은 남자들뿐입니다. 여교우들은 조선인들의 관습에 따라 집 안에 드나들 수 있어 집 안에서 죽어가는 아이들을 보게 되면 세례를 줄 수 있지만, 그들은 밭일 외에는 집 밖을 거의 나다니지 않습니다. 또한 조선인들은 아들딸 가리지 않고 자식을 사랑하며 자연의 법칙을 따릅니다. 이 모든 이유 때문에 죽어가는 외교인 아이들에게 세례를 주는 것이 아주 어렵습니다. 그럼에도 이런 장애를 극복할 교우가 전혀 없는 것은 아닙니다. 의사들은 종종 그들의 직업 덕분에 꽤 유리한 기회를 얻습니다. 그러나 저의 모든 세례 집전자들 가운데 박 안드레아는 열성으로나 세례를 베푼 횟수로나 다른 사람보다 뛰어납니다. 주교님도 이 사람과 알게 되는 것을 기뻐하실 것이니 머지않아 그를 주교님께 소개하도록 하겠습니다.

박 안드레아는 박해 이전에는 그럭저럭 편안하게 살았습니다. 그러다가 박해가 시작되자 다른 많은 이들처럼 재산을 몰수당하고 가장 극심한 빈곤에 처하게 되었습니다. 그는 담배 재배를 할 수밖에 없었고, 그의 끈질긴 성격 덕분에 다행히 훌륭한 재배자가 되었으며, 몇 년의 농사 경험 끝에 수지 균형을 맞출 수 있었습니다. 그는 몇 년 전부터 진안에 살고 있습니다. 근본적으로 착실한 그의 성격은 누구를 상대하는가에 따라 조금씩 다른 형태를 취합니다. 그의 풍부하고 유창한 언변은 그에게

박학한 자로서의 명성을 가져다주었으며, 그의 단정한 품행은 그와 알고 지내는 행운을 누린 이들의 마음을 사로잡았습니다. 그는 자신의 위치를 잘 활용하여 주변에 신앙 전파 사업과 특히 성영회 사업을 발전시켰습니다.

박 안드레아는 특히 가정의 어머니들의 애정을 얻음으로써 동포들의 마음을 차츰차츰 사로잡았습니다. 그는 어린 환자들과 장애인들에게 관심을 기울이고, 몇 푼의 금전이나 쌀 몇 말을 때맞추어 그들에게 나눠 줍니다. 또 이 사람에겐 유용한 약을 처방하고, 저 사람의 병든 아기에게는 해가 없는 치료제를 줍니다. 아픈 아이들의 부모들은 우리 교우 안에서 보호자와 친구를 만나게 되어 다행하다고 생각합니다. 그의 권고에 따라 주변의 외교인들 대부분은 죽음의 위험에 처한 자기 아이들을 그에게 데려옵니다. 그들 머리에 물을 부어 '좋은 곳'으로 보내기 위해서인데 외교인들은 천국을 단순하게 '좋은 곳'이라고 부르지요.

흥미로운 여러 가지 사건들 중 박 안드레아 자신이 저에게 이야기해 준 사건 하나를 말씀드리겠습니다.

어떤 어머니에게 죽어가는 아이가 있었습니다. 재산이 별로 없던 그녀는 아이를 낫게 할 약을 살 수가 없었습니다. 병이 날로 악화되자 마침내 그녀는 아이를 구할 수 없다고 절망했습니다. 그런데 갑자기 한 가지 생각이 머리를 스쳤습니다. 그녀는 속으로, '내 아들이 그 사람에게서 머리에 그 물을 받는다면 죽은 후에 아무개의 아들처럼 좋은 곳에 갈 수 있을 거야.'라고 생각했습니다. 그러나 그녀의 남편이 곁에 있었고, 그에게 자기 의향을 이야기했다가는 아마도 그 계획을 실현하는 데 방해를 받을 것이었습니다. 그녀는 남편이 없는 틈을 타서 아이를 포대기에 싼 후

박 안드레아가 사는 마을로 갔습니다. 그곳에 도착하자 그녀는 아이들 머리에 물을 붓는 사람이 그곳에 있는지 물어보았습니다. 그가 거기 있다는 대답이 돌아왔고 조금 후 박 안드레아는 이 여자 앞에 나서며 무슨 일로 찾아왔는지 물었습니다. 그녀는, "박 선생님, 선생님은 죽어가는 아이들에게 신비스러운 물을 그들 이마에 부어서 좋은 곳으로 보내는 비결을 갖고 있다고 들었습니다. 제 아이를 불쌍히 여기시고 걔가 죽은 후 행복할 수 있게 도와주십시오."라고 답했습니다. 그러자 안드레아는 그녀의 의도를 캐보려고 이렇게 대꾸했습니다. "부인, 만일 제가 아이 머리 위에 물을 부으면 이미 많이 아픈 이 아이는 곧바로 죽으리란 걸 모르십니까?" "그 아이가 좋은 곳으로 가기만 한다면 머리에 물을 받고 나서 죽는다 한들 그게 무슨 상관이겠습니까?" "부인은 그걸 믿으십니까?"라고 안드레아는 다시 물은 후에 여인의 긍정적 답변을 듣더니 아이에게 서둘러 세례를 주었습니다. 어머니는 기쁨에 가득 차 자신의 귀한 아이와 함께 집으로 돌아갔습니다. 그녀의 남편이 문 앞에서 기다리고 있다가 그녀가 들어오는 것을 보고 어디서 오는 길이냐고 물었습니다. 그녀는 "우리 아이가 좋은 곳으로 가도록 그 애의 머리에 물을 붓고 오는 길입니다."라고 답했습니다. 그녀의 남편은 그다지 만족하는 것 같지 않았고, 천주교의 그런 몽매한 일을 믿는다고 꾸짖기까지 한 것 같습니다. 아무튼 어머니의 갈망은 충족되었고, 아픈 아이는 세례를 받았습니다. 그의 어린 영혼은 며칠 후 우리가 천국이라 부르는 그 아름다운 곳으로 날아갔습니다.

저희가 예상한 것처럼 학교 사업은 처음부터 큰 장애에 부딪쳤습니다. 우리 교우들의 가난과 마을 간의 거리 때문입니다. 그럼에도 저는 글공부 학교 네 개를 세우는 데 성공했고, 학생 수는 스물한 명입니다.

이상과 같은 것이 저의 정기방문의 열매입니다.

Gratias Deo super inenarrabili dono ejus. (이루 말할 수 없는 선물을 주시는 하느님께 감사드립니다. -2코린 9,15)

조선의 교황 파견 선교사

X. 보두네 드림

교우들을 괴롭히는
탐욕스러운 외교인 문제 해결 요청

+

대성동
1890년 8월 1일

지극히 공경하올 신부님,

꽤 오랫동안 서울에 갈 기회가 없었기에 베르모렐 신부와 제가 이미 써 놓은 편지들을 신부님께 전할 수가 없었습니다. 그런데 다행히 오늘 그 편지들을 현재 저의 처지와 몇몇 교우들과 예비교우들의 처지를 설명한 것과 함께 신부님께 전할 수 있게 되었습니다.

이 현세 사람들 중에는 자기들의 소유로는 결코 만족하지 못하는, 정신이 너무도 비뚤어진 사람들이 있습니다. 그들은 언제나 이웃의 재산을 탐내고, 그것을 훔치기 위해서는 수단 방법을 가리지 않습니다. 저의 집에서 4킬로미터 떨어진 약바우[19] 마을에 함씨咸氏[20]라는 사람이 살고 있는데, 그는 언제나 탐욕 마귀의 유혹에 시달리고 있습니다. 20년 전부터 그는 이

---

19 전북특별자치도 완주군 소양면 화심리의 약암(藥岩) 마을.(디지털완주문화대전)
20 咸汝佐. 약바우에 사는 향임(鄕任)으로 봉세관(封稅官)이자 풍헌(風憲)이었음.

유혹에 넘어가 그의 마을에 교우들이 살 수 없게 만들었습니다. 그는 교우들이 농사를 시작하는 것은 기꺼이 놔두지만 그것을 끝내도록 놔두지 않고 다른 곳으로 이사 갈 수밖에 없도록 괴롭혀 그 수확을 가로챕니다.

올해도 역시 그는 박문겸이라는 예비교우를 이처럼 못살게 굴었습니다. 그는 다른 사람들을 이용해 그를 비참하게 만들고 마을에서 내쫓은 다음 가을에 박씨의 땀의 결실을 착복하고자 했습니다. 그는 이런 목적으로 전주 사람의 땅에 있는 소나무들을 베었습니다. 우리 예비교우를 고발할 구실을 만들려는 것이었습니다.

함씨의 못된 의도를 제때에 알게 된 산주山主는 관장에게 그를 체포하여 처벌토록 하였습니다. 그럼에도 함씨는 싸움을 포기하지 않았습니다. 그는 박씨가 자기 부모를 저의 마을의 홍씨라는 사람의 땅에 매장했다고 고발했습니다. 이는 사실입니다. 그러나 박씨는 그 이후 자기 잘못을 깨닫고 5년 전에 부모의 유해를 꺼내어 다른 곳으로 이장했다는 사실도 말해야 합니다. 조선 관습상으로 보면, 예비교우인 박씨는 과거에는 분명 관습을 어긴 죄인이었으나 오늘날엔 더 이상 그렇게 볼 수 없습니다. 그러나 그는 부자인 데다가 겁이 많고 힘은 없으니 이는 홍씨네가 그를 비참하게 만들기에 충분한 이유였습니다. 홍씨네는 그를 붙잡아 여러 차례 매질했으며, 제가 말리지 않았다면 아마 그를 죽였을 것입니다. 이렇게 해서 제가 이 사건에 끼어든 것입니다. 홍씨네는 제가 그들에 대항하여 온 힘을 다해 박씨를 돕는다고 잘못 생각한 것 같습니다. 그들은 보통 때보다 더 흥분한 어느 날 박씨를 붙잡아 저의 집 마당에 끌고 와서 제가 보는 앞에서 그를 구타하고자 했습니다.

이는 조선의 관습에 따르면 그들이 저에게 할 수 있는 가장 심한 모욕

중 하나였습니다. 왜냐하면 양반의 집에서 그 집 하인이나 외부 사람을 구타하는 것은 그가 양반을 대신하여 매를 맞는다는 의미이기 때문입니다. 사건이 위중하다고 판단한 저는 홍씨네를 처벌받게 하고 싶었습니다. 그러나 다행히 그다음 날 그들은 저에게 와서 용서를 빌며 박씨와 화해하겠다고 약속했습니다. 며칠 전 그들은 서로 화해했습니다.

따라서 제가 신부님께 편지를 드리는 것은 홍씨네에게 소송을 걸기 위해서가 아닙니다. 신부님께 가능한 일이라면 공적 안녕의 훼방꾼인 이함씨가 저희에게 일으키는 모든 악을 멈추게 해달라고 부탁드리기 위해서입니다. 그는 날마다 천주교와 저라는 인물에 대한 욕설을 쏟아냅니다. 그는 우리 박씨를 마을에서 내쫓아 알거지로 만들고 싶다고 말합니다. 나쁜 사람들은 그의 이 같은 의도에 박수갈채를 보내고, 도감이거나 풍헌風憲[21]인 최봉석崔鳳錫은 자기가 나서서 저의 집을 부숴버릴 수 있다고 주장합니다. 최봉석은 우리 마을의 어떤 교우에게서 엽전 34.50[22]을 훔치기까지 했습니다(여기에 대해 배 베드로에게 물어보십시오). 그는 임금에게 종이를 바쳐야 하는데 이를 위해 닥나무 껍질이 필요하다는 핑계로 그 돈을 훔친 것입니다.

닥나무 껍질의 값이 엽전 34.50전입니다. 험담꾼들에게 좋은 빌미를 주게 될 것입니다. 그들 가운데 몇몇 사람을 가르치는 것이 우리를 존중하게 할 수 있는 최선의 방법입니다. 따라서 신부님께서 하실 수 있다면, 함씨와 최씨가 처벌받게 해 주시길 부탁드립니다. 그러지 않으면 머지않아 교우들이 많은 비참한 일을 겪게 되고 저의 평판은 나빠질 위험이 있

---

21 조선시대, 면(面)이나 이(里)의 일을 맡아보던 향소직(鄕所職), 『고려대한국어대사전』
22 원문은 '34.50 en Yeptjyen'으로 단위가 나오지 않는다.

습니다.

석장리[23]에서 외교인들이 교우들을 몹시 괴롭혔습니다. 그들은 교우들에게서 180냥을 훔치고자 했습니다. 그들은 두 명의 교우, 곧 젊은 여교우 한 명과 남성 예비교우가 부적절한 관계를 가졌다고 비난했는데 이는 교우들을 추방하고 그들의 명예를 실추시키기 위한 구실입니다. 공경하올 신부님, 저를 도와주십시오. 온갖 무질서를 멈추는 것이야말로 이 가련한 나라의 문명을 진보시키고 우리 천주교에 큰 선을 행하는 방법일 것입니다. 저는 석장리의 우리 교우들에게 도움이 되도록 영향력 있는 한 외교인에게 추천의 편지를 부탁했습니다. 만일 배 베드로가 그 추천서를 얻지 못하면 이웃 마을 교우들이 이 마을 중상모략꾼들에 대한 항의의 편지를 서울로 보낼 것입니다.

만일 프랑스 공사가 그 추천서를 이용하여 이 여러 가지 사건을 해결할 수 있다면 신부님의 종인 저는 당분간 걱정을 덜 것입니다. 배 베드로가 이 여러 이야기들을 신부님께 소상히 말씀드릴 터이니 저는 이만 줄이겠습니다. 저의 가장 깊은 존경을 받아 주십시오.

신부님의 헌신적인 아들
X. 보두네 드림

---

23 1914년 행정구역 통폐합에 따라 고산군이 전주군에 통합되면서 용복리, 석장리, 신덕리, 구수동, 만수동을 병합해 '용복리'라 하고 전주군 운동하면에 편입되었다. 이후 1935년 전주군을 완주군으로 개칭하면서 운동하면의 전역이 운주면으로 이름을 바꾸어 완주군 운주면에 용복리가 편입되었다. 1966년 운주면에 경천출장소 설치 후 1989년 운주면 3개 리(경천리, 가천리, 용복리를 편입하여 경천면으로 승격하면서 경천면 용복리로 되었다. 150~200여 년 전에 천주교 박해를 피해서 밀양박씨, 전주이씨, 광산김씨, 경주김씨의 네 성이 용복리로 피난을 왔다고 전해진다.(한국학중앙연구원-향토문화전자대전, 디지털완주문화대전)

모함당한 교우 유판순 사건
해결 촉구

(편지 전체가 보존되지 않아 내용을 알 수 없음)

용안에서 영산 김씨 가문의 현감은 슬프게도 별로 칭찬할 만하지 못한 행동들로 유명합니다. 그는 권한을 남용하고, 백성을 갖가지로 괴롭히며, 주민들의 재산을 훔치고, 막돼먹은 행동을 아무렇지도 않게 하는데 대개는 시련을 매우 잘 견디는 조선 백성도 그의 행동을 참을 수가 없었습니다. 그 지역 주민들은 저항의 깃발을 높이 들었습니다. 그들은 우두머리 하나를 세웠고(이는 물론 외교인입니다) 관아에 쳐들어가 큰 소리로 이 모든 불의를 멈추고 짓밟힌 그들의 권리를 온전히 돌려 달라고 요구했습니다. 현감은 소란을 일으킨 군중의 모습을 보고 겁을 먹었습니다. 그는 큰 곤경에 처했는데, 그런 행동이 썩 칭송받을 만한 게 아니므로 관찰사에게 보호를 요청할 수가 없었기 때문입니다. 혼자 힘으로 그가 무엇을 하겠습니까? 양심이 둔감한 그는, 자기 백성에게는 불리하더라도 자신의 이익을 지켜야 할 때면 궁지에서 빠져나갈 수단을 스스로 찾아낼 것입니다. 그는 그럴듯한 약속으로 소란을 일으킨 군중의 우두머리를 회유하여 이 모든 사람들을 돌려보내게 하면서 그에게 요구를 들어주겠다고 했습니다. 최초의 시도에서 너무 무모하기만 했을 뿐, 끝까지 밀고 나갈 만큼 대담하지 못했던 우두머리는 굴복하였고 죽음의 위협을 피해 도망쳤습니다. 그는 모든 추격을 피하기 위해 유판순이라는 교우를 이 반란의 두목으로 고발했습니다. 관장은 이 교우를 체포하라는 명령을 내리며, 그를 죽이고 그의 집을 허물리라고 다짐했습니다. 유판순은 도망치면서, 저에게 추천장을 부탁해 달라고 했습니다. 제가 그것을 거절할 수가 있겠습니까? 무죄한 한 교우의 목숨, 그리고 스무 명의 식구가 있는 교우 가정의 존망, 그리고 이 지역 전체의 교우와 외교인의 평화가 걸려 있는 문제인데 말입니다. 생각만으로도 마음이 아픈 이 이야기에 대해 더 이상 말씀드리지 않겠습니다. 서울로 올라가는 두 사람이 이 사건 전모를 낱낱이 아시도록 필요한 세부 사항을 말씀드릴 것입니다.

부디 이 사건과 전교회장 배씨가 서울로 갖고 가는 다른 사건들도 잘 살펴주시길 바랍니다. 이번 일은 생명이 걸린 문제입니다.

[여백에]
모든 신부들에게 인사 전해 주십시오. 그들 각자에게 편지할 시간이 없습니다. 유판순의 사건이 매우 시급합니다.

최씨-함씨 일 경과 공유와
한 조사의 빚에 관한 정보 요청

+

예수 마리아 요셉

대성동
1890년 10월 1일

지극히 공경하올 코스트 신부님,

배 베드로가 서울로 돌아가는 기회를 이용하여 신부님께 몇 줄 쓸 수 있게 되었습니다. 최씨-함씨 일은 더할 나위 없는 성공이었습니다. 이 두 사람은 두 번째 전보가 도착한 후 투옥되었습니다. 그들은 여전히 감옥에 있으며, 언제 어떻게 자유의 몸이 될 수 있으려나 자문하고 있습니다. 함씨는 자기 운명에 체념한 듯 보였습니다. 아니 그 이상이었습니다. 그는 복종하는 태도를 보였고 저에게 거듭 용서를 빌었습니다. 그를 용서해 주지 않을 수가 없었습니다. 그의 많은 나이와 감옥생활의 어려움이 그의 기질을 현저히 약화시킨 것입니다. 그의 이 같은 바람을 제가 완강히 거절한다면 제 양심에 해를 입지 않을까 두렵습니다. 최씨의 경우, 그다지 훌륭한 복종의 태도는 아니었습니다.

그의 친구들이 그를 위해 중재한 것은 사실입니다. 그러나 세간에 퍼진 소문을 믿는다면 그는 자기를 위해 중재하러 온 첩의 처신을 비난할 것입니다. 다른 한편 이런 상황에서 그를 용서하지 않는 것은 그의 상황을 더 나빠지게 만들 것입니다. 왜냐하면 최씨에 대한 아무런 언급이 없는 채로 함씨를 석방하라는 명령을 받은 감사는 최씨가 더 큰 잘못을 범했다고 믿을 것이며, 따라서 그를 더 엄한 구금형에 처할 것이기 때문입니다. 제 생각에 이 같은 어려움을 방지할 방법이 있습니다. 그의 석방에 작은 조건을 붙이는 것으로 충분한데, 곧 그에게서 풍헌직을 박탈하면 될 것입니다. 그럴 경우 그는 과거처럼 교우들과 외교인들을 더 이상 해치지 못할 것이고 모든 사람이 만족할 것입니다.

소문에 의하면, 꽤나 미지근한 교우인 한 조사造士[24]는 홍종남洪鐘南 사건과 관련하여 서울에 며칠 더 체류할 수밖에 없었을 것입니다. 그런 까닭에 그는 주서注書[25]인 이 베드로에게서 당오當五[26] 20냥과 신학교 한문 교사인 권 다두에게서 당오 10냥, 리우빌Liouville 신부 댁의 조씨에게서 15냥을 빌렸을 것입니다. 이곳의 교우들은 그의 빚을 갚을 의무가 생겼습니다. 죄송하지만, 한씨가 이 돈들을 어떤 상황에서 사용하였는지 알기 위해 필요한 정보들을 얻어 주시겠습니까? 그가 우리에게 도움을 주기 위한 목적에서 그것들을 사용했다면, 신부님께서는 저의 돈으로 그 교우들에게 지불하실 수 있을 것입니다. 제가 이곳에서 돈을 인출하겠습니다.

---

24 학문을 이룬 선비.(『표준국어대사전』)
25 조선시대 승정원의 정7품 관직.(『한국민족문화대백과사전』) 뒤에 나오는 주사主事 이 베드로와 동일인물이라면 '주서'가 아니라 '주사'가 더 정확하다고 볼 수 있다. 하지만 두 직책의 알파벳 표기가 매우 상이하다.
26 구한말에, 법정 가치를 상평통보의 5배로 쳐 발행한 화폐. 고종 20년(1883)에 만들어 고종 32년(1895)까지 사용하였다.(『표준국어대사전』)

푸아넬 신부는 배 베드로에게 50~60냥을 빌려주면서 저의 장부에 달아 두었습니다. 저는 그 돈도 이곳에서 인출하겠습니다.

베르모렐 신부는 건강이 썩 좋지 못합니다. 베르모렐 신부의 원기를 북돋을 좋은 약이 혹시 푸아넬 신부에게 있을까요? 그렇다면 그 약을 베르모렐 신부에게 보내주시면 좋겠습니다.

서울의 모든 동료들에게 인사합니다.
예수 그리스도 안에서 신부님께 온전히 헌신하는 저의 존경의 마음을 받아 주십시오.

조선의 교황 파견 선교사
X. 보두네 드림

추신
제 관할 구역의 오래된 교우 중 하나가 다블뤼 주교님이 쓰시던 제의의 가장자리 장식을 저에게 주었습니다. 이 기회에 그것을 신부님께 보내드립니다.
최근에 저는 신부님께서 제게 주신 조선 역사의 일부에 대한 번역을 시작했습니다. 이 일을 언제 끝낼지 모릅니다. 저의 사목 방문을 마치기 전에는 어려울 것입니다. 신부님께 최대한 빨리 보내드리기 위해 교우 공동체 방문 동안 여유 있을 때마다 조금씩 번역 작업을 해보겠습니다.
배 베드로는 엽전 10냥을 저에게 송금했습니다.
그에게 서울 환율에 따른 동일한 금액을 당오로 보내주시고, 그 돈도 저의 장부로 달아 놓아 주십시오.

1890~91년도 성무집행 보고서
-하느님 섭리께서 베풀어 주신 축복-

예수 마리아 요셉

전라도, 대성리
1891년 3월 29일

주교님,

1890~91년 정기방문을 마치면서 저는 우리 지역에 하느님 섭리께서 베풀어 주신 축복에 깊이 감사드리지 않을 수 없습니다. 작년까지만 해도 이처럼 위안이 되는 성공을 거두리라는 예상을 전혀 할 수 없었던 만큼 이는 더더욱 놀라운 축복입니다. 사실 꽤 여러 해 전부터 전라도는 신앙 전파의 불모지였습니다. 선교사는 영세자의 숫자로 큰 위로를 받는 만큼 이 넓은 지역 여기저기서 주운 몇몇 이삭으로는 만족할 수 없었습니다. 하지만 이런 상황에서 무엇을 해야 하겠습니까? 이 상황에 순명하면서 체념의 마음으로, 좋으신 주님께서 당신 자신을 알리고 사랑받으시기 위해 몸소 때를 선택하시도록 기다리는 수밖에 없었습니다. 1890년이 바로 그 복된 해가 되었습니다. 이곳에서도 우리는 하느님 섭리가 하시는 일에 대한 감탄을 멈출 수가 없습니다. 하느님의 섭리가 취하는 수단은, 사람들이 자기네 변덕에 따라 다른 사람의 뜻을 꺾기 위해 사용하는 수단과는 매우 다릅니다.

하느님의 섭리는 우선 좋은 씨앗을 정화하고, 밀과 가라지를 분리하고자 했습니다. 섭리는 악인이 불경한 손을 들어 의인을 때리게 함으로써 의인에게서 악인을 떼어놓고자 했습니다. 천주교에 대한 전쟁의 첫 함성이 터진 곳은 어은동(진안)이었습니다. 이 전쟁은 강자인 당국이 약자인 개개 백성들에 대해 벌인 것인 만큼 더욱더 끔찍했습니다. 처음에 충격은 대단했습니다. 희생자들이 순순히 빼앗기려 들지 않았기 때문입니다. 희생자들은 전라감사의 법정에까지 고발이 이르게 했고, 서울에 이르기까지 소송을 진행했는데, 직속상관의 명령을 따르지 않는 악의에 찬 몇몇 하급 장교들만 아니었더라면, 만일 교우들만 있었더라면 어느 모로 보나 행복한 승리가 예상되는 것이었습니다. 이 사건의 최종 결과는 교우들이 재산을 영영 잃어버리고, 여러 가정이 알거지가 되고, 예비교우들이 안타깝게도 변절한 것이었습니다. 하지만 섭리는 이 가련한 길 잃은 양들을 완전히 저버리지는 않았습니다. 화재가 발생하여 마을 전체가 다 타버린 가운데 한두 집만 화를 면했는데, 그 집 식구들은 우리 성교를 믿고 따르려는 첫 결심을 버리지 않은 가정이었습니다. 이 첫 경고에다가 섭리는 두 번째 경고를 더했습니다. 곧 그 마을에 매우 열심한 전교 회장을 보낸 것입니다. 그는 곧바로 일에 착수하여 열 사람에게 세례받을 준비를 시킴으로써 위로를 받았습니다. 그는 내년에도 똑같은 수의 회두자를 내겠다고 저에게 약속했습니다. 2년이 지나고 나면 17호로 이뤄진 이 마을 전체가 천주교 신자가 될 것입니다.

이 사건은 큰 반향을 일으켰습니다. 그때부터 외교인들은 감히 천주교인의 이름을 기소 이유로 들먹이며 신문교우들에게 맞서려 들지 못했습니다. 당국으로부터 모종의 벌을 받지 않을까 두려웠기 때문입니다. 그들은 더 좋은 기회, 다시 말해 박해의 때가 오기를 기다리는 것으로 만족했습니다.

이 표면적인 평화는 기껏해야 2년 동안 지속될 운명이었습니다. 타인의 재산을 가로채는 이들은 1866년과 그 이후 교우들에 대한 약탈 사건의 이야기를 언제나 기억하고 있었습니다. 탐욕의 충동질에 가장 먼저 넘어간 사람들은 전주 관아의 포졸들 자신이었습니다. 네다섯 명의 포졸들이 어떤 잘못을 저지른 사람을 체포하여 데리고 오라는 명령을 대장에게서 받았습니다. 그들은 어떤 교우촌에서 1킬로미터쯤 되는 곳을 지날 때, 우리 교우들 중 두 명이 어느 정도 풍족한 삶을 그곳에서 살고 있다는 것을 알게 되었습니다. 이 소식 하나에 그들은 뛸 듯이 기뻐했습니다. 그들은 주막 사람들과 함께 이야기를 꾸미고 나서 곧장 교우촌으로 향했습니다. 그들은 제가 그 동네에 있는 것을 몰랐습니다. 그들이 위에 말한 부유한 교우들 가운데 한 명을 붙잡고 나서 내 앞에 서게 되었을 때 얼마나 놀라고 두려웠겠습니까! 그들은 자기들이 붙잡은 교우를 놓아주고 전주로 줄행랑을 쳤습니다. 전주에서는 이미 그들의 악한 의도에 대한 벌로 준엄한 매질이 기다리고 있었습니다. 주막의 주인들도 악한 고발자들이 받아 마땅한 벌을 받았습니다.

이 실패한 작당모의 소문과 주모자들에게 가해진 벌에 대한 이야기는 곧 많은 사람들에게 퍼졌습니다. 주변에 저의 존재가 알려졌고 모든 사람이 가난한 백성에 대해 제가 지닌 힘과 헌신을 찬탄해 마지않았습니다.

제 이름은 몇 달 후 최씨-함씨 사건 때 다시 한번 유명세를 탈 것이었습니다.

사악한 욕망에 사로잡힌 이 두 사람은 제 명예와 결백함을 해치고자 했습니다. 그들은 온갖 이야기들을 지어내어 그들의 이야기를 듣고 싶어 하는 이들인 개신교도, 곧 사실을 부인할 맹랑함을 지닌 이들에게 반복해서 들려주면서 자기들 눈으로 보고 귀로 들었다고 맹세했습니다. 사람들 사이에 그토록 크나큰 악의가 있음에 아연실색한 몇몇 외교인들이 그들의 음모를 교우들에게 폭로했습니다. 저는 이 모든 사실들을 점차 알게 되었지만 잠자코 있었습니다. 그러나 이 두 사람을 벌하지 않고 놔두는 것이 저에게 너무 큰 약점이 되리라고 생각되자 생각을 바꾸었습니다. 저는 서울에 두 사람을 고소했고, 프랑스 공사 드 플랑시 씨의 개입 덕분에 두 죄인은 분명히 처벌되었고, 전라도에서 제 상황은 좀 나아졌습니다.

그럼에도 아직 저의 위치는 그다지 완전하지 않습니다. 외교인들은 최씨-함씨 사건에 대해, 어떤 이들은 두 사람을 은근히 떠받드는가 하면 또 다른 이들은 그들을 공개적으로 비난하였습니다. 그러다 그들은 이 주제는 제쳐 놓고 전주에 세워질 유럽식 학교 건립 계획에 대해 말하기 시작했습니다. 그러나 얼마 지나지 않아 유럽인들이 산책 장소 부지에 성당을 지을 작정이라는 소문이 돌기 시작했습니다. 사람들은 이에 대해 많은 이야기를 쏟아냈는데도 그들의 이야깃거리는 아직도 완전히 소진되지 않은 듯합니다. 그들은 여전히 이야기들을 하고 있지만 건축은 아직 시작도 안 했기 때문입니다.

그 사이에 시골도 역시 이에 대한 나름의 의견을 갖고 있었습니다. 마을 사람들은 왕이 모든 사람에게 천주교를 믿도록 명했다고 주장했습니다. 그 명령을 따르고 싶지 않은 몇몇 사람들은 위험 없이 명령을 어길 방법을 궁리했습니다. 좀 더 분별 있는 이들은 자기들이 할 수 있는 평범한 생각들을 속으로 간직하며 침묵하는 것으로 만족했습니다.

그러나 이 소란한 소문 속에서도 [영혼의] 재생 사업은 열매를 맺었습니다. 은총으로 마음이 밝혀진 여러 사람이 우리의 일원이 되고자 우리에게 왔습니다. 차츰차츰 늘어난 그들은 열 명 정도 되었습니다. 그리고 오늘날도 우리 교우들을 만나러 오는데, 예전에는 드문 일이었습니다. 따라서 전라도는 큰 걸음을 떼었습니다. 교우들을 향하던 박해에 대한 두려움이 사라지기 시작했습니다. 천주교인이라는 이름을 많은 이가 칭송하고 또 다른 이들은 찬양하는가 하면, 또 어떤 이들은 두려워합니다. 이 같은 변화의 주원인은 천주교인에게 호의적인 몇몇 관헌들의 올바른 결정과 영향력 있는 여러 인사들이 우리 신문교우들에 대해 좋게 평가하기 때문입니다. 사조가 이러하니 순회 전교회장은 각 지역의 대중에게 받아들여지는 데 어려움이 없었습니다. 일반적으로 사람들은 그의 말에 귀를 기울였습니다. 또한 천주교 교리에 탄복하면서, 여러 사람이 교리를 받아들이겠다고 약속했습니다. 좋으신 하느님께서 이들의 지성을 비추셔서 그들이 망설임을 떨쳐버리고 용기를 갖게 해 주시기 바랍니다!

학교 사업은 언제나 같은 상태에 있습니다. 스물다섯 학생이 네 학교에 나뉘어 교육을 받고 있습니다. 할 일이 있다면 일하겠다고 나설 선생들은 많을 것입니다.

저는 1890~91년 정기방문 동안 거둔 결과를 주교님께 말씀드리면서 이 보고서를 마치고자 합니다. 고해자 1,593명, 사규영성체자 1,468명, 임종대세자 12명 외에 영세자 125명, 예비교우 140명, 신자 수 2,317명입니다.

감히 스스로를 주교님의 매우 부당한 종이라고 말씀드리는 저의 존경의 감정을 받아 주십시오.

조선의 교황 파견 선교사
X. 보두네 드림

장성 신자 관련 사건에 대한
경과보고 및 해결 재요청

+

예수 마리아 요셉

(날짜 미상)
[1891년 7월 10일 답신]

주교님,

서울에서 되돌아온 전교회장 배씨가 좋은 소식을 가져다주었습니다. 그는 주교님과 신부들이 잘 지내고 계시며, 리우빌 신부의 건강이 차츰 좋아지고 있다고 말했습니다. 정말 잘됐습니다!

베르모렐 신부와 당신의 좋은 장성의 신자들과 관계된 사건을 원만하게 마무리 짓고 싶었으나 저희는 교섭에 성공하지 못했습니다. 이 사건은 차츰 심각한 국면으로 바뀌어 가고 있습니다. 여교우 하나가 투옥되고 19가구가 박해자들 앞에서 도망치지 않을 수 없게 되었습니다. 저희는 네 법정에 제소했으나 교우들의 상황은 조금도 나아지지 않았으므로, 프랑스 정부의 보호에 몸을 맡기지 않을 수 없습니다. 저희와 관련된 이 사건에는 조불조약에 대한 명백한 위반 사항이 있는 만큼 저희의 주장이 받아들여질 가망이 큽니다.

기옥규[27]는 큰 죄인이 아니고, 우리와 교우들에게 험한 욕설을 하도록 그를 사주한 박씨들, 특히 박수성의 죄가 큽니다. 베르모렐 신부가 주교님께 이미 설명하였으므로 저는 이 사건의 세부 사항에 들어가지 않고, 다만 각자의 유죄에 대해 한마디 하는 것으로 그치려 합니다.

안씨의 처를 가해한 박수성의 동기를 고려할 때 그의 유죄는 분명히 드러납니다. 그 동기는 유럽인과 교우들에 대한 그의 가차 없는 증오에서 비롯된 것입니다.

그가 발길질과 주먹으로 안씨의 처를 하도 심하게 때렸기에 그곳의 외교인들은 그녀가 죽은 듯이 늘어져 있는 것을 보고서 세 명의 증인을 지목하여 서둘러 부사 앞에 이 사건을 갖고 가 박수성을 유일한 살인범으로 고발하려 했습니다. 그러나 안씨의 가엾은 아내가 차츰 의식을 회복했기에 그들은 아무런 행동도 하지 않고 지나갔습니다.

나머지 박씨들은 어사御使가 박수성을 정당하게 구금한 것에 대해 교우들과 우리에게 복수하길 원함으로써 처벌과 유배까지도 당할 처지에 놓이게 되었습니다. 그들은 큰돈으로 그곳 부사의 마음을 사로잡았고, 포졸들에게는 그들이 잡아오는 신자 한 명당 100냥을 약속하면서, 그 지역에 단 한 명의 교우라도 살려 두는 것보다 1만 냥의 돈을 쓰는 것이 더 낫다고 공언했습니다. 그들은 유럽인들을 아무리 자주 죽여도 아무런 잘못이 되지 않을 거라고 대놓고 공언하면서 유럽인들에게 욕설을 퍼부었습니다.

---

27 프랑스어 원문에 Keui Ok-kou라고 나와 있는데, 보두네 신부는 기(奇)씨 성을 Keui라 표기하고 있다. Ok-kou는 '옥구'인지 '옥규'인지 불확실하다.

윤씨와 김씨는 신자들을 멸절시키기 위해 박씨들과 동맹을 맺었고, 유럽인들에 대한 험한 욕을 퍼뜨리는 데 앞장섰습니다.

그곳 부사는 가족과 휴가를 보내러 돌아가기 전 박수성을 체포하게 함으로써 안씨에 대해 공정한 판결을 내렸습니다. 그러나 임지로 돌아오면서 박씨들과 타협함으로써 그의 첫 번 판결을 부인했습니다. 그가 안씨와 네 명의 다른 교우들에 대한 체포령을 내린 것도 그 같은 타협 때문이었습니다. 그러나 안씨와 네 교우들은 도망칠 시간이 있었기에, 폭행의 여파로 여전히 몸이 아픈 안씨의 처만 홀로 붙잡힌 것입니다. 그녀는 세 살짜리 아이를 집에 남겨둘 수밖에 없었습니다. 우리의 박해자들과 공모한 이 부사는 조불조약을 위반한 것이 아닙니까?

전라감사로 말할 것 같으면 그의 유죄는 도를 넘습니다. 용서를 받은 지 두 달 후 그는 매우 심각한 잘못을 저질렀으니까요. 청원서에는 우리의 명예를 회복시키고, 교우들에게 정의를 행하라고 되어 있지만 그는 청원서 내용은 아랑곳하지 않고 이 사건의 판결을 우리의 박해자에게 되돌려 보냈습니다. 이것이야말로 정의에 대한 부인이요, 우리에 대한 도전이며 결국 조롱의 표시가 아닙니까? 이 사건이 진행되는 동안 여러 명의 아전들도 그의 행동에 대해 그렇게 해석했습니다. 이런 일련의 상황을 통해서 제가 겨우 며칠 전부터 머물게 된 전주에서 어떤 처지에 놓이게 되었는지 주교님께서 판단해 보십시오. 전라감사는 저에게 호의적이지 않을 뿐 아니라 모든 이에게 두려움의 대상이니 누가 저의 집을 감히 찾아오려 하겠습니까. 그렇지 않았다면 그들은 벌써 저를 찾아왔을 것입니다. 그들은 이 일에 연루될까 봐 두려워하는 것이지요. 무슨 수를 써서라도 이 관료의 교만을 꺾어야 합니다. 따라서 독판督辦의 관자關子와 프랑스 공사의 질책성 편지 한 통이 필요합니다. 공사는 전라감사에게, 몸소 저에게 사과하러 오든가 그의 비장神將[28]을 보냄으로써 잘못을 기워 갚도록 촉구하여야 합니다. 또한 관자와 프랑스 공사의 편지에는 프랑스 공사의 기수, 곧 관자와 편지의 파발꾼과 함께 포졸들도 곧 파견함으로써, 범인들을 체포하여 전주로 압송하고 유배를 보내야 함을 감사에게 촉구하는 내용이 명시되어야 할 것입니다. 또한 그 지역의 부사에게 보내는 프랑스 공사의 훈계 서한도 필요할 것입니다. 만일 그가 파면될 수 있다면 더 좋을 것입니다.

프랑스 공사가 단지 관자만 보내는 일은 없어야 합니다. 그것은 아무 소용이 없습니다. 그가 감사에게 범인들을 체포하여 유배 보낼 기한을 정해 주고, 그가 그렇게 하지 않을 경우 그 자신이 처벌받을 것임도 분명히 해 주기 바랍니다.

제가 산 집은 매우 아름답고 대지도 꽤 넓습니다. 나중에 필요하다면 원하는 대로 지을 수 있을 것입니다. 집은 그다지 비싸지 않아서 1천 냥인데, 1,500냥의 가치는 있을 것 같습니다.

주교님, 저희는 무일푼이라, 은괴 두 개를 보내주시길 부탁드립니다. 배씨가 다른 모든 정보를 주교님께 드릴 것입니다. 주교님의 강복을 다시 한번 청하며 편지를 마칩니다. 저는 주교님의 매우 부당한 종입니다.

X. 보두네 드림

---

28 조선시대, 감사, 유수, 병사, 수사, 견외 사신을 따라다니며 일을 돕던 무관 벼슬.(『표준국어대사전』)

심각한 장성의 박해 상황
보고와 해결 요청

예수 마리아 요셉

전주

1891년 7월 2일

주교님,

장성의 박해 규모는 엄청납니다. 안씨의 처는 여전히 감옥에 있습니다. 그녀는 머지않아 죽을 것 같습니다. 박수성朴秀成에게 몹시 고문을 당한 그녀는 극도로 불편한 감옥생활의 어려움을 더 이상 견딜 수 없기 때문입니다. 그녀의 몸은 온통 부어올랐습니다. 새로운 소식에 따르면, 전라감사는 장성부사府使가 이 사건에 대해 제출한 탄원서에 대한 응답으로 자기 부하에게 안씨와 그의 친척인 최씨를 체포하고, 이들을 붙잡지 못할 경우 안씨의 아내를 붙잡아 감옥에 처넣으라고 명했음이 틀림없는 듯합니다. 장성부사가 전라감사에게 보냈다고 보이는 사람은 (장성 지역) 서이면西二面 매곡梅谷 마을에 사는 김남서라는 양반인 듯합니다.

이자는 사동리沙洞里의 촌장에게서 우리 교우들을 체포하라는 비밀 명령을 받았던 듯합니다. 명령을 받은 후 그는 기만적인 책략을 펼치고자 서울로 올라갔습니다.

주교님, 서울의 교우들을 통하여 이자가 실제로 서울로 올라갔는지 알아봐 주시고, 그를 체포하도록 해 주시기를 부탁드립니다. 그자의 용모는 대강 이러합니다. 중간 키에 긴 얼굴입니다. 수염은 그다지 길지 않고 숱이 많은 편이며 검은색입니다. 대략 50세 정도이며 말을 유창하게 한다고 합니다. 그는 말하면서 한쪽 눈을 깜박거리는 버릇이 있답니다. 그는 서울의 윤자덕尹慈德 대신과 매우 죽이 잘 맞을 거라고 합니다. 김남서는 틀림없이 박수성을 풀어 주게 할 의도를 갖고 있을 것입니다. 이는 우리 교우들에게는 큰 낭패요 다시 한번 낙담하게 되는 요인일 것입니다.

주교님께서는 제가 드린 정보에 따라 이 사건의 중요성을 판단하실 수 있을 것입니다. 프랑스 공사는 무슨 수를 써서라도 강력한 한 방을 가해야 합니다. 그래야 프랑스는 잃었던 위신을 되찾고, 프랑스인들은 매일같이 더러운 입들에 오염당하는 자신들의 영예를 되찾으며, 끝으로 천주교는 흐릿해진 불멸의 영광을 되찾을 것입니다. 만일 아무도 우리를 위해 무언가를 하지 않는다면 우리 처지는 견딜 수 없게 되고 우리 교우들은 세월이 가도 치유하기 힘든 모욕을 당할 것입니다.

이 사건의 주범은 돈 때문에 부패에 빠져든 이 지역의 부사입니다. 감사의 책임 또한 매우 큽니다. 왜냐하면 그는 2개월 전에 드 플랑시 씨에게 한 모든 약속을 잊어버리고 유럽인의 명예를 중상하는 자들을 벌하지 않았을 뿐 아니라 두둔까지 함으로써 조약을 위반했기 때문입니다.

그 밖의 범인은 박수성, 박의경(박수성의 친사촌), 박명옥(조선의 촌수 계산에 의하면 박수성의 육촌)입니다. 박의경과 박명옥은 교우들에게 유죄 판결을 내리게 하려고 일을 강력하게 추진하며 필요한 금전도 제공했습니다. 그들은 안씨와 최씨를 붙잡는다면 반드시 죽이겠다고 말했습니다. 현재 장성의 포졸들은 이 두 교우를 잡기 위해 혈안이 되어 있습니다. 그들은 최씨의 집에 수시로 들르고, 심지어 그의 동생을 붙잡았지만 그가 말을 할 줄 모른다는 이유로 곧바로 그를 풀어 주었습니다. 위 세 사람을 유배 보내든가, 그것이 여의치 않으면 적어도 박수성은 유배를 보내야 합니다.

장성의 박해는 고창에도 박해를 일으켰습니다. 와촌瓦村[29]이라는 외교인 마을에 사는 어떤 교우는 윤행권, 김복태, 김흠덕이라는 세 사람에게 묵주와 공과功課[30]책을 빼앗겼습니다. 윤행권尹行權은 아전입니다. 위 세 사람은 고창현감의 부재를 틈타서 이 일을 벌였습니다. 그들은 체포 영장을 받았다고 말했지만, 이는 거짓입니다. 이 사건은 그다지 심각하지 않습니다. 만일 장성 사건이 성공한다면 이 사건은 우리가 바라는 대로 쉽게 해결될 것입니다.

주교님, 베르모렐 신부와 저는 저희에게 맡겨진 주님 포도밭에서 하느님의 일을 계속할 수 있도록 주교님의 힘 있는 보호를 기다리고 있습니다.

그러나 저희의 기대와 달리 주교님께서 저희와 저희 교우들을 위해 아무것도 하실 수 없다면 저는 전주에서 모든 이의 조롱거리가 될 것이고 베르모렐 신부는 정기방문을 위해 남쪽 지역으로 가는 여행을 할 수 없을 것입니다.

---

29 전북특별자치도 고창군 고수면에 속하는 법정리.(디지털고창문화대전)
30 광의로는 매일의 기도를 말하고, 협의로는 주일과 축일의 기도 및 여러 상황에서 필요한 기도문을 수록한 기도서를 말함.(『한국민족문화대백과사전』)

관자關子³¹만 보내지 않도록 해 주시기 바랍니다. 이는 쓸데없는 일이니까요. 병대兵隊나 프랑스 공사관의 직원들을 아주 엄중한 명령과 함께 현장에 보내어 직접 이 일을 처리하게 해야 합니다.

예수 그리스도 안에서 주교님을 매우 존경하는 아들

조선의 교황 파견 선교사
X. 보두네 드림

---

31 관청에서 발급하던 허가서.(『표준국어대사전』)

서울의 명령을 확인할 수 있는 문서
및 독판의 편지 요청

(날짜 미상)

주교님,

만일 프랑스 공사가 감사에게 편지를 보낸다면, 이 기회에 사대문 위에 한 달 동안 벽보를 붙여두는 것이 바람직할 것입니다. 감사는 이 허가 사실을 숨길 수 없을 것이고, 저를 보러 오고 싶어 하는 주민들은 덜 두려워할 것입니다. 감사는 전라도 53개 군에 서울의 명령, 곧 유럽인들을 보호하고 그리스도인들을 괴롭히지 말라는 명령을 알리지 않았습니다. 그는 그 명령을 알렸어야 했습니다. 주교님, 독판과 프랑스 공사 사이에 내려진 결정들의 복사본, 그리고 관자와 프랑스 공사의 편지 복사본을 저에게 보내주시길 부탁드리고자 합니다. 그래야 제가 여기서도 모든 것이 서울의 명령에 따라 제대로 이행되었는지 확인할 수 있고, 관할 권한이 있는 관계자들에게 미리 알릴 수 있을 것입니다.

주교님, 저의 상황을 좀 덜 힘들게 하기 위해 전사專使[32]인 이 베드로의 중재를 통하여 독판의 편지를 얻을 수는 없을지 여쭙니다. 한 통의 편지

---

32 특별한 임무를 띠고 파견하는 사절(使節). 《표준국어대사전》

는 수문장守門將인 이성수李聖守가 저의 주인이란 점을 감사에게 밝히고, 이성수가 제 이름으로 하는 하소연을 참작하도록 감사에게 보내는 편지이고, 또 한 통의 편지는 이성수를 저의 주인으로 지목함으로써 제가 필요로 하는 모든 것을 그가 제공하도록 촉구하는 내용의 편지가 되겠지요. 이렇게 하면 많은 어려움이 해결될 것입니다.

장성 사건 관련
어려운 처지 호소

+

예수 마리아 요셉

전주

1891년 7월 11일

[답신 21일]

주교님,

전교회장 배씨가 보낸 전보로 저희는 서울에서 내려온 명령은 단지 박수성을 해당 지역 관료가 체포하도록 하라는 것임을 알았습니다. 이것이 사실이라면, 이는 믿을 만한 전보이므로 우리가 소송에서 지고 우리의 원수들이 승리했음을 인정하지 않을 수 없습니다. 그 사실 자체로 여러 고을에서 저희에 대해 퍼져 있는 거짓 소문을 더 이상 반박할 수 없게 되었습니다. 저희는 만인의 조소거리가 되었을 뿐 아니라 이 지방 모든 험담꾼들의 과녁이 되었습니다. 천주교와 밀접하게 연결된 우리의 영예는 앞으로 어떻게 될까요? 우리의 가여운 교우들은 또 어떻게 될까요?

어쩌면 주교님께서는 이 사건이 가져올 수 있는 모든 결과를 예측하시지 못할 것입니다. 그러나 그 결과는 매우 심각합니다. 우리의 적들은 이 사실을 잘 알고 있습니다. 그런 까닭에 그들은 우리에게 가장 큰 해를 입히기 위해 그 어떤 수고도 돈도 아끼지 않습니다. 돈의 힘을 이용해 그들은 모든 사람을 자기네 편으로 끌어들이는 데 성공했고, 우리 편이라고는 우리 자신들뿐입니다.

저희는 법정에 호소할 능력마저 없습니다. 관료들, 감사, 특사特使들에게는 돈이라는 단 하나의 법만 있을 뿐입니다. 그렇다면 조약은 어떻게 되었을까요? 조약 위반이 분명한데도 서울에서는 이것이 교우와 외교인 사이의 단순한 분쟁이라고 생각합니다!

저는 주교님께 제가 보내드린 서류들로 더 나은 결과를 얻을 수 있으리라고 기대했습니다. 주교님께서 분명히 아셔야 할 것은 이것이 외교인들을 비참하게 만들기 위해 전라도의 두 신부가 짜고 만든 사건이 아니라는 점입니다. 이 사건은 오로지 우리 명예를 되찾고, 우리 교우들의 목숨을 건지며, 특히 우리 성교에 더 나은 미래를 보장하기 위한 것입니다.

안씨와 그의 부모는 여전히 그곳 부사의 추적을 당하고 있습니다. 그들이 붙잡힌다면 틀림없이 죽임을 당할 것입니다. 그들이 잡히지 않는다면 그들만이 아니라 다른 교우들도 화풀이의 대상이 될 것입니다. 안씨의 아내와 그녀의 젖먹이 아기는 아직 감옥에 있습니다. 그녀는 살아서 나올 수 있을까요? 아무도 알 수 없는 일입니다. 박수성은 방금 풀려났는데 벌써 세 번째입니다. 그는 교우들을 갖가지로 협박하며, 자기 어머니와 합심하여 온 주민이 우리를 반대하게 만듭니다. [죄를 지은] 한쪽을 명시하는 관자가 있으면 이 모든 비열한 중상꾼들의 입을 다물게 할 수 있으리라는 서울 사람들의 주장은 아무것도 모르는 소리입니다. 그 같은 관자는 유익하다기보다는 매우 해롭습니다. 그런 관자는 결코 우리가 정의를 행하게 할 수 없을 것입니다.

주교님께서 7월 9일 아침나절에 전보 한 통을 받으셨는지요? 박수성이 석방되었고, 박해는 더욱 심해질 위험이 있다고 전하는 전보 말입니다. 전신국 직원이 전보 보내는 것을 방해하고 있는 만큼 그 전보가 발송되었다고 보기는 심히 의심스럽습니다. 그 직원은 박씨들과 공모자일까요? 만일 주교님께서 그날 전보를 받지 못하셨다면 책임자 처벌을 위하여 관계자에게 꼭 알려 주시기 바랍니다. 저는 이 편지에 사건 이틀 후에야 강제로 입수할 수 있었던 그 직원의 ■■[33]를 동봉합니다.

저는 저희가 받은 처우와 저희에게 가해진 부당한 처사에 화가 난 데다가 뭔지 모를 불편함 때문에 분개한 나머지 더 이상 말을 이어갈 힘이 나지 않습니다.

저희는 푸아넬 신부에게 편지할 수가 없으니 주교님께서 신부에게 우리 사람들이 내려오는 데 필요한 것을 주라고 신부에게 말해 주시길 부탁드립니다.

저는 주교님의 것입니다.

주교님의 매우 헌신적인 아들
X. 보두네 드림

---

[33] 원문을 판독할 수 없음.

장성 사건 관련
경과보고 및 해결 촉구

예수 마리아 요셉

1891년 8월 18일
[1891년 9월 6일 답신]

주교님,

장성 사건에 대한 설명은 하지 않겠습니다. 그럴 필요가 없을 만큼 사실들 자체가 이미 많은 이야기를 하고 있고, […] 그를 교우들과 저희에 대항하는 편에 가담하게 하려는 것입니다. 저는 이 사건에 대한 아주 정확한 정보를 얻었습니다. 그리고 이 재판에 소환된 판사判事는 자신이 상사에 대한 항명 행위를 했음을 부인할 수 없을 것입니다. 그것은 동시에 반역 행위라고까지 말할 수 있습니다. 그는 독판에 맞서 감사를 매수하려 했기 때문입니다. 프랑스인들인 우리의 사정을 말씀드리자면, 우리는 농락당하고 무시받고 있습니다. 관자에다가 조불조약 위반이 있었다고 아무리 써 봐도 별 소용이 없고, 그저 판사를 웃게 만들 뿐입니다. 그는 프랑스 공사의 보복을 받지 않으리라고 믿는데, 만일 공사가 지난번보다 더 진지하게 대응하지 않을 경우 그의 이런 대도는 틀린 것도 아닐 것입니다.

주교님, 이 지역에서 돌고 있는 모든 거짓되고 치욕적인 소문을 잠재워

주시기 바랍니다. 서울에서 내려온 학자들이 유럽 사람들이 여자들과 어울린다는 이야기를 늘어놓는데, 그 이야기는 우리를 부끄럽게 만들고 유럽인이라는 이름에 백성들의 저주를 불러일으킵니다. 이 비열한 험담꾼들은 자신들이 모든 사실의 증인임을 주장하며, 자기들이 직접 눈으로 보고 귀로 들은 사실이라고 주장하지만, 서울에 대해 아는 사람들이 그런 사실이 일어난 곳이 어디인지 물으면 유럽인이 한 명도 살지 않고, 심지어 청국인이나 일본인도 살지 않는 동네를 거론합니다.

아마도 서울로 사람들을 보낸 장성의 박씨들이 유럽인들을 중상하고 그들에 대한 증오심을 일으키기 위해 이런 소문을 퍼뜨렸을 것입니다.

로베르 신부 사건에 관한 독판의 편지와, 전라감사에게 보내는 프랑스 공사의 편지를 갖고 온 파발꾼은 전주의 교우들에게 환영받지 못한 듯합니다. 주교님, 만일 프랑스 공사가 앞으로도 자기 하인들 가운데 하나를 보내야겠다고 판단할 경우 이런 불상사를 피하기 위해 필요한 조치를 취할 수 있도록 이 사실을 공사에게 알려 주시기 바랍니다.

이 사건에 좀 더 무게를 실으려면 이번에 공사가 자기 하인 하나를 보내는 것이 오히려 적절할 것입니다. 주교님께서는 이 나라의 관습을 꽤 잘 아는 배씨에게 어떤 방법이 좋을지 문의해 보실 수 있을 것입니다.

순창의 한 예비교우가 얼마 전에 전 재산을 빼앗기고 알거지가 되었습니다. 저는 이 이야기를 정확하게 알지 못합니다. 베르모렐 신부도 저에게 아무 이야기를 하지 않은 것으로 보아 이 사건을 잘 알지 못하는 것 같습니다. 배씨는 어느 정도 알고 있을 것입니다. 이 예비교우가 배씨를 만나러 왔다고들 하니까요. 배씨에게 이것이 무슨 일인지 물어보실 수 있을 것입니다.

기옥규가 우리 편으로 돌아섰으므로 주교님께서 그 양반에게 편지를 한 통 보내신다면 교우들과 뒤바 신부[34]에게 여러 가지로 도움이 될 것 같습니다.

---

[34] 이 편지 상태가 양호하지 않기에 판독이 어려우며, 특히 마지막 페이지는 손상이 심한 편이다. 'le Père Dubas'는 '뒤바 신부'라 할 수 있는데, 당시 조선 내 프랑스 선교사 가운데 이런 성이 존재하지 않는다. 우선 뒤바 신부로 표기한다.

1891~92년도 성무집행 보고서
-한 해 동안 전라도 지역에서 일어난 사건과 그 해석-

+

예수 마리아 요셉

전주
1892년 4월 20일

주교님,

전라도 땅에 하늘의 축복이 풍성하게 내렸습니다. 한 해의 수확이 만족스럽습니다. 영세자 수도 저로서는 상당히 많은 105명이나 되고 고해자 수도 1,300명이 넘습니다. 우리 성교로 회두하는 움직임이 여러 구역에서 점점 활발해질 것 같습니다. 그러나 다른 구역에서는 줄어들 것입니다. 이 같은 감소의 이유는, 새로운 것들을 좋아하는 이들이나 대중의 맹신을 악용하는 자들이 사람들 사이에 끊임없이 퍼뜨리는 거짓 소문 때문일 것입니다. 전라도에 이런 이들은 너무나 많습니다.

주교님께 올해의 사건들과 사건들 전후의 다양한 해석들에 대해 보고드리고자 합니다.

저는 1891년 6월 23일에 그리스도의 이름으로 전주 남문 밖에 위치한 집 한 채를 샀습니다. 이 집은 갖은 박해를 받던 우리의 많은 순교자들이 용감하게 신앙을 고백하고 사형 언도를 받던 포도청에서 조금 떨어진 곳에 있습니다. 이런 장소에 제가 있다는 사실 자체가 당국에 대한 도전인 동시에 그들의 불의한 재판에 대한 항의입니다. 마귀는 이를 불편하게 느끼고서 자기의 충실한 신봉자들의 입을 통해 우리와 우리 종교에 대해 심한 욕설을 퍼부었습니다. 심지어 그들로 하여금 제가 모든 사람을 죽이거나 적어도 추방하려고 이곳에 왔다고 말하도록 했습니다. 그러나 저의 몇 달간의 체류는 이 모든 거짓을 재빨리 종식시켰습니다. 우리 성교의 서적을 읽어 보거나, 성교에 대한 설명을 들은 사람들은 우리 종교가 지닌 진리의 아름다움을 인정하지 않을 수 없었습니다. 가장 영향력 있는 인사들마저 여러 명이 그리스도교를 받아들이고 싶은 마음을 표현했습니다. 그러나 그들의 의향에 사심이 섞여 있기 때문이든, 그들이 인간적 존경을 잃을까 저어했기 때문이든 간에 그들은 그런 마음을 실천에 옮기지는 않았습니다. 낮은 계층 사람들은 그리스도교를 받아들였고, 때때로 막돼먹은 사람들이 그들을 향해 증오에 찬 소리를 지르는데도 그들은 거룩한 결심을 꿋꿋하게 지켰습니다. 상류층은 오히려 우리 교리의 아름다움을 언제나 칭송하는 것 같습니다. 그럼에도 그들은 왕세자의 통치 아래서 그 교리는 유지되기 어렵다고 말합니다. 사실 그들은 왕세자가 임금 자리에 오르면 유럽인들을 내쫓고 예전의 박해령을 다시 내릴 것이라고 말합니다. 아무 근거 없는 이런 소문은 신자가 되고 싶지만 두려움으로 망설이는 연약한 영혼들에게 기어이 큰 해를 입히고 맙니다. 저는 이 모든 부정적인 어려움을 최대한 예방하고, 아름답고 진실한 것을 좀 더 단순하게 받아들일 수 있는 여성들이 우리의 성교를 알게 하기 위해 보름 전에 집 한 채를 샀습니다. 교우들을 불러 모아 교육하기 위해서입니다. 벌써 도시에 소문이 퍼졌고, 여러 명의 외교인 여성들이 교육을 받기 시작함으로써 모범을 보이는 영예를 차지하고 싶어 했습니다. 이 같은 시도가 어떤 결과를 가져올지 저는 모릅니다. 모든 것이 하느님의 보호에 달려 있고, 그분의 자비가 우리의 연약함에서 그분께 영광이 될 선을 이끌어 내시기를 희망하고 있습니다. 대강 이상과 같은 것이 제가 전주에 도착하면서부터 오늘까지 목격한 사건들입니다.

시골에서 일어나는 사건과 해석들이 또 다른 종류입니다. 당국이 지나치게 화를 돋우지 않는 한 꽤 조용한 시골 주민들은 지난 7~8개월간 교우들에게 적대감을 드러내지 않았습니다. 밭일에 골몰하느라 사실 그들은 큰길이나 주막에서 회자되는 모든 이야기에 귀를 기울일 틈이 없습니다. 농사일이 끝나고 수확물을 곡간에 쌓은 후에야 몇몇 사람들이 읍내로 나가보거나 또 다른 이들은 주막에서 담배를 피우며, 그곳에 모인 소상인들에게서 더 먼 고장의 소식을 듣습니다. 그들은 서울에서 동학(또는 동양에서 들어온 교리) 신봉자들에 대한 체포령이 내렸다는 소문을 차츰 알게 되었습니다. 이 교리의 추종자로 자처하는 이들은 자신들이 전쟁과 기아의 공포를 피하는 비결을 지녔다고 주장합니다. 그들은 미래를 알아맞힌다는 것입니다. 동학에 입문하는 법에 대해 사람들은 저마다 다르게 이야기하지만, 어떤 이는 예닐곱 단어, 또 다른 이는 열세 단어, 또 어떤 이는 스물네 단어로 구성된 어떤 문구를 익히면 된다고 합니다. 그들의 조직은 꽤 복잡합니다. 그들에게는 위계 구조가 있으며 초심자들은 이 종교의 신비에 입문할 수 없습니다. 여인들은 이 종교의 일원으로 받아들여지며, 남녀 사이의 차별은 없고 질서 없이 모두가 뒤섞여 삽니다. 이들은 미국에서 행해지는 일종의 장로교 종파가 아닐까 합니다. 이 교리는 개신교 목사가 다녀간 후로 넉 달이 지나는 사이에 매우 빨리 퍼져 나갔다는 사실입니다. 이 목사는 전주에서, 그리고 그가 10월에 다녀간 다른 고장에서 조선의 당국자들에게 성대한 영접을 받았습니다.

이 종파 추종자들은 자기들의 수가 24만 명에 달하면 곧바로 자기네 계획을 이행하리라고 공공연하게 말합니다. 아전들과 관장들의 하인들 대부분이 이 종파를 추종하고 있습니다.

주교님, 본론에서 벗어나 길게 말씀드린 점 용서해 주십시오. 제가 이 종파에 대해 알게 된 것을 주교님께 알려 드리고 싶었습니다.

서울에서 동학이나 사학 신봉자들에 대한 체포 명령이 내려졌음을 알게 된 외교인들은 천주교인들에 대한 박해가 다시 시작되었다고 믿었습니다. 그들은 사학과 서학을 구분할 줄 몰랐기 때문입니다. 이 같은 오해를 불러일으킨 것은 몇몇 포졸들 또는 악의를 지닌 사람들이 교우들을 애먹였기 때문입니다. 이러한 적대감이 별 가치가 없다 해도 주민들의 마음에 일으킨 효과는 몹시 심각했습니다. 우리 성교를 찾는 움직임이 약간 둔화되었고, 소문을 찾아 돌아다니는 사람들은 이를 구실 삼아 우리에게 불리한 온갖 가짜 이야기들을 지어내기 바빴습니다.

전신주電信柱 교체 사업 역시 우리의 적들에게는 주민들 안에 우리와 교우들에 대한 적대감을 심기 위한 중요한 동기가 되어 주었습니다. 그 이야기는 다음과 같습니다. 이 사업의 담당자들과 그들이 이끄는 염치없는 하인들 무리는 여러 구역에서 주민들에게 참으로 폭군과 같이 행세했습니다. 야만적인 장면이 수차례 벌어졌습니다. 무고한 여행자들이 가혹한 괴롭힘을 당했습니다. 가마를 다고 다니던 유복한 계층 사람들이, 이 일을 지휘하기 위해 조선의 임금 전하에 의해 파견된 자칭 병판兵判이라는 사람의 명령 앞에서 가마에서 내릴 수밖에 없었습니다. 그러나 이는 전선이 지나가는 큰길 가에 사는 주민들이 겪는 고통에 비하면 아무 것도 아닙니다. 대부분의 사람이 이성이 없는 짐승만도 못한 취급을 받았습니다. 어떤 사람들은 너무나 많이 맞아서 이후로는 손을 사용할 수 없게 되기도 했습니다. 또 어떤 사람들은 이 같은 못된 취급을 피하기 위해 도망쳐야 했고, 더 잘 도망치기 위해 물에 뛰어들어 죽을 뻔하기도 했습니다. 그러나 이것이 다가 아닙니다. 이 사람들은 잔인할 뿐 아니라 끝없는 탐욕의 노예라는 점입니다. 그들은 진안과 장수에서 한 집당 평균 서너 냥의 엽전을 걷었습니다. 이처럼 강탈당하고 학대받은 주민들은 박해자들 앞에서 침울하게 침묵할 뿐이었습니다. 그들은 분개했으나 속으로만 참고 있다가 그 깡패들이 떠난 후에야 분노를 터뜨렸습니다. 그들이 무엇이라고 했겠습니까? 그들은 이 모든 고통의 원인이기라도 한 듯 유럽인들에 대해 험한 욕을 토해냈습니다. 전신국을 세운 것은 유럽인들이었으니까요. 우리 교우들이 유럽인들의 친구라고 해서 받은 모욕은 말할 필요도 없습니다. 만일 비슷한 사건이 다시 일어난다면 주민들은 더 이상 참고 있지 않을 것입니다. 이 무법자들 앞에서 도망가거나, 이 박해의 주동자들이나 당국을 상대로 끔찍한 저항을 일으킬 것입니다. 유럽인들의 친구라는 이유로 우리 교우들이 백성의 분풀이 대상이 될지도 모릅니다.

이상과 같은 것이 제가 주교님께 보고해야 한다고 판단한 몇 가지 소견입니다. 이 보고를 통하여 주교님께서는 제 관할 지역의 상황을 대강이나마 아실 수 있을 것입니다. 저의 관할 지역은 지난 2년 동안 그전 해들보다 더 많은 영세자를 냈습니다. 우리 성교를 향한 이 움직임이 둔화하지 않고 장차 더 강화하길 바랍니다. 이를 위해 주교님께서 기도로 도와주시기를 감히 요청드립니다.

주교님, 주교님의 미천한 선교사인 저의 존경의 인사를 받아 주십시오.

조선의 교황 파견 선교사
X. 보두네 드림

화해를 위한 감사와의
만남과 그 결론

+

예수 마리아 요셉

전주

1893년 1월 22일

[2월 27일 답신]

주교님,

여행 중 있었던 여러 가지 우여곡절은 말씀드리지 않겠습니다. 서울에서 전주까지의 여정은, 궂은 날씨와 험한 길에도 불구하고, 비교적 빠르게 그리고 무엇보다도 무사히 이루어졌습니다. 제가 서울로 올라간 원인이 된 사건 이야기로 곧바로 들어가겠습니다. 감사와의 만남은 이 고관高官이 정한 기한 하루 전날인 1월 19일에 있었습니다. 1월 18일 저녁에 자려고 막 등을 껐을 때 최 첨사僉使의 사망 소식이 저에게 전해졌습니다. 그의 아들들은 그들의 형제가 석방될 수 있게 하려고 재판관의 부탁으로 저에게 와서 자기네가 저에게 진 빚을 다 갚았다는 증서를 저에게 부탁했습니다. 그러면서 그들은 대략 900냥 상당의 집과 토지문서를 제게 내밀었습니다.

그들의 처지를 생각하니 그 요구를 들어주지 않을 수가 없어서 저는 증서를 찢어 버렸습니다. 그다음 날 아침 그들은 자기네 형제가 여전히 석방되지 않은 것을 알고서 저에게 감사에게 편지를 써 주기를 요청했습니다. 저는 그들의 요구대로 감사에게 편지를 썼고, 감사는 그날 오후 이 사건에 대해 서로 이야기하자고 했습니다. 그래서 저는 약속한 시간에 감사를 만나러 갔습니다. 그는 지난번보다 더 살갑게 저를 맞이했고 저의 요구를 헤아려 주는 것처럼 보였습니다.

그러나 그는 저를 배려하면서도 자신이나 자기 친구들이 이 사건에서 저지른 잘못을 숨겼고, 제가 편든다고 생각한 그 가족의 행위를 너무 함부로 단죄했습니다. 저는 그에게, 이런 상황에서 각자가 받을 비난과 칭찬이 무엇인지 분명히 가렸어야 했다고 지적했습니다. 그는 저의 지적에 아무 답도 할 수 없었고, 우리의 첫 만남 때 저에(저의 지역에) 대한 그의 처신, 신의의 위반 특히 양국 간에 체결된 조약의 위반에 대하여 제가 했던 비난을 한사코 피하기만 바랐습니다. 만남은 매우 즐거운 분위기에서 끝났습니다. 감사는 제게 좋은 식사를 대접했는데, 그것은 제가 그에게 지적했듯이 화해의 식사인 셈이었습니다. 그는 커피 한잔과 시가 한 대도 사 주었습니다. 저희는 무관한 이야기들을 서로 나누고 좋은 친구로 헤어졌습니다.

이 사건에서 얻은 결론은, 감사가 오랫동안 사나운 발톱을 보여 주다가 이제는 제 앞에서 살금살금 소리 없이 걷는 체한다는 것입니다. 그는 말로는 요구를 들어주겠다고 약속하지만 실제로는 아무것도 하지 않습니다. 그는 공사에게 보내는 답변에서 최 첨사의 아들을 있지도 않은 일에 대해 단죄했습니다. 그 일은 최 첨사의 아들에게 아무 책임도 없는 일이었습니다. 최 첨사의 아들이 받아 마땅한 고통을 피하기 위해 저의 집으로 피신했다는 것은, 그가 저희 집에 한 무리의 포졸들을 보낸 책임을 면하기 위해 그냥 지어낸 이야기입니다. 더구나 그는 포졸들에 의한 조약 위반을 모르는 체했습니다. 도시 전체가 그날과 그다음 날 그것을 알았고, 그 자신도 알고 있다는 증거를 보여 주었는데도 말입니다. 그는 포졸들을 벌하겠다고 약속하지만, 저는 그가 벌하지 않으리란 것을 너무나 잘 압니다. 사실 그는 처벌하기까지 너무 늑장을 부리고, 더구나 그의 명령대로 이행한 사람들을 벌하는 것은 자신의 행위를 단죄하는 셈일 테니까요. 저는 드디어 저와 관련된 마지막 지점에 이르렀습니다. 감사는 제가 최 첨사의 물건들을 빼앗았다고 주장합니다. 그러나 전혀 사실이 아닙니다. 그들이 저에게 집문서와 토지문서를 갖고 온 것은 자유의사로, 저에게 빚을 진 자기들의 맏형을 감옥에서 풀어 주게 하기 위해서였습니다. 결국 감사가 프랑스 공사에게 보낸 이 편지는 거짓으로 가득하다는 것입니다. 제가 주교님께 이렇게 알려 드리는 것은 주교님께서 좋으시다면 프랑댕 씨에게 이 사실을 알리실 수 있게 하기 위해서입니다. 현재 전주에서 저의 처지는 지난번보다 나아졌습니다. 포졸들이 벌을 받건 받지 않건 사람들은 저를 그리고 앞으로는 교우들을 존중할 것입니다. 이것이 제가 바라던 것입니다.

온전히 주교님께 헌신하는 아들
조선의 교황 파견 선교사
X. 보두네 드림

1892~93년도 성무집행 보고서
-투쟁의 성공과 하느님의 섭리-

✝

예수 마리아 요셉

1893년 4월 5일

주교님

이 보고서를 시작하며 저는 하느님께서 올해 저희에게 너그럽게 베풀어 주신 온갖 은혜에 대하여 감사 기도를 드리지 않을 수 없습니다. 어떤 순간에는 단 한 달 사이에 모든 것이 사라진 것처럼 보였지만 걱정하며 네댓 달을 보내고 나면 어떤 신비스러운 작용을 통해 모든 것이 차츰 복구되었고, 심지어 그리스도인이라는 이름이 점점 더 존경을 받고 있다고 감히 말씀드리겠습니다. 도대체 올 한 해 동안 무슨 일이 일어난 것인가요?

이는 주교님께서는 당연히 던지실 질문인데, 이제부터 그에 대한 답변을 몇 마디 드리려 합니다.

정기방문 시작부터, 자신이 연달아 패배할 것에 몹시 화가 난 마귀는 우리가 싸움 없이 승리를 거두도록 놔두지 않았습니다. 그는 우리를 비참하게 만들기 위해 갖은 꾀를 쓰고 사회 각층에서 자신의 앞잡이를 모아들였습니다. 그는 몇몇 양반 안에 꺼지지 않는 탐욕의 불을 지핌으로써 교우촌의 모든 생존 수단을 무자비하게 탈취하게 했습니다. 또 자신의 잔인한 본색을 드러내면서 그들에게 호의적인 몇몇 평민들을 이용하여 무고한 교우들을 터무니없이 해쳤습니다. 그런가 하면 자기의 자존심과 적개심을 만족시키기 위해 그는 권력을 이용하여 정의를 짓밟고 무고한 사람을 죄인으로 만들었습니다. 이상과 같은 것들이 정기방문과 함께 시작된 여러 곤경들입니다. 다시 말해 이런 일들은 작년 10월에 시작되어 올 3월에야 끝났습니다. 이런 곤경들의 정도도 가지가지였습니다. 어떤 지역의 경우는 교묘하고 악의에 찬 곤경들 때문에 천주교를 유지하기가 어려운가 하면, 다른 곳에서는 좀 덜 악독했습니다. 아무튼 두 경우 모두 신부와 교우들은 우리 원수의 계획을 무너뜨리기 위해서 힘을 합쳐야 했습니다. 기도와 은총에 힘입은 활동들이야말로 진실의 편이 승리할 수 있는 유일한 무기였습니다. 오늘날 우리 교우들은 이 길고 고통스러운 싸움에서 무사히 빠져나온 것에 행복해하며, 하느님의 섭리가 얻게 해준 성공에 대해 하느님께 깊이 감사드립니다.

7~8개월간의 이 모든 걱정에다가, 조금 다른 성격의 또 다른 걱정이 더해졌습니다. 이는 겉보기에 다른 걱정들 못지않게 두려워할 만한 것이었습니다. "겉보기에"라고 말씀드린 까닭은, 사람들 사이에서 3~4개월간 떠돌던 소문은 우리 가련한 교우들의 영혼에 공포심을 불어넣을 만한 것이었기 때문입니다. 이 소문은 동학도들이 음모를 꾸미던 무렵부터 떠돌았습니다. 반쯤 정치적일 뿐 아니라 특히 사악한 동학교 추종자들은 한동안 소리 소문 없이 지내 왔는데 11월, 12월에 공공연하게 활동하기로 작정했습니다. 그들은 나쁜 면은 감추고 좋은 면만 보임으로써 쉽사리 정부의 허가를 획득할 수 있다고 자부했습니다. 그들은 허가를 얻기

위해 충청도와 전라도의 감사들에게 도움을 구했습니다. 그러나 이들의 음모를 미리 알아챈 두 관헌은 이들의 요청을 피하는 척하면서 서둘러 정부에 이들의 음모에 대해 알렸습니다. 왕은 즉시 여러 지방 당국자들에게 이 같은 군중집회를 막고 그 주동자들을 체포하고 벌하라는 명령을 내렸습니다. 이 같은 명령은 여러 차례 반복되었음에도, 관헌들의 태평함 때문인지 그들의 나약함 때문인지 아무튼 어느 지방에서도 이행되지 않았습니다. 수도에서 많은 사람들이 학살되었다는 소문만 무성하였으나 이 소문도 어느샌가 부인되었습니다. 2월과 3월은 이처럼 조선인들의 무수한 의견들 속에 지나갔습니다. 의견들 가운데는 다른 의견보다 더 괴이한 것들도 있었습니다. 속설들이 사라져 가는 듯한 무렵 지방 관헌들에게 전달된 동학도들의 단순한 편지 한 통이 조선인들의 상상력에 다시금 불을 지폈습니다. 이 편지는 3월 27일에서 28일로 넘어가는 밤에 지방 당국자들의 침실 문 안으로 슬쩍 들이밀어졌습니다. 저는 편지 사본 하나를 입수할 수 있었는데 대략 다음과 같은 내용입니다. '지난번에 청국과 일본인들에게 패배한 것을 부끄러워하는 우리 조선인들은 복수를 위하여 나리들의 보호를 큰 소리로 간청드립니다. 외국인들의 존재로 온 나라에 위험이 임박했으므로 외관뿐인 안전에 속지 맙시다. 일본인과 유럽인들을 서둘러 추방합시다. 우리는 이 계획을 포기하느니 수천 번이라도 죽기로 맹세했습니다.'

이 소식이 알려지자마자 우리의 외교인 친구들은 우리의 운명을 개탄스러워했고 우리 교우들은 적잖이 놀랐습니다. 이 편지 내용에 따르면 동학도들은 자기들의 의견을 관철하려는 계획을 포기하지 않을 것이었습니다. 그들의 의견은 세 가지로 요약될 수 있었습니다. 정부로부터 그들 교리에 대한 찬성을 얻어내고, 외국인들을 추방하며, 정부를 넘어뜨리거나 적어도 정부의 기초를 어지럽히고 뒤흔들어 그 자리에 자기네 교우들로 이뤄진 정부를 세우는 것입니다. 이처럼 사람들은 소란을 피우고, 하느님께서는 그들을 이끄십니다.

저는 이 보고서 시작 부분에서, 마귀가 그의 암시를 통하여 우리의 성교로 향하는 움직임을 방해하려 했다고 말했습니다. 그가 혼신의 힘을 다하였지만 결국 하느님의 강한 팔이 곳곳에서 드러나게 했을 뿐입니다. *Si Deus est cum nobis, quis contra nos?* (하느님께서 우리와 함께 계시는데 누가 우리를 대적하겠습니까?) 바오로 사도의 이 말씀이 글자 그대로 실현된 것입니다.

올해에는 작년도 대인 영세자 수를 뛰어넘었습니다. 작년에 대인 영세자는 107명이었는데 올해는 아홉 명 더 늘었습니다. 작년 대비 대인 임종 대세자 수는 더욱 많습니다. 내년의 영세자 다발에는 이제까지 그 어느 해보다 더 많은 이삭이 예고되고 있습니다. 이러한 복된 결과는 두 가지 원인 덕분입니다. 첫째, 우리가 여러 투쟁에서 거둔 성공 덕분이고, 둘째는 외교인들의 다양한 꿈속에 완전히 섭리적 방식으로 나타난 은총의 숨결 덕분입니다. 어떤 사람의 이야기를 소개해 드립니다. 진안의 한 외교인 마을에 하느님이란 이름을 한 번도 들어 보지 못한 팔십 대의 노파가 살고 있었습니다. 어떤 아름다운 노인이 밤에 세 차례 나타나 그에게 미신을 버리고 그의 거룩한 이름을 영광스럽게 하라고 알렸답니다. 노파가 그에게 이름을 알려 달라고 청하자 그 노인은 '내 이름은 하늘의 임금인 천주天主시다.'라고 말했습니다. 노파는 마을 사람들에게 그 이름이 무엇을 뜻하는지 물었지만 아무도 대답할 수가 없었습니다. 사나흘 후, 얼마 전부터 집을 비웠던 한 사람이 집으로 돌아와 이 이야기를 듣고서는 노파의 아들을 불렀습니다. 그는 '네 연로하신 어머니 이야기에 대한 설명을 찾았다. 이 책을 읽어 보자.'라고 말하며 천주교 책자를 꺼냈는데, 거기에는 미신의 우매함에 대한 설명이 있었습니다. 그들은 함께 그

책을 읽었고 그 즉시 은총의 힘으로 우리 성교의 진리를 깨닫게 되었습니다. 그들은 우리 종교가 그 어느 종교보다 교리가 뛰어남을 배웠고 다른 두 가정에 이를 전했습니다. 이 두 가정도 은총의 이끄심을 순순히 따르면서 교리 공부를 시작했습니다.

제 관할 구역 여러 곳에서 천주교인이란 이름은 오늘날 외교인들에게 존경과 영예를 받고 있으며, 상당수의 예비교우들이 천주교인이 되는 것을 영예롭게 생각합니다. 특히 전주에서 내년도 회두자가 많을 것으로 예상됩니다. 올해 세례받은 열아홉 사람은 모두 열심하며, 열성적 사도직을 통해 신자 수를 늘리는 데 전념하고 있습니다.

주교님, 겸손한 마음으로 주교님께 드리는 존경을 받아 주십시오.

예수 그리스도 안의
주교님의 헌신적인 아들

X. 보두네 드림

프랑스 공사에게 보내는
탄원서 전달 요청

+

예수 마리아 요셉

전주
1893년 8월 31일

주교님,

이 탄원서를 프랑스 공사에게 전달해 주시기 바랍니다.
환전 과정에서 저는 최재우崔在宇라는 사람에게서 엽전 870냥을 받아야 하는 상황이 발생하여 감사에게 도움을 요청한 바 있습니다. 하지만 제가 어떤 어려움을 만났는지 보십시오. 저는 세 번이나 감사에게 편지를 보냈으나 그는 받지 않았고, 네 번째는 제 명함을 보냈으나 거절당했습니다. 만일 우리가 심각한 어려움을 만난다 해도 누구에게 호소해야 할지 모를 것입니다. 호조護照[35]는 무슨 소용이 있습니까? 마침내 저의 다섯 번째 편지는 받아들여졌습니다. 아무 청국인 거지라도 매우 잘 영접 받습니다. 그가 필요로 하는 것을 받도록 해 주니까요. 그러나 프랑스인으로서 저는 아마도 모든 의사소통에서 배제된 것 같습니다. 주교님께

---

35 조선 후기에, 외국인에게 내주던 여행권.(『표준국어대사전』)

서는 다음 이야기를 통해 이에 대해 더 잘 판단하실 수 있을 것입니다.

감사는 저에게 답장했는데, 그는 저를 조선 주민으로 만들어 그렇게 대우하고자 하는 것 같았습니다. 프랑스 선교사가 소지^{所志36}를 제출하고 군중 앞에서 조선 당국자들의 재판을 받는 것을 상상해 보시기 바랍니다. 주교님께 감사의 편지와 제가 그에게 한 답장의 사본을 보내드립니다. 제 답장이 감사에게 도달되기까지 엄청난 노력이 필요했습니다. 그는 답장을 받길 원치 않았기에 저는 지인을 시켜 답장 편지를 감사의 집 벽에 게시하게 했습니다. 제 답장을 제일 먼저 읽는 사람이 되는 것이 감사에게 달갑지 않았음은 분명합니다. 곧이어 그는 자기 뜻을 조금도 철회함이 없이, 첫 번째 편지처럼 우스꽝스러운 두 번째 편지를 저에게 보냈습니다.

주교님께서는 제가 여기에 동봉하는 모든 서류를 통하여 이 사건을 판단하실 수 있을 것입니다. 저는 프랑스 공사가 제가 받을 돈을 곧바로 받게 해 주시고, 예의도 없고 조약에 대해서도 무지한 감사를 해임해 주시길 요청합니다.

이런 바람을 주교님께만 말씀드리며, 이 사건의 처리를 주교님의 뜻에 맡겨 드립니다.

주교님께 온전히 헌신하는 선교사인
조선의 교황 파견 선교사
X. 보두네 드림

---

36 예전에, 청원이 있을 때에 관아에 내던 서면.(『표준국어대사전』)

감사의 첫째 편지에 대한 답장,
감사의 둘째 편지에 대한 답장

1893년

감사의 첫째 편지에 대한 답장

감사님,

저는 겸손한 마음으로 당신의 답변을 읽었습니다만, 마치 제가 조선인이 되고 프랑스가 조선의 속국이 된 것처럼, 저에게 조선 백성 식으로 탄원서를 제출하라고 한 당신의 요구가 너무 과하다는 생각이 듭니다. 또한, 저는 조약에 따라 당신에게 답장을 보냈는데, 이것이 개인적 자격으로 한 행위라고 생각하십니까? 저는 서울에 당신의 답변의 의미와 이유를 물어보겠습니다.

감사의 둘째 편지에 대한 답장

관료나 감사에게 탄원서를 쓰는 것은 조선 백성의 일입니다. 제가 프랑스인입니까, 조선인입니까? 이것이 우선 밝혀져야 할 일이니, 금전 문제는 잠시 놔둡시다.

감사에 대한
조치 촉구

+

예수 마리아 요셉

(날짜 미상)
[1893년 10월 6일 답신]

주교님,

갑작스럽게 일이 생겨서 주교님께 몇 마디밖에 쓸 수 없을 것 같습니다. 더구나 이곳엔 특별한 사항이 하나도 없습니다.

저희는 제가 주교님께 제출한 탄원서에 대한 서울의 소식을 여전히 애타게 기다리고 있습니다. 현재의 감사와 같은 자가 있는 한 저희의 처지는 그다지 좋지 않으므로, 주교님께서 저희를 위하여 무슨 조치를 취해 주시기를 다시 한번 부탁드립니다.

개신교도들이 전주에 완전히 자리를 잡았습니다. 그들은 집 한 채를 샀고, 허진도사들이 곧 내려오리라고들 합니다. *Ab hac peste, libera nos Domine.* (이 재앙에서 저희를 구하소서, 주님.) 비에모 신부는 자기 거처에 대해 매우 만족해합니다. 그는 편지 발송 기회가 없어서 이번에는 편지를 보내지 못할 것입니다.

주교님의 보잘것없고 헌신적인 선교사이며
조선의 교황 파견 선교사
X. 보두네 드림

서둘러 보냅니다.

감사의 의도에 대한 의견
및 행동의 원칙 소명

✢

예수 마리아 요셉

1893년 10월 2일

[1894년 1월 2일 답신]

주교님,

주교님께서 9월 22일에 보내신 긴 편지에 답장을 드리려 서두르고 있습니다. 만일 감사의 의도가 주교님께서 생각하시는 바와 같은 것이라면, 주교님께서 저에게 말씀하시고자 한 모든 것은 절대로 진실일 것입니다. 그러나 그에 대해 그토록 좋은 인상을 갖기엔 그의 전력前歷이 너무나 상반됩니다. 제가 그에게 소지所志, 즉 민서民書를 제출하려 들지 않자 그는 두 번째 편지에서 이 사건에 대한 정보를 저에게 알려달라고 하고 있는데, 이는 저를 골탕 먹이려는 또 하나의 계략일 뿐입니다. 그가 부임할 때 저의 명함을 받기를 거부했고, 저의 편지를 다섯 차례나 거부함으로써 저를 제거할 방법을 찾았으며, 그의 첫 번째 답장에서 그토록 불친절한 어조를 보인 그라면, 제가 그에게 제출할 정보 속에서 제 사건을 제거할 무슨 수단을 찾아보려 할 것은 명약관화합니다. 우리 모두는 이렇게 판단한 결과 그에게 세 번째 편지를 쓰기로 결정한 것입니다. 두 번째 편지의 반복이지만, 내용을 좀 더 유연하게 만들고자, 선교사에게 너무 치욕적인 '소지所志'라는 단어를 뺀 편지입니다.

어쩌면 저의 행동이 틀렸는지도 모르겠습니다. 그러나 주교님께서는 우리가 조선인이나 청국의 소상인 식으로 소지를 제출할 정도로 비굴해서는 안 된다는 점을 모르시지 않습니다. 더구나 감사는 자기 관할 감옥에 갇혀 있는 우리의 채무자 최씨의 자녀에게서 정보를 얻을 수 있었을 것입니다. 감사가 먼저 저에게 정보를 요청했다면 저는 정보를 주었을 것입니다.

비록 이 사건이 경시警視에게 알려지지 않았지만 저는 이에 대하여 불만이 없습니다. 오히려 이 사건이 무산된 것에 매우 만족합니다. 저는 다만 주교님께 걱정을 끼쳐 드린 것만이 유감스럽습니다. 주교님께서 제 말뜻을 오해하시지 않기를 바랍니다. 저는 주교님께 걱정을 끼치기 위해서가 아니라 저의 교우들, 그리고 특히 사건이 일어날 때 그 자리에 있었던 조조 신부를 변호하기 위하여 이 사건에 대해 주교님께 길게 말씀드린 것입니다. 그렇지 않았다면 저는 기쁜 마음으로 '피앗Fiat'으로 답하는 데 만족하면서 침묵했을 것입니다. 저는 주위에 시끄러운 소리를 내면서 자신을 노출하는 것을 좋아하지 않기 때문입니다.

저의 원칙은 선교사로서 저의 모든 임무를 행하면서 저라는 인물에 대한 이야기는 최소한만 들리도록 하는 것입니다. 만일 제가 합당하든 부당하든 비난을 받는다면 그 모두를 똑같이 좋은 마음으로 받아들입니다. 합당한 비난은 정의로운 것이기 때문이고, 부당한 비난은 제게 공덕을 쌓을 기회이기 때문입니다.

주교님의 보잘것없는 선교사인 저의 깊은 존경의 마음을 받아 주십시오.

X. 보두네 드림

주교님, 행간에 글을 쓴 것을 용서해 주십시오. 정서正書를 할 시간이 없습니다. 특히 주교님께 심려를 끼쳐 드린 점을 용서해 주십시오. 저는 비난을 받아들입니다. 교우들과 선교사들에게 보내주신 사목 서한은 잘 받았습니다.

새해 인사와
재정, 영적 상황에 관한 보고

+

예수 마리아 요셉

1894년 1월 10일

주교님,

이제 막 시작된 해에 새해 인사를 드립니다! 하느님께서 주교님께 장수를 허락하셔서 우리의 성교聖敎를 조선에 전파하는 일을 잘해 나가시길 기도합니다! 제가 미사성제에서 주교님을 위해 우리 주님께 기도드리는 바이기도 합니다.

주교님께서 경상도를 순시하셨다고 들었습니다. 서양식 안락의자라고는 전무한 고장을 두루 다니는 그 오랜 여행에 고생이 많으셨을 것입니다.

게다가 주교님께서는 이 여정을 시작하시기 전부터 매우 큰 피곤을 예상하셨습니다. 기아로 인해 경상도의 교우와 외교인 모두가 처한 비참한 상황을 직접 목격하시면서 더 커졌을 것입니다.

이곳 전라도의 수확은 좋은 편이지만 그럼에도 높은 물가를 막지 못합니다. 이삼 년 전부터 물가가 두 배로 뛰었습니다. 돈의 가치가 예전보다 오르지 않았더라면 저는 읍내를 벗어나 더 적은 인원의 사람과 함께 살 수 있는 산골짜기 어딘가로 들어가야 했을 것입니다. 이것이 현재의 재정 상황입니다. 영적 상황에 대해서는, 특히 이 나라에서 때때로 생길 수 있는 실망 때문에 아직 조심스럽게 말씀드릴 수밖에 없지만, 미래가 우리에게 미소를 짓는 듯합니다. 우리 성교를 향한 회두 움직임이 비에모 신부 관할 지역과 제가 맡은 지역에서 뚜렷합니다. 사방에서 저희에게 천주교 책자를 요청하는데 저희에겐 한 권의 책도 없습니다. 저희는 책을 베껴 쓰게 하거나, 교우들 각자가 지닌 것들을 빌려주게 했으나 아직 매우 부족한 형편입니다. 이런 움직임이 둔화되지 않고 더욱 가열차게 진행되도록 주교님께서 기도로 도와주시길 간청드립니다.

주님 안에서 주교님의 미천한 종

조선의 교황 파견 선교사
X. 보두네 드림

주교님,
적당한 경당을 갖추도록 저의 집을 고쳤습니다.
주교님, 성체를 보존할 수 있는 허락을 해 주시겠습니까?

조선의 교황 파견 선교사
X. 보두네 느림

1893~94년도 성무집행 보고서
-성영회·장례·신앙 전파·학방 사업-

✛

예수 마리아 요셉

1894년 3월 27일

주교님,

주교님께서 제게 돌보도록 맡기신 지역은 1893~94년도에 한 걸음 진보했습니다. 성영회 일을 통해 대세를 받는 어린이 수가 예년보다 약 50명 더 늘었습니다. 천주교란 이름이 극도로 혐오의 대상이던 많은 지역으로 복음이 전파되었으니만큼 이 숫자는 시간이 가면 더 늘어날 것입니다.

장례 사업도 이삼 년 전부터 저의 관할 지역에서 시작되었습니다. 입회자 명단을 보건대 이 사업은 장차 안정적으로 자리 잡고 이 나라 천주교 발전에 이바지할 것으로 생각됩니다. 조선인들은 사실 장례의 외적인 화려함에 쉽게 매료됩니다. 그들은 교우들 사이의 형제애에 감탄을 금치 못합니다. 부자든 가난한 이든 모두 훌륭한 장례식을 올릴 수 있다는 것은 외교인들의 눈에는 이해할 수 없는 사실입니다. 여러 사람이 그 이유를 알고자 했고, 교우들에게서 모든 것이 어떻게 행해지는지 이야기를 들은 사람들은 모두 깜짝 놀랍니다. 그들 중 어떤 이는 마음이 동요되어 마침내 책들을 요청하고 결국 설득됩니다. 전주에서 모든 사람이 보는 가운데 처음으로 행해진 천주교 장례식은 놀라운 결과를 낳았습니다. 천주교에 대한 편견이 사라지고, 심지어 여러 명의 외교인들이 장례식 이튿날부터 천주교에 대해 배우기 시작했고, 그들 중 몇 사람은 부활절에 세례를 받았습니다. 저는 장례 단체 명단 두 개를 갖고 있는데, 하나는 70명의 이름이, 또 다른 하나는 30명의 이름이 올라 있습니다. 70인 명단은 진안과 장수의 것이고, 30인 명단은 전주와 그 부근의 것입니다.

세 번째이자 이론의 여지 없이 주된 일로 볼 수 있는 것은 신앙 전파 사업입니다. 이 일은 두 가지 방법으로 이뤄집니다. 하나는 올곧은 영혼을 지닌 것으로 보이는 사람에게 종교 서적을 전해 주는 것이고, 다른 한 방법은 친구가 친구에게 말로 전하는 것입니다. 첫째 방법은 책이 많지 않아서 별로 사용되지 않고, 좀 더 잘 쓰이는 둘째 방법은 더 좋은 결과를 냅니다. 이 두 방법은 여러 지역에서 다소 불필요하게 되었습니다. 그 이유를 설명해 보겠습니다. 어떤 외교인들은 누구에게서 어떤 경로로 그런지는 모르나, 천주교가 유일하게 진실한 종교라는 말을 들었고, 또 다른 외교인들은 조선에서 정당한 대우를 받기 위해서는 천주교인이 되는 수밖에 없다고 주장합니다. 후자들은 천주교인들이 힘이 있고 원하는 대로 할 수 있다고 실제로 믿기 때문에 교우가 되고 싶어 합니다. 전자들은 올바른 문으로 들어가기에 아무 걱정할 것이 없습니다. 그러나 후자들은 잘못된 문으로 들어가기에 일종의 무질서의 원인이 되었습니다. 진안과 장수의 산골에 사목 방문을 하면서 저는 평야 지대, 주로 비에모 신부의 지역에서 많은 입교자가 있다는 소문을 들었습니다. 당시 저는 폐해가 있으리라고는 생각도 못 했기에 이제까지 그토록 불모이던 지역에 더 많은 영세자들이 그다음 해에 생기리라 희망하며 행복해했습니다. 그러나 산골에 있으면서 제가 느낀 그 만족은, 그곳에서 일어나는 일을 제 눈으로 확인하면서부터 그 고장에서의 미래 선교에 대한 심각한 두려움으로 갑자기 바뀌었습니다. 자칭 교우라고 하는 몇몇 사람들은 우리 이름이나 약간 잘나가는 우리의 이름으로 외교인들을 체포하였고, 빚이 있든 없든 폭력을 사용해 돈을 받아냈는가 하면, 어떤 이들은 자기네 땅에 있는 외교인들의 무덤을 옮기도록 강요하기도 하였고, 또 어떤 이들은 자기들이 결백하다는 구실로 관료들의 명령에 저항할 수 있다고 자부했습니다. 천주교인의 이름이 언제나 이 같은 저항에 얽혀 있었습니다. 이러한 행위들은 애석하게도 관료들과 주민들이 이 고장의 우리 종교에 대해 적개심을 갖게 할 수 있었습니다. 뜻밖의 상황이 벌어지는 바람에 저는 이 같은 무질서에 맞닥뜨릴 기회를 갖게 되었습니다. 놀뫼[37] 시장의 한 교우가 어떤 청국인에게 부당하게 학대를 받았는데, 그의 동료들인 다른 교우들과 돌님[38]이라는 외교인들 덕분에 목숨을 건질 수 있었습니다. 돌님들은 외국인들에게 복수할 수 있는 기회가 온 것에 기뻐하면서, 자기네 동포를 도우러 온 청국인들을 몇 차례 때렸고, 싸우는 와중에 한두 가지 값싼 물건들을 부서뜨렸습니다. 청국인들은 주먹다짐 끝에 조선인들에게 용서를 청했고, 조선인들이 이 무질서의 원인으로 고발한 그들 동료들 중 하나를 사슬로 묶어 공주로 올라갔으나, 그들은 평소 습관대로 그곳 감사에게 온갖 거짓말을 늘어놓았습니다. 감사는 이 일을 은진恩津현감에게 되돌려보내며, 그들을 만족시키는 방향으로 해결하라고 했습니다. 감사의 보호로 힘을 얻은 청국인들은 자기들이 받은 피해에 대해 7천 냥의 배상과 어떤 예비교우 한 사람에게 본보기로 벌을 주도록 요청했습니다. 체포된 예비교우는 현감의 심문을 받았으나 무죄

---

37 논산(論山)의 옛 이름.
38 tolnim을 '돌님'이라 읽을 수 있는데 명확한 뜻은 알 수 없다.

로 밝혀졌고, 대담하게도 잘못을 청국인들에게 돌렸습니다. 현감은 사건을 잘 알면서도 청국인들의 환멸을 살가 두려워 감히 잘못을 그들의 탓으로 돌리지 못했습니다. 그는 이 일을 함께 해결하기 위해 저를 만나고자 한다는 의사를 전해왔습니다. 저는 그의 원에 따랐고, 저희는 함께 협력하여 청국인들에게 그 어떤 만족도 주지 않기로 결정했습니다. 그리고 현감은 그 자리에서 예비교우를 풀어 주기까지 했습니다. 이날부터 청국인들은 더 이상 피해 보상을 요구하지 않았고 예전보다 더 신중하게 행동하면서, 자기들의 상품을 팔기 시작했습니다. 대화가 끝날 때 현감은 몇몇 천주교인들의 무질서에 대한 불만을 토로했습니다. 그는 그러한 상황에서 공무를 수행할 수가 없었다고 고백했습니다. 저는 제 책임하에 있는 진솔한 교우들의 행동을 오해하지 말아 달라고 말했습니다. 천주교인으로 자처하면서 천주교인의 이름을 팔아 도둑질하고 온갖 무질서를 일으키는 사람들을 우리 교우라고 믿지 말고, 그들의 잘못에 따라 그들을 처벌하라고 말했습니다. 만일 그런 일이 생기면 저는 그 모든 법 위반을 멈추기 위해 최선을 다해 그를 돕겠다고 말했습니다. 며칠 후 두 사람이 천주교인 이름으로 도둑질했기에 저는 그들을 붙잡도록 하여 은진현감에게 보냈는데, 그는 이에 대해 매우 만족한 것 같았습니다. 그때부터 이런 무질서는 다소 멈췄고, 그런 일이 다시 일어났다 해도 그것은 언제나 우리가 모르는 사이에 일어났고, 저는 그런 일을 알게 되자마자 잘못한 자들을 벌했습니다. 이 모든 무질서에서 몇몇 교우가 진정한 원인 제공자였음은 유감스러운 일입니다. 그들은 이중으로 잘못이 있습니다. 조선인으로서 그들은 나라의 법을 어겼고, 천주교인으로서 그들은 여러모로 우리 종교에 대한 불신을 일으켰기 때문입니다. 그럼에도 이런 무질서가 일어난 방식과 일어난 상황을 신앙의 눈으로 바라보면 언제나 신의 원수인 마귀가 그 유일한 주모자임을 확인하지 않을 수 없습니다. 그는 엄청난 수의 회두가 이루어지는 것을 막으려 했습니다. 그는 몇 군데에서 성공했을지 모르나 대부분은 패배했습니다. 하느님의 사업이 승리하는 것 같습니다. 올해 제가 등록시킨 400명의 예비교우와 148명의 대인 영세자가 이를 분명하게 증언합니다.

넷째이자 마지막 일은 학방 일입니다. 이 일은 언제나 현상 유지 상태입니다. 학방 일은 진보하지 못하고 있는데 앞으로 어떻게 될지 모르겠습니다.

주교님, 주교님의 미천한 선교사인 저의 존경의 마음을 받아 주십시오.

조선의 교황 파견 선교사
X. 보두네 드림

공소전公所錢[39]

잔액	83냥
올해 수입: 공소전	299냥
매입한 논의 수입	12냥
	394

---

[39] 공소를 유지하기 위해 공소 교우들이 내는 돈을 뜻하거나, 조선 교회 신자들이 선교사에게 바친 돈을 뜻함. "방문한 공소의 신자들이 후원의 형태로 바친 일정한 금액의 봉헌금. 이 돈은 선교사의 것이 아니라 선교지의 것이다."(한윤식·박신영 편역, 『조선 교회 관례집』, 토비트, 2013, 67쪽)

논 구입	90냥
묘지 조성을 위하여 산山 구입	60냥
경당을 위하여 집 구입	20냥
20명 정원의 어린이를 위한 다섯 학교: 지출	125냥
	295
잔액	99냥

성영회 :

두 명의 어린이 중 한 아이는 8개월, 다른 아이는 한 해 내내 성영회 시설에 있었음.

동학도의
습격

+

예수 마리아 요셉

전라도
1894년 6월 5일

주교님,

정부에 반대하며 봉기했던 동학도들이 아무런 어려움 없이 지난 5월 31일에 전주 도성에 들어왔습니다. 수비대는 도시 주민들과 지방 출신 병사 몇 명, 그리고 화승총火繩銃[40]으로 무장한 이 지방 100여 명 남짓의 병사들과 몇몇 사냥꾼들로 이뤄졌습니다. 조국의 방어군인 이들 중 어느 누구도 감히 총을 쏘지 못했고, 성벽을 타고 오르는 첫 번째 동학도의 머리에 돌을 던질 용기도 없었습니다. 성문들이 잠겨 있었기 때문에 모두들 담을 넘어 도망쳤습니다. 병사들은 자기들의 신분이 드러날까 두렵기도 하고, 동학도들에게 잡히면 죽임을 당할 것을 알고서 군복을 찢어 버렸습니다. 그 후에 일어난 대혼란이 어떠했을지 주교님의 상상에 맡기겠습니다. 감사, 곧 관장은 성벽에 기대어 지어진 여러 집에 불을 지르라

---

40 화승(火繩)의 불로 터지게 만든 구식 총.(『표준국어대사전』)

고 명령한 뒤 제일 먼저 도망쳤고, 장군, 판관, 주민이 모두 뒤엉켜 그를 따라 도망쳤습니다. 비명과 소란이 가득한 그 광경이 어땠는지는 그곳에 있어 보지 않으면 도저히 알 수 없을 것입니다. 주교님의 종인 저는 일어날 일을 미리 예견하고, 이미 네다섯 시간 전인 새벽 한 시에 전주에서 8킬로미터 떨어진 교우촌으로 피신했습니다. 그러기를 잘한 것이, 말로 형언할 수 없는 혼잡을 피할 수 있었기 때문입니다. 결국 수천 명의 동학도가 전주에 들어온 때는 이처럼 주민들이 도망가고 난 후, 그리고 감사의 경솔한 명령으로 집들이 엄청난 불꽃에 휩싸였을 무렵이었습니다. 반란 폭도들은 좋은 말로 주민들을 안심시켰습니다. 그들이 찾아내고자 하는 사람들은 감사, 판관, 장군, 병사들, 관아官衙 사람들(아전들과 포졸들)뿐이라고 말했습니다. 동학도들의 듣기 좋은 말을 너무 믿은 주민들 대부분이 전주로 돌아왔는데, 그것은 결국 그들에게 불행한 일이었습니다. 그다음 날 정오경에 경군들을 지휘 인솔한 경군대장京軍大將이 포탄과 기관총 두 대로 무장한 채 전주 고지대에 도착했습니다. 전주는 즉시 일부가 포위되고 폭격이 시작되었습니다. 그러자 곧이어 천 명가량 되는 동학도들이 폭격을 피하기 위해 속에 짚이 든 긴 이불로 머리를 가리고서 전주를 빠져나갔습니다. 그들은 홍 장군 부대 옆의 고지대를 점하려는 것이었습니다. 그러나 홍 장군은 기막히게 겨눈 서너 발의 대포로 짚이불을 날려 버리고 수많은 폭도들을 죽였습니다. 살아남은 폭도들은 곧바로 전주 부내府內로 도망쳤지만 경군들이 그들을 뒤쫓아 가서 여러 명을 죽였습니다. 도망치던 몇몇 동학도들은 전주 부내로 들어올 수 없자 밭으로 나갔는데 그들을 만난 전주 주민들에 의해 거의 대부분 학살되었습니다. 진주부全州府에 갇힌 동학도들은 사시네 동료들이 죽었다는 슬픈 소식을 들었습니다. 백성들에 대한 우정인 척 가장하던 그들의 감정은 극도의 증오로 바뀌었습니다. 그들은 수많은 전주 주민들을 죽였고, 성벽 안으로 접근하는 사람들을 무자비하게 죽였습니다. 분별없는 열성에 사로잡힌 도마라는 학생은 이 싸움이 있던 날 저녁 도둑들로부터 저의 집을 지키려고 왔으나 동학도들이 쏜 총에 왼쪽 턱을 맞았습니다. 상처가 커서 입안이 크게 곪을 수 있습니다. 그러나 저에겐 아무 약이 없는데 주교님께서 혹시 약을 보내주실 수 있을까요? 교우들이 몇 가지 약을 발라주어서 조금 나은 듯하지만 그럼에도 총알이 상처에 박혀 있기에 곪지 않을까 걱정이 됩니다. 도마는 우유를 원합니다. 푸아넬 신부가 농축 우유 몇 갑을 보내줄 수 있을까요?

전주 폭격이 시작된 지 사오 일이 되는데 저의 집은 아무런 손상이 없지만 방치된 상태입니다. 밤이면 도둑들이 마음 놓고 저의 집 식량들을 훔쳐 갈 수 있을 것입니다. 돈은 숨겨져 있고 옷가지들도 잘 숨겨져 있습니다. 미사 도구를 넣은 상자는 땅을 파고 숨겨 두었는데, 만일 포위가 오래 지속된다면 곰팡이가 슬거나 썩을 것입니다. 어쩌면 돈과 식량, 그리고 아마 미사 도구들도 많이 잃게 될지 모릅니다. 제발 하느님께서 제 집만큼은 온전하게 지켜주시기를 빕니다!

아직 미래의 일을 예측할 수 없습니다. 동학도들은 수가 많고 필사적으로 싸우기 때문에 싸움이 길어지고 그들이 승리할 수도 있습니다. 조선 군들은 먼발치에서는 용감하지만 실제로 별로 도움이 안 됩니다. 올바른 지휘를 받지 못하는 탓에 그들은 조만간 포위되어 큰 손실을 입을 수 있습니다. 패배한 동학도들은 도망쳐서 또 다른 고지대들로 물러났습니다. 그들 중 여러 명이 살해될 수 있으나 그들은 쉽게 다시 모집됩니다. 그들은 들판에서 싸우는 것을 피합니다.

우리 교우들은 아직 괴롭힘을 당하지 않았지만, 만일 그들의 철천지원수인 동학도들이 승리한다면 머지않아 그들도 괴롭힘을 당할 것입니다. 시골 지역 인구 가운데 수가 많은 동학군은 이 사실을 여러 번 거듭하여 선언했습니다. 아무튼 미래 전망이 밝지만은 않기에 저는 하늘의 도우심을 바라고 있습니다.

프랑스 함대들은 조선에 있습니까? 혹시 필요할 경우 그들이 저희를 도울 수는 없을까요?

다시 평화가 오면 전주나 공주에서 '관꽂펭'[41]이란 단어로 전보를 치겠습니다.

그리스도 안에서 매우 순종하는 주교님의 아들
X. 보두네 드림

---

41 뮈텔 주교와 보두네 신부 간에 정한 일종의 암호.

동학군 습격
이후의 상황

✛

예수 마리아 요셉

1894년 6월 26일

주교님,

동봉하는 보고서에 저의 집에 아무 손상이 없었다고 주교님께 말씀드렸습니다. 그렇습니다, 네 벽은 동학군의 화살이나 총알로 인한 약간의 손상 외에는 말짱했습니다. 그러나 식량 사정은 달랐습니다. 상당 부분이 사라졌습니다. 접시 몇 개, 부엌세간, 밭일 도구, 냄비는 도둑들이 가져갔고, 담장도 일부 수리해야 합니다. 또 현금 200냥도 도둑맞았습니다. 요컨대 이 전반적 혼란 상황 속에 제가 잃은 것을 한마디로 하자면 최소 700냥에 달합니다. 게다가 저는 대금업자에게 680냥(이것은 비에모 신부의 돈입니다)을 맡겨 두었는데 그것을 언제 인출할 수 있을지 모르겠습니다. 왜냐하면 그들도 매우 큰 손실을 보았기 때문입니다.

현재 저의 상황은 몹시 당황스럽습니다. 돈이 없어서 모든 어려움들에 대처하기가 어렵습니다. 게다가 급한 수술이 필요하여 서울로 올라가는 도마 학생은 여비로 큰돈을 써야 하니까요. 이 모든 소식을 알게 되신

주교님께서는 제가 올해 생활비를 마련하기 위해 서울에서 환전해야 한다는 것을 아실 수 있을 것입니다. 교우들 집 다섯 채가 불탔습니다. 아직 그들을 도울 수 있다면요?

오늘 청국군, 일본군, 유럽 군인이 조선에 들어왔다는 소식이 있습니다. 저는 이 모든 세간에 떠도는 말들을 믿지 않습니다. 그러나 주교님이 편지에서 예고하신 청국군들은 들어왔을 수 있다고 생각합니다. 어제 몇몇 청국군들이 이곳에 들어왔으니까요. 어떤 의도에서일까요?

주교님, 주교님의 미천한 선교사의 가장 겸손한 존경의 표현을 받아 주십시오.

조선의 교황 파견 선교사
X. 보두네 드림

동학도 봉기의 원인과 경과
및 현재 상황

+

예수 마리아 요셉

1894년 6월 26일

주교님,

고부군수인 조병갑은 1888년의 대기근 이래로 방치된 논에 대해 세금을 물리는 규정을 만들어서 온 백성의 반감을 샀습니다. 이는 대부분이 동학도인 이 지역 주민들과 그 이웃 지역 주민들에게 봉기의 구실이 되었습니다.

어마어마한 군중이 부당한 조세의 철폐를 요구하며 모였습니다. 놀란 군수는 전주까지 도망가 감사에게 호소했습니다. 감사는 곧장 아전 한 명을 포졸 몇 명을 딸려서 보내어 봉기 상황을 살피고, 가능하다면 좋은 말로 타일러 반도叛徒들을 해산시키게 했습니다. 아전은 동학 반도들과 협상하면서 감사의 이름으로 그들의 요구를 들어주기로 약속했습니다. 봉기자들은 겉으로는 이 조건에 만족한 척하였으나 물밑으로는 가능한 모든 무기를 모았습니다. 거사를 벌이고, 만일 성공한다면 더 앞으로 밀고 나가기 위해서였습니다. 사실 다른 지역의 수많은 동학도들이 이들 반도들에 합류했음을 주목해야 합니다. 협상에서 나온 결정을 보고받은 감사는 모든 것에 동의하면서 반도들의 주동자인 전영숙田永淑을 자기에게 넘겨주도록 요구했습니다. 반도들은 그를 아전에게 넘겨주고자 했으나 아전은 돈을 받고 그를 놓아주었습니다. 전주로 돌아간 아전은 평화가 공고해질 것이고, 반도들도 해산되었다고 보고했습니다. 그러나 사실과는 정반대였습니다. 며칠 후에 새로운 정보 또는 소식이 아전의 보고를 반박하였기 때문입니다. 감사는 해명을 요구했지만 아무 답변을 듣지 못했습니다. 그러자 감사는 전주의 병사 50여 명을 보내어 반도들을 해산시키게 했습니다. 오래전부터 준비해 온 동학도들은 병사들 가운데 한 명은 죽이고, 또 한 명에게는 부상을 입혔으며, 스무 명가량을 붙잡았고, 나머지 병사들은 도망쳐 버렸습니다. 이 사건을 해결하기 위해 파견된 안핵사按覈使[42]는 동학도들의 요구를 들어주겠다고 약속했습니다. 그러고는 약속을 전혀 지키지 않은 채 몰래 두 차례에 걸쳐 주동자들을 체포하게 했습니다. 화가 난 동학도들은 단호히 전시 편성에 들어갔습니다. 그들은 이웃 지역들을 돌면서 여러 관아들의 무기를 강제로 빼앗고 모든 동학도들을 소집하여, 전주에서 40리 떨어진 원평에 수천 명이 모였습니다. 반란의 규모에 놀란 감사는 모든 군에서 군인을 소집하여 1,500~2,000명의 병사들을 동학도들과 맞서도록 파견했습니다. 동학도들은 도망치는 듯 보였고 고부 지역에서 미리 골라 둔 위치에 있는 백산에 자리 잡고자 했습니다. 감사가 보낸 병사들은 그 맞은편에 자리 잡았습니다. 싸움이 시작되었으나 무장도 잘 안 된 이 무리들 가운데 꽤 많은 사람이 동학도들에 동조하여 자기 동료 병사들을 치는 바람에 감사가 보낸 천 명가량의 사람들이 죽었습니다. 나머지 병사들은 도망쳐서

---

42 조선 후기에, 지방에서 발생하는 민란을 수습하기 위하여 파견하던 임시 벼슬.(『표준국어대사전』)

각자 자기 집으로 돌아갔습니다. 그때서야 서울에서 지원군이 도착했습니다. 그 소식을 들은 동학도들은 전라도 지방 곳곳을 다니며 새로이 병사들을 모아서 장성의 월평에 진영을 차리려 했습니다. 그곳에는 부자들이 여러 명 살고 있었습니다. 서울의 군대는 전주에서 열흘을 보낸 후에 장성으로 내려갔습니다. 200명의 병사들이 골짜기를 지키기 위해 파견되었고, 군단은 후에 그들을 따라잡을 셈이었습니다. 그러나 200명의 병사들은 공격 신호를 기다리지도 않고, 또 주력부대와의 거리가 얼마쯤인지도 모른 채 싸움을 개시했습니다. 대장을 포함한 다섯 명이 죽자 나머지 병사들은 두 대의 대포를 버려둔 채 도망쳤습니다. 승리에 찬 동학도들은 강행군하여 전주로 들어왔고, 선전관과 수행원들을 원평에서 죽였습니다. 그들은 전주부를 앞두고 대포 한 방을 쏘았는데, 모든 이가 도망치는 것을 보고서 아무 어려움 없이 부내府內로 들어왔습니다. 한발 늦은 것에 화가 난 장군은 그다음 날 부에 도착하여 부를 포위했습니다. 동학도들은 부 밖으로 나갔으나 200명가량이 살해되어 다시 부로 되돌아갔습니다. 밤에도 두 차례 부 밖으로 탈출하려 했으나 이 또한 낮보다 나은 결과는 내지 못했습니다. 전체 공격 중 가장 큰 네 번째 공격 때 그들은 300명의 사망자와 상당수의 부상자들을 냈습니다. 포위 열이틀 후에는, 전주에 들어온 3~4천 명(이들 중에는 어린아이가 많았습니다) 중 천 명만이 무기와 짐을 가지고 부 밖으로 나갔습니다. 장군은 깃발을 들고 나오는 그들을 쏘지 말도록 명했습니다. 소문에 의하면 그들을 괴롭히지 말고 보내주라는 명령은 동학도인 서울의 몇몇 고위 관리들이 내린 것이라고 합니다.

전주부와 주민들은 이 포위 기간 동안 매우 큰 고통을 겪었습니다. 동학도들의 도착을 알고서 감사는 성채에 기대어 지은 집들을 허물라고 명령한 후, 공격에 더 빨리 대비하기 위해 불을 지르라고 명령했는데, 불은

성 남쪽 전체에 번졌습니다.

이튿날인 6월 1일, 서쪽 성문 안팎에서 큰 화재가 있었는데 장군의 대포가 일으킨 화재였습니다. 1,080채의 집이 잿더미로 변했다고 추산됩니다 (전주의 가장 부유하고 유복한 사람들이 이곳에 살고 있었습니다). 불이 저의 집 있는 데까지 왔지만 하느님의 보호로 제때 불을 끌 수 있었습니다. 학생 김 도마가 마침 그곳에 막 들어온 참이었으니까요. 그래서 저의 집은 아무 손상 없이 남게 되었습니다. 양 진영의 사망자 수는, 동학도는 600명가량이고 관군은 1,200~1,300명인데 후자의 경우는 동학난 발발 시점부터 오늘에 이르기까지 다양한 싸움에서 죽은 이들도 포함한 숫자입니다. 동학도들에 의해 죽은 여러 명의 민간인도 포함해서입니다.

전주에서 떠난 동학도들은 100~200명씩 무리 지어서 여러 방향으로 흩어졌습니다. 특히 태인, 정읍, 순창, 보성 쪽으로 가면서 그들은 부자들의 집을 털고, 그들에게 반대하는 사람들을 죽였습니다. 왜 그렇게 약탈을 하느냐는 어떤 교우의 질문에 그들은, 집도 없고 살아갈 방편도 없기 때문에 달리 행동할 수가 없다고 답했습니다. 따라서 현재로서 동학도들은 모든 사람이 두려워해야 할 도둑 떼입니다. 그들은 어디에서 모이길 원하는 걸까요? 그들이 하고자 하는 것은 무엇일까요? 우리는 나중에야 그것을 알게 될 것입니다. 현재로서는 서울에서 내려온 병사들 중 800명이 전주에 머물고 있고 나머지는 수도로 올라갔습니다. 어제 열 명의 청국군들이 도착했고 더 많은 병사들이 머지않아 도착할 것입니다. 전주에 머물고 있는 병사들은 내일 전라도 남쪽으로 내려가서 농학도들과 교전할 것입니다.

이상과 같은 것이 전라도의 신부들이 주교님께 드릴 수 있는 소식들입니다. 이 보고서에 두 개의 서류 사본을 첨부합니다. 하나는 동학도들이 장군에게 보낸 항의서이고, 다른 하나는 청국 장군이 조선 백성에게 보낸 것입니다.

주교님, 전라도에 있는 주교님의 선교사들의 존경 어린 마음의 표현을 받아 주십시오.

모두의 이름으로
아래 서명한
X. 보두네 드림

동학도 봉기 이후
전라도 주민 및 천주교인 사정

✝

예수 마리아 요셉

1894년 7월 4일

주교님,

천주교인들이 동학도들에게 당한 다양한 괴롭힘에 대해 이미 조조 신부가 주교님께 이야기해 드렸습니다. 그들이 천주교인들을 죽이겠다고 위협하는 이상 저희 마음은 조금도 안심할 수가 없습니다. 이런 사건들에 대해서는 건너뛰고 전쟁에 대한 다른 소식을 전해 드리려 합니다.

서울, 강화, 평안에서 내려온 모든 병사들 중에서 600~700명만 전주에 남고 나머지는 서울로 올라갔습니다. 오래전부터 기다려 온 청국군들로 말씀드리자면 40명가량이 전주에 나타났는데, 이들 중 스무 명 이상이 서울로 갔습니다. 사람들 말로는 일본인들에 맞선 싸움에 투입되기 위해서라고 합니다. 그러므로 소문에 따르면, 서울에서 청나라와 일본 사이에 전쟁이 일어난 것입니다. 그때부터 모든 시선이 서울에 집중되고 있습니다. 전라도에 관한 것을 생각하는 사람이 누가 있겠습니까? 전라도는 관심을 갖고 돌보기엔 너무나 무의미한 소수이니까요. 하지만 전주에서 동학도들이 떠난 이래로 여러 군의 주민 전체가 체념한 듯 억지로 겪고 있는 비참과 환멸은 얼마나 큰지 모릅니다. 동학도들은 이들 군에서 주인으로서 온갖 독재를 자행했고, 관료들과 감사는 감히 그들에게 항의하지 못했습니다. 군대의 힘으로까지는 아니더라도 위협하는 말로써마저도 항의하지 못한 것입니다. 이들이 하는 행동을 보면 과연 그들이 조선 왕을 대리하는 자들인지, 전체적 질서 회복을 단호히 원하는 자들인지, 아니면 유치한 두려움에 따라 움직이면서 사건에 말려들까 두려워 조용히 살기를 더 좋아하는 자들인지 의아할 뿐입니다. 이 관헌들은 위험이 임박한 것 같으면 자기들에게 맡겨진 사람들을 돌보긴커녕 줄행랑을 칩니다.

주교님께서는 동학군의 수와 그들이 불러일으킬 수 있는 공포에 대해 알기 원하실 겁니다. 그들은 전주에서 떠난 이래 몇백 명이 늘었다 해도 기껏해야 2,000명입니다. 게다가 그들의 무기는 조선에서 만든, 대부분 매우 부실한 화승총 700~800자루이며, 나머지는 대나무로 만든 창이나 칼입니다. 여러 차례의 전투에서 여기저기 상처를 입은 대다수 동학도들은 극히 작은 저항에도 맞서지 못할 것입니다. 이런 사람들인데도 가는 곳마다 공포를 일으키다니요! 이들이 일으키는 공포는 너무나 커서 소년 동학도 한 사람이 마을에 혼자 들어가 엽전 200냥을 당장 자기에게 내놓으라고 할 수 있을 정도입니다. 겁먹은 주민들은 동학도 소년의 요구를 서둘러 만족시키려 들며, 결국 그토록 헐값에 화를 면한 것을 다행히 여기며, 최대한 공손하게 그를 돌려보냅니다. 상황이 이와 같은데 이 모든 악을 해결하기 위해 사람들은 무엇을 합니까? 다시 한번 말씀드리지만 아무것도 하지 않습니다. 현재 이곳에 있는 병사들은 동학도들과 싸우러 가길 원할지 모르지만 아무도 그들에게 명령을 내리지 않으니 그들은 향수鄕愁라 불리는 병에 걸리기 시작했습니다. 조조 신부가 주교님께 드리는 서한에서, 감사에게 편지를 보내어 전라도 남부 지방 교우들의 상황을 알렸다고 말씀드렸을 것입니다. 그러나 이 관리는 무슨 이유인지 모르겠으나 그 편지를 받고자 하지 않았습니다. 게다가 교우들은 우리가 감사를 찾아가는 것에 찬성하지 않습니다. 동학도들이 우리의 일거수일투족을 지켜보므로 감사를 찾아감으로써 그들에게 교우들에 대한 괴롭힘을 배가할 명분을 줄 수 있다는 이야기였습니다. 이들을 만족시키기 위해 저희는 감사를 찾아가지 않았습니다. 할 수 없는 일이지요. 교우들과 저희는 너무나 취약한 무방비 상태입니다.

주목할 점은 동학군이 전주에서 당신의 종인 저를 죽였다고 주장한다는 것인데, 만약 그들의 말이 사실이라면, 제자 토마스가 저를 대신해 목숨값을 치른 셈이 될 것입니다. 그가 저의 집에서 부상을 입은 것이니까요.

조조 신부가 파발꾼에게 서울로 갈 노자를 줬으니, 그가 다시 전주로 내려올 수 있도록 푸아넬 신부가 엽전 여섯 냥을 줬으면 합니다.

도마 학생은 너무 피로하지 않게 여행을 잘했는지요? 그가 치유될까요?

주교님, 주교님의 선교사인 저의 존경 어린 마음을 받아 주십시오.

이만 줄입니다!

조선의 교황 파견 선교사
X. 보두네 드림

전라도의
심각한 상황에 대한 우려

+

예수 마리아 요셉

1894년 7월 13일

주교님,

요 며칠 동안 여러 건의 전보와 편지 한 통을 포함한 우편을 통하여 전라도의 심각한 상황에 대해 주교님께 알려 드렸습니다. 이 상황의 심각성은 며칠 새에 악화되었고, 머지않아 절망적이 될까 두렵습니다. 전주를 비롯하여 전라도 남쪽 전체가 봉기했습니다. 외교인 마을에서 각 가구당 한 명씩 봉기자들의 군대를 따라가지 않는 마을이 없습니다. 전주를 떠날 때 천 명이던 그들이 며칠 새에 3~4천 명이 되었는데, 오늘 저는 그들이 10만 명이라는 소리를 들었습니다. 비록 과장되었다고는 하나 그들의 수가 상당하다는 것이 사실입니다.

정부에 거짓 보고를 한 홍 장군이 현재와 같은 상황을 일으킨 주범입니다. 특별 사신과 현 감사 또한 그에 못지않게 이 어려움들에 대한 책임이 있습니다. 청국군들로 말할 것 같으면, 그들 역시 전혀 아무 조치도 취하지 않았습니다. 그들은 폭도들과 공모했다고 고발되었습니다. 그 중

거는 청국군들이 받은 선물들, 그리고 그들이 사람들 앞에서 한 말들입니다. 그들은 일본인과 유럽인들을 몰아내기 위한 폭도들의 노력에 힘을 보태겠다고 했다는 것입니다. 그들은 천주교인들을 몰아내려는 폭도들의 욕망을 받아 주었을 것입니다. 사실 청국군들의 출발 이전과 이후에 폭도들이 보인 행동은, 그들 사이의 이러한 상호 공감이 없었다면 설명할 수가 없습니다. 왜냐하면 청국군들이 오기 전에는 천주교인들에 대한 괴롭힘이라고는 없었으니까요. 청국군들이 떠난 후 동학도들의 숫자는 현저하게 늘었고, 천주교인들에 대한 학대도 끊이지 않습니다. 동학도들이 발을 들이지 않은 마을이 없습니다.

어떤 마을에서 그들은 총을 빼앗아 가는가 하면, 또 다른 마을에서는 20, 30, 40냥의 엽전을 강탈합니다. 그들은 어떤 이들을 고문하는가 하면, 수많은 사람을 아무 이유 없이 난타합니다. 두세 명의 교우들이 회복 불가능한 불구자가 되었고, 한두 명은 죽거나 머지않아 죽을 것입니다. 하루걸러 새로운 구타가 교우들을 기다립니다. 그들은 조만간 죽이겠다는 위협을 받습니다. 폭도들이 전라도 남부의 모든 우리 교우들을 머지않아, 어쩌면 우리 편지가 서울에 도착하기 전에 절멸시키기 위해 오리라는 것이 저의 확신입니다.

신부들의 지위도 더 안정적인 것은 전혀 아닙니다. 전라도의 세 신부들은 폭도들의 손에 언제라도 죽을 수 있습니다. 감사와 관료들은 동학도들의 노예입니다. 저는 전주의 병사들도 그다지 신뢰하지 않습니다. 폭도들이 이곳에 도착한다 해도 그들은 총 한 방도 쏘지 않을 것입니다. 지와 이야기를 나눈 적에 감사는 폭도들의 항복에 만족한 것 같았습니다. 맙소사! 항복은 무슨 항복입니까! 그리고 동학도들이 어떤 곳에서는 여러 채의 집을 불태웠고 여러 사람을 죽였는데도 관료들이 그 소송을 동학도들에게 돌려보내는 마당에 무슨 항복이란 말입니까! 사실대로 말하자면 법도, 사람 간의 신뢰도 없는 세상이 되었습니다. 사람들은 그 어디에서도 보호받지 못하고, 이웃끼리 무슨 하찮은 구실로도 자기 이웃에게 돈을 갈취하고 구타하고 심지어 아무 이유 없이 무턱대고 죽일 수도 있습니다.

동학도들이 전주에 와서 저의 집을 불태웠다는 등의 소문이 퍼져 있습니다. 저는 모든 것을 각오하고 있으며, 하느님의 섭리 외에 그 누구에게도 희망을 두지 않고 있습니다.

동학도들은 각기 5천~6천 명으로 된 여러 집단으로 나뉘어 있습니다. 그중 한두 집단은 경상도로 향합니다. 두세 집단은 평야를 통하여 충청도로 올라가고 나머지 집단은 전라도에 남거나 충청도나 경상도로 갈 것입니다. 각 집단에는 마을을 돌아다니며 주민들에게 돈을 강제로 뜯어내는 한 무리의 도둑들이 연결되어 있습니다.

오늘 저는 열네 명의 일본인이 이곳에 도착했다는 소식을 들었는데, 그들은 동학도의 대 우두머리를 방문하고 난 참이라고 합니다. 아마도 동학도들과 상호 협력하기로 약속하면서 협정을 맺었을 것입니다. 동학도들은 천주교인들을 멸절시키겠다는 말을 했을 것입니다. 그들이 자기들을 따르지 않으니까요. 그러나 일본인들이 만류했을 것입니다. 만일 동학도들이 그렇게 한다면 유럽인들 측에서 끔찍한 복수를 해 올 것이고, 그렇게 되면 그들의 계획은 성공하지 못할 테니까요.

그들의 계획이란 무엇입니까? 정부의 전복과 외국인들 추방, 그리고 천주교의 소멸입니다. 그들의 첫째 목표는 이미 달성되었습니다. 정부의 힘만으로는 그들을 제압하기에 충분치 않기 때문입니다. 백성과 관료들로 말할 것 같으면 동학도들에게 자기들의 분쟁의 해결을 맡기고 그들을 자기네 해방자로까지 선포합니다. 전라감사는 동학도들을 비난하지만, 그들을 두려워하면서 말뿐인 위협으로 그들을 복종시키려 합니다. 이 늙은 관리는 동학도들의 강요에 휘둘립니다!

<u>둘째</u> 계획은 성공하지 못할 것입니다. 유럽인들은 자기네 동포가 위험에 처하는 순간 틀림없이 가만 있지 않을 테니까요. 유럽인들은 상황에 대비하기 시작해야 할 것입니다. 두 달 후에 동학도들은 서울 가까이 갈 것이고, 가는 곳마다 사람들을 모아서 수십만 명에 이를 것이니까요.

<u>셋째</u> 계획을 곧 이행하게 될까요? 모르겠습니다. 제가 아는 것은, 우리의 가엾은 교우들이 현재처럼 매일 박해받으며 살 수는 없다는 것뿐입니다. 참혹한 죽음 또는 그에 뒤따르는 기아는 우리 지역의 모든 교우들을 틀림없이 파멸시킬 것입니다. 그들이 어려움을 호소하는 소리를 듣는 것은 고통스럽습니다. 그들은 마지막 작별을 고하며 눈에 눈물이 가득한 채 돌아갑니다. 박해자들의 폭력으로 죽으리란 것이 거의 확실하기 때문입니다. 게다가 그들이 머지않아 전멸당할 것이라는 소문은 그들을 전혀 안심시키지 못하고 있습니다.

<u>저희의 처지</u>로 말할 것 같으면 결코 부러워할 만하지 않습니다. 저희를 돕는 이는 하나도 없고 많은 사람이 저희를 해치려 들기 때문입니다. 따라서 저희는 모든 것을 각오하고 있습니다. 어쩌면 이것이 제가 드리는 마지막 편지일 수 있기에 저는 주교님께서 다른 교우 공동체가 전라도 공동체에 닥친 불행을 당하지 않도록 최선을 다해 주시길 부탁드리겠습니다. 편지와 전신선電信線이 폭도들에 의해 끊길 것입니다.

모든 동료들에게 가장 다정한 인사를 전합니다.

주교님께 깊이 순명하는 선교사

조선의 교황 파견 선교사
X. 보두네 드림

감사가 동학도들에게 보낸 문서를 동봉합니다. 이 문서는 관리들이 각자 자기들 관할 구역에 게시한 것입니다. 저는 이를 함열에서 입수하였습니다.

이 편지를 전달하는 파발꾼이 귀향할 수 있도록 노자를 주시기를 부탁드립니다.

동학도들에 대한
감사와 청국인들의 태도

+

예수 마리아 요셉

전주

1894년 7월 20일

주교님,

동학도들이 천주교인들과 외교인들에게 날마다 가하는 난동들을 진압하기 위해 감사의 보호를 요청하는 것은 쓸데없는 일입니다. 그는 저에게 그럴듯한 말만 할 뿐 필요한 도움을 구하기 위해 정부에 교섭하는 것을 꺼립니다. 그는 반도들에 맞설 병사는 하나도 보내지 않고, 다만 반도들이 요구하는 것을 무엇이나 들어주면서 그들과 편지만 주고받을 뿐입니다. 따라서 봉기는 점점 더 규모가 커지고 봉기자들의 수가 빠르게 증가하면서 그 폐해도 심해지고 있습니다. 그들은 전주까지 들어왔습니다. 그들은 심지어 저의 집에서 50걸음 되는 곳에서 간밤에 나귀 한 마리를 빼앗아 갔습니다. 이런 상황에서라면 어느 때고 나쁜 일이 닥치리라 예상할 수밖에 없습니다. 어제 300명의 동학도들이 진주에 들어왔습니다. 진위대 병사들은 그것을 알고 그들을 체포하려 했으나 감사가 제지하면서 심지어 체포된 이들 중 3명을 풀어 주기까지 했습니다. 비슷한 전술을 사용하는 병사들조차 안전하지 못합니다. 그들이 동학도들을 쏘지 못하게 하므로 포위당해 칼날에 목숨을 잃을 수도 있기 때문입니다.

주교님께서는 청나라 측의 구조에도 기대를 걸지 마시기 바랍니다. 이 청국인들은 아무 좋은 의미가 없는 것 같습니다. 이곳에서 그들에 대해 일컬어지는 모든 소문은 그들이 반도들과 공모자라는 의심을 가질 수밖에 없게 합니다. 그들은 왕을 골탕 먹일 수 있습니다. 사실 왕은 가엾게도 원수는 많지만 친구는 별로 없습니다. 요 며칠 전에 어떤 청국인이 내려와서 전신국에 자리 잡았습니다. 여러 가지 의심을 할 수 있는데, 예를 들어, 청국인들이 일본인들을 한국에서 몰아내기 위해 동학도들과 공모하고 있다는 것입니다.

남쪽 지방 교우들의 상황은 매우 심각합니다. 조조 신부의 편지와 우편물이 전하는 이야기가 주교님께 이곳 상황을 알릴 것입니다. 저는 이에 대해 말하지 않겠습니다.

조선의 교황 파견 선교사
X. 보두네 드림

감사에게 보낸 두 통의 편지와 그의 답장을 동봉합니다. 주교님께서 그의 의도와 그에게서 어느 정도의 지원을 기대할 수 있을지 판단하실 수 있을 것입니다. 그는 동학도들을 변호할 뿐, 그게 전부입니다.

다시 한번 주교님께 솔직하게 고백하건대, 이제 조선인들의 힘만으로도 동학도들의 반란을 진압할 수 있습니다. 남쪽 사람들 모두 그렇게 생각하고 있습니다.

비상 사태를
전하는 전보의 표시

[1894년, 날짜 미상의 비고]

비고備考

매우 다급한 일이 일어날 경우 전보를 통하여 몇 마디 말로 서로 소통하기 위한 방법. 교우 한 명이나 여러 명이 동학도들에 의해 살해되었을 경우 다음과 같이 주교님께 전보를 치겠습니다: 피살자 숫자에 따라 **일이삼** 등의 단어로 **살**tué.

만일 교우 한 명이나 여러 명이 부상을 입었을 경우 전보는 다음과 같습니다: 부상자 숫자에 따라 **일이삼** 등의 단어로 **샹**.

만일 마을들이 불에 탔을 경우 전보는 다음과 같습니다: 불에 탄 마을 수에 따라 **일이삼** 등의 단어로 **화**.

만일 교우촌이 약탈될 경우 전보는 다음과 같습니다: 약탈당한 마을 수에 따라 **일이삼** 등의 단어로 **동**.

하느님의 섭리가 우리를 이러한 불행에서 보호해 주시기를 희망합시다.

조조 신부 피살을
알리는 전보

[보두네 신부가 조조 신부 피살에 관해 알리는 전보]

[조조 신부 살해됨, 1894]

조조 신부 청국인에 의해 살해됨
[1894년 7월 29일 사망]
서울에 알리십시오.
보두네

비에모 신부와 함께 피신 중
프랑스 배를 통한 구조 요청

주교님,　　[✢ 8월 2일 출발한 편지가 8월 8일 저녁 서울에 도착했다.]

저희 두 사람은 피신 중입니다. 조조 신부는 7월 29일 아침에 청국 군대에 의해 공주에서 위쪽으로 40리 되는 곳에서 붙잡혀서 (공주 가까이에 있는) 강으로 끌려갔고, 죄수들을 처형하는 장소 가까운 곳 배 위에서 프랑스인으로서 처형되었습니다. 그의 마부도 같이 처형되었습니다. 저희는 시신 수습을 위해 교우들을 보냈습니다. 중군中軍[43]과 영장營將[44]이 이 범죄에 가담했습니다. 저희는 대구에 전보를 쳤습니다. 청국인들이 반란자들 편임은 의심의 여지가 없습니다. 모든 사람이 하나같이 말하길, 청국 공사가 천주교인들과 유럽인 모두를 죽이라고 명했다고 하니까요. 저희가 여기서 벗어날 수 있을지는 심히 의심스럽습니다. 만일 프랑스 배가 군창에 올 수 있다면 승선해 보겠습니다. 이 편지를 배달하는 사람들이 배에 올라탈 수 있다면 저희를 구하러 올 수 있을 것입니다. 배가 들어온다면 적어도 2~3일은 저희를 기다려야 할 것입니다. 저희는 밤에만 아주 조심스럽게 움직일 수 있으니까요.

43　조선시대, 각 군영의 대장이나 절도사, 통제사 등이 밑에서 군대를 통할하던 장수.(고려대한국어대사전)
44　조선시대에 둔, 각 진영(鎭營)의 으뜸 벼슬. 정삼품 벼슬로 중앙의 총융청·수어청·진무영에 속한 것과 각 도의 감영(監營)·병영(兵營)에 속한 것 두 가지 계통이 있는데, 모두 지방 군대를 관리하였다.(『표준국어대사전』)

예수 그리스도 안의 주교님 자녀들인 저희의 인사를 받아 주십시오.

교황 파견 선교사
X. 보두네 드림   P. 비에모 드림

조조 신부 사망 소식 다시 알림
및 구조 재요청

동굴 은신처에서!

1894년 8월 6일

[8월 9일 도착]

[위봉산성에서 멀지 않은 고산 구역]

주교님,

저희는 7월 31일자 주교님의 편지를 막 읽고 난 참입니다. 정부가 섭정에 의해 통치된다는 소식은 저희에게 큰 불안을 줍니다. 이곳 주민들은 동학도이건 아니건 일본인들을 손가락질하며, 청국인들만을 받듭니다. 공주에서 동학도들은 청국인들과 협력하여, 그들 중 2,000명이 200명의 청국인들과 함께 고을을 지킵니다. 요컨대 정치인 겁니다. 이 편지는 만에 하나 지난번 편지들이 도착하지 않았을 경우에 대비하여 조조 신부의 사망이라는 슬픈 소식을 주교님께 알리기 위해서입니다. 교우들의 불행한 모습에 낙담하신 조조 신부는 주교님의 명에 따라 서울로 올라가고자 하셨습니다. 신부는 7월 27일에 전수를 떠났습니다. 공주 너머로 40리쯤 깊을 때 신부는 청국인들을 만났는데, 그늘이 신부를 체포하여 공주 근처로 데리고 갔습니다. 어떤 강당에서 형방과 공주의 중군이 일종의 재판을 했고, 그 과정에서 조조 신부는 프랑스인임을 자인했습니다.

주민들도 신부가 유럽인이라고 말하자 중군도 곧바로 그것을 시인했고, 심지어 "오! 전주에서 첩들 거느리고 사는 몹쓸 유럽 놈들이구만"이라고 덧붙이기까지 했습니다. 그러고 나서 아무 형식도 갖추지 않은 채 가엾은 조조 신부는 강가로 끌려갔고 청국군들에 의해 배 위에서 처형되었습니다. 그곳은 죄수들이 처형되는 곳에서 멀지 않았습니다. 이 장면의 목격자들은 신부가 마지막 때가 온 것을 아시고 하늘을 우러르며 "나는 프랑스 선교사입니다."라고 외쳤다고 전했습니다. 신부의 마부도 함께 처형되었습니다. 청국과 조선의 사령관들은 자신들이 신부를 일본인으로 착각했음을 믿게 하려 들 것입니다. 그러나 저희는 프랑스 영사가 속지 않기를 바랍니다. 신부가 살해된 때는 7월 29일 일요일 오후 네 시였습니다. 저희는 시신 수습을 위해 교우들을 보냈고, 이 사실에 대해 감사에게 전보로 알리기까지 했습니다. 그러나 이후 아무런 답장이 없습니다. 바로 그 일요일에 저는 폭도들이 점점 더 사나워지는 것을 알고서 전주로 갔습니다. 길을 가던 중 저도 그들에게 살해될 뻔했습니다. 저를 위기에서 구한 것은 외교인들이었습니다. 아마도 그들은 난처한 일이 생길까 두려워했기 때문일 겁니다. 위험이 임박했기에 저희는 교우촌으로 피신했습니다. 더 나쁜 소식이 들려오자 산으로 도망갔습니다. 저희가 희망을 걸 사람은 일본인들밖에 없기에, 그들이 빨리 오지 않으면 저희는 죽을 것입니다. 폭도들은 사방을 휘젓고 다니며 모든 것을 뒤집어엎었습니다. 어제도 저는 저의 공소 중 하나가 그들에 의해 무너졌다는 소식을 들었습니다. 그들은 아궁이의 재까지도 가져갔습니다. 그들은 저희를 죽이려고 찾고 있습니다. 만일 일본인들이 물러간다면 저희와 교우들은 끝장입니다. 저희를 구하기 위한 수단은 단 하나밖에 없습니다. 이 편지를 가지고 프랑스 배가 군창에 오는 것입니다. 프랑스 배가 와서 저희를 찾으러 오면 저희는 밤을 이용해서(이틀 밤이나 사흘 밤) 배까지 갈 것입니다. 현재 가능한 인간적 도움은 그것뿐입니다.

우리 주님 안에서 저희를 주교님의 미천하고 헌신적인 종이며 아들로 일컫는 것에 저희는 행복합니다.

X. 보두네 드림
비에모 신부 드림

저희가 연필로 종이쪽지에 편지를 쓰는 데 대해 주교님께 용서를 빕니다.

또 하나의 불행한 소식입니다. 여러 교우 공동체가 약탈당했고, 모든 교우들이 피난을 떠났습니다. 동학도들이 저의 집에 들어와 경당의 성화들을 떼어 가고, 예수성심상의 눈을 뚫었고… 등등. 그들이 저희를 찾고 있는데, 만일 잡히면 죽음이지요.

안녕히 계십시오.

하지만 *Deus pro nobis, quis contra nos.* (하느님께서 우리 편이신데 누가 우리를 대적하겠습니까.)

조조 신부의 시신은 잘 수습하여 매장했습니다.

P. 비에모 드림

전라도 복귀 과정 및 수습에 관한 보고와
교우의 상태 및 이후 전망

예수 마리아 요셉

1895년 2월 3일

주교님,

주교님께서는 푸아넬 신부에게 보낸 메모를 통하여 저희가 전라도에 무사히 도착했음을 이미 아십니다. 저는 또한 공주목사牧使가 저희에게 보여준 환대에 대해 한말씀 드렸습니다. 목사는 자기 비장裨將 중 한 명에게 저희가 조조 신부와 그의 마부의 묘소를 찾아가는 길을 동반하게 했습니다. 저희의 모든 소견이 받아들여졌고, 비장은 저희 소견들을 곧바로 반영토록 하겠다고 약속했습니다. 저희의 소견은 다음과 같은 두 가지로 요약할 수 있습니다. 조조 신부의 무덤 위에 흙을 돋우고, 마부의 유골을 바로 다음 날 관에 넣어 달라는 것입니다. 저는 비장이 보는 앞에서 공주의 한 교우에게 관의 값을 맡겼습니다. 비장은 필요한 인부들을 고용하고 장례에 드는 나머지 비용을 지불하기로 약속했습니다.

조조 신부의 시신 이장 문제에서 공주목사는 독판이 편지에서 제시한 모든 조건을 받아들였습니다. 만일 요구한다면 목사는 서울까지 예의를 갖춰 호송해 줄 것입니다. 만일 저희가 곧장 이장했다면 그는 그렇게 했을 것입니다. 그는 심지어 저희가 전주까지 오는 동안 한두 명의 병사를 동반자로 주겠다고 했으나 저희는 거절했습니다.

전주에 도착하여 저는 교우들이 저를 위해 준비한 집으로 가기 전에 저의 집을 보고자 했습니다. 그 집은 형편없는 상태였습니다. 문들은 떨어져 나갔고, 마루는 여러 군데가 돌에 맞아 움푹 파였으며, 벽들은 누더기가 되어 있었습니다. 저의 작은 재산을 이루던 것 중 하나도 남은 게 없었습니다. 교우들은 건질 수 있는 것이면 최대한 건지려 했으나 안타깝게도 약탈을 면한 것은 몇 권의 책, 그것도 페이지가 여기저기 빠져 버린 것들뿐이었습니다. 그리고 대부분은 진흙으로 얼룩져 있었습니다. 그들은 외교인들에게서 몇 개의 십자가를 되찾아 올 수 있었습니다만 그것들도 매우 망가진 상태였습니다. 이 외교인들은 십자고상을 돌로 쳐서 반쯤(어떤 것은 4분의 1쯤) 부서뜨렸습니다. 그들이 미사 도구와 저의 제의, 제대 십자가와 성작을 어떻게 사용했는지 생각하면 마음이 아픕니다. 이 야만인들은 제의를 번갈아 가며 입고서 우리와 우리 주님께 모욕적인 말을 내뱉으며 하루 종일 연극을 하고 노는 데에 그것들을 사용했습니다.

도착한 지 며칠 후 저는 감사를 만나러 가서 독판督辦이 보낸 편지를 전달했습니다. 감사는 편지를 읽더니 편지에 요청된 돈을 이곳에서 줄 수는 없다고 말했습니다. 그의 측근들은 저의 요구의 합당성과 발생한 손해에 대한 정부 배상의 필요성을 인정했습니다. 감사는 그 돈이 서울에서 지불되도록 요청하는 답장을 독판에게 쓰겠다고 말했습니다. 서울에서 내려온 수많은 병사들의 유지비 때문에 현재 돈이 부족하다는 것이었습니다. 따라서 저는 이 일을 주교님 손에 맡기면서, 제가 최대한 빠른 시일 내에 배상금을 받을 수 있도록 프랑스 공사에게 힘을 써 주시기를 부탁드립니다. 외교인들은 이런 상황에서 엄청난 배상을 예상하곤 했습니다. (요구만큼의 배상은 없더라도) 적어도 깨진 항아리 값이라도 요구하는 것은 너무나 당연합니다.

감사는 저에게 아주 튼튼한 수노새 한 마리를 주었습니다. 폭도들이 제게서 앗아간 말 값에 맞먹는 것입니다. 그는 제게서 노새 값을 받으려 하지도 않았고, 노새 값에 대한 말이 오가는 것도 원치 않았습니다.

서울에서 비에모 신부와 저를 동반했던 집사는 전라감사에게 가는 독판의 편지 한 통을 갖고 있었습니다. 그 편지의 내용은 집사에게 별천別薦[45] 자리를 주려 한다는 것이었습니다. 편지 수신인인 관헌이 한 번도 감사 직책을 맡은 적이 없었기에 편지는 무용지물이 되었습니다. 집사 자신은 독판의 편지를 되돌려주기 위해 서울로 올라갈 수가 없습니다. 그는 아직도 폭도들에게 맞은 곳이 아픈 데다 모든 것을 빼앗겼기에 서울로 가는 여비를 마련할 수가 없었기 때문입니다. 그는 편지를 요한이라는 사람에게 맡겼으니 요한이 두 신부들의 쪽지와 함께 편지를 주교님께 전해 드릴 것입니다. 주교님께서 그 편지를 독판에게 전해 주시고, 저희에게 헌신했다는 이유로 아주 불행하게 된 집사의 사건에 대한 선처를 다시 한번 부탁해 주시길 바랍니다. 집사는 현재 실직자로서 아무 일도 없어 생활비를 벌 수가 없는 형편입니다.

이곳에 온 지 며칠 후 저는 조조 신부가 머물던 배재에 갔습니다. 저는 고인이 된 이 신부의 옷가지들을 알아볼 수 있었습니다. 오래된 것들이

---

[45] 이품 이상의 높은 관리들이 정상적인 규례 외에 별도로 관리 후보자를 추천하던 일.(『표준국어대사전』)

었음에도 모든 옷이 꽤 양호한 상태였습니다. 유럽의 몇몇 물품들이 없어졌는데 병에 걸린 학생들이 자기네 집으로 가져갔을 것입니다. 저는 그 학생들에게 즉시 그것들을 다시 반환하여야 함을 알렸습니다. 주교님은 조조 신부에게 속한 물건들 가운데 그분 부모님께 기쁨을 드릴 수 있는 작은 물품 몇 개를 보내도록 저희에게 권하셨습니다. 제가 아무리 찾아봐도 헛일이었습니다. 모든 것이 엉망으로 뒤죽박죽이었고, 정기방문으로 시간이 없었기에 선교사의 십자가만 발견했습니다. 그 밖의 물품들 가운데 보낼 만한 것이 있는지 다시 한번 찾아본 후에 피정 때 그것들을 십자가와 함께 가져가겠습니다. 또 저는 조조 신부 댁에서 파리외방전교회 입회를 위한 기도문들이 들어 있는 외방전교회 규칙서도 찾지 못했습니다. 주교님께서 이 책을 저에게 보내주시기를 부탁드립니다. 성무집행에 너무도 필요하기 때문입니다.

주교님께서는 분명 제가 이 고장 교우 공동체의 상태와 이 고장의 상황에 대해 몇 말씀 드리기를 기다리실 것입니다. 우리 교우들 대부분은 동학도들의 점령 동안 큰 고통을 겪었습니다. (그러나) 모든 이가 똑같은 고통을 겪은 것은 아닙니다. 이 고장 전체 중 10퍼센트의 교우 공동체는 비교적 수난을 면했습니다. 세 개의 교우촌이 완전히 전소되고, 약 40~50호 정도의 호수로 구성된 예닐곱 마을이 완전히 약탈당했고, 스물 남짓한 마을은 비교적 덜 시달렸으며, 다른 마을들은 수확의 일부(100~200줄의 담배, 여러 마리의 소)를 잃어버렸습니다. 교우 여러 명이 저를 찾아와서는, 경군들 또는 몽포 사람들에게 구타와 약탈을 당했다고 하소연했습니다. 몽포 사람들은 이제는 폭도였지만, 오늘은 죽음을 면하기 위해 다른 폭도들을 붙잡아 관료들에게 넘기는 데 열심입니다. (관료들 자신도 여러 곳에서 교우들을 몹시 학대합니다.)

우리 교우들 중에는 큰 고통을 견디다 못해 죽음에 이른 사람이 여럿이고, 얻어맞아 장애인이 된 사람이 두세 명, 거지 신세가 된 가정이 10여 가구, 그리고 비록 거지 신세까지는 아니더라도 몹시 궁핍해진 가정이 한둘이 아닙니다.

이 나라의 상황은 아직 매우 어둡습니다… 일본과 조선 군인들이 폭도들을 분산시켰습니다. 그들은 수백 명의 폭도들을 체포하여 죽였고, 전라도 지방에서 체포되어 죽임을 당한 숫자는 아마도 천 명에 이를 것입니다. 가끔은 몇몇 관장들이 여러 명의 폭도들을 처형케 했고, 감사는 예순 명가량을 죽였는데, 감사는 날마다 폭도들을 체포하게 하며 폭도들 중 가장 흉악한 자들을 결단코 내쫓길 원하는데, 과연 그렇게 할 수 있을지 모르겠습니다.

폭도들은 아직 충분히 굴복하지 않았다고 말할 수 있습니다. 대부분의 관료들은 폭도들과 이해를 같이했거나 같이하여 교우들을 박해하기 때문입니다. 그들은 교우들을 부당하게 대우하거나, 외관상 잘못하는 것처럼 보이는 즉시 교우들을 체포하여 만인이 보는 앞에서 엄한 벌을 가하기 때문입니다. 서울에서 내려온 군인들도 역시 자기들이 겪은 네다섯 달의 고통의 원인이 교우들이라고 여러 곳에서 고발함으로써 교우들의 신용을 떨어뜨렸습니다. 그들은 교우들을 폭도 취급하며, 교우들에게 살 날이 얼마 남지 않았고 그들이 죽을 차례가 곧 올 것이라고 말합니다. 여러 명의 교우가 그들 손에 죽을 뻔했고 교우 군인이나 일본군의 개입 덕분에 목숨을 건졌습니다. 게다가 고산에서 몇몇 나쁜 사람들이 헛소문을 퍼뜨렸습니다. 유럽인과 교우들을 죽이라는 명령이 서울에서 내려왔다는 것이었습니다. 이런 사실들과 소문은 폭도들의 떨어진 사기를 북돋았습니다. 동학과 불학은 군인들이 떠난 후 일제히 봉기하기로 다짐했습니다.

조선군과 일본군들은 요즘 서울로 올라갔습니다. 강화의 군인 300명 정도가 남아 있습니다. 앞으로 어떤 상황이 벌어질지 모르겠습니다. 주교님, 앞으로 어떤 일을 해야 할지 판단해 주십시오.

저는 예수 그리스도 안에서 주교님의 미천한 아들입니다.

X. 보두네 드림

1895년도 성무집행 보고서
-동학난의 영향과 교우 공동체의 회복-

예수 마리아 요셉

                        1895년 8월 10일 성 노렌조 축일

주교님,

올해의 보고서는 자연스레 세 부분으로 나뉩니다. 1부는 교우들이 동학난 동안 겪어야 했던 무수한 전투들에 관한 것입니다. 2부는 이 고장의 화평과 교우들이 자기들 집으로 돌아간 것에 관한 내용입니다. 3부는 정기방문과 좋으신 하느님께서 제 손을 통해 퍼뜨려 주신 풍성한 열매들에 대한 내용입니다.

작년 봄 동학이란 이름으로 지칭되는 종파 신봉자들이 저항의 반기를 들었습니다. 정부는 그들을 억압하기 위해 얼마간 노력을 기울였습니다. 서울의 몇몇 권력가들의 은밀한 개입만 아니었다면 정부는 반란의 불을 끌 수도 있었을 것입니다. 그 당시 관군의 장군은 폭도들을 더 이상 탄압하지 말고, 최대한 빠른 시일 내에 서울로 되돌아오라는 엄중한 명령을 받았던 것 같습니다.

장군이 서울로 되돌아간 후 이 지방은 꽤 평온한 것 같았습니다. 그러나 이 외견상의 평온함 속에서도 신중한 조사관이라면 누구나, 수상쩍은 사람들이 이 고장 사방으로 돌아다니며 불안하고 흥분된 움직임을 보이는 것을 알아차렸을 것입니다. 게다가 동학 잔당들은 깊은 산골짜기로 숨어들었습니다. 각자 집으로 돌아가라는 전라감사의 명령에 당의 지도자들은, 사람들 사이에 있는 수많은 적들의 손에 떨어질까 두렵다는 핑계를 내세웠습니다. 그것은 복종하지 않기 위한 핑계, 아니 차라리 새로운 항거를 조직하기 위한 술책이었습니다. 감사는 이들의 계략에 말려들었고, 주민들에게 동학도들을 괴롭힐 경우 엄중한 벌을 받게 되리라는 강력한 경고를 내렸습니다. 그런 다음 동학도들에게 해산하라는 포고문을 내렸습니다. 그러나 그동안 정부가 자기들을 제압하는 데 얼마나 무능한지를 충분히 경험한 동학도들은 해산 권고를 거절했고, 그 대신 그들이 공공의 평화를 교란할 어떤 나쁜 의도도 없음을 입증하는 증거로, 자기들 무기를 정부에 넘기는 데는 동의했습니다. 그들은 자기네 말대로 몇몇 오래된 총들을 넘겼습니다만 그 총 대신 성능이 더 좋은 총을 이미 개인들에게 몰래 빼앗아서 갖고 있었습니다.

8월이 되었을 때입니다. 사람들은 앞으로 벌어질 상황에 대해 다소 불안해했습니다. 온건한 사람들 중 가장 신중한 사람들마저 감사의 무기력한 태도에 분개를 금치 못했습니다. 감사만이 미래를 낙관하는 것 같았으니까요. 그러나 그의 낙관은 잘못된 판단이었습니다. 그의 무능이야말로 조선에 일어난 모든 불행의 원인이었습니다.

감사의 무능함 덕분에 대담해지고 정부가 자기들을 제압할 수 없음을 확신한 동학군은 온갖 불행한 사태들을 자행하기 시작했습니다. 그들은 갖은 폭력에 거침없이 뛰어들었습니다. 부자들은 재산 일부를 강제로 동학도들에게 내주어야 했고, 개인뿐 아니라 마을들도 곡물이나 금전을 그들에게 세금처럼 납부해야 했습니다. 행정 체계가 사라졌고, 사회의 여러 지휘 체계가 무너지면서 무정부 상태가 되었습니다. 그때부터 개인의 복수가 도를 넘어서 자행되었습니다. 노비, 하인들이 주인에게 받은 학대를 복수했고, 부중府中과 군의 하인들이 관헌들에 맞서 반발했습니다. 하인들 가운데는 자기들이 받은 학대에 대해 욕설을 내뱉으며 감히 관헌들에게 손을 대는 자도 있었습니다. 백성들과 관헌들에 대한 도둑질, 탈취, 약탈, 방화, 살육 등은 동학도들이 장악하던 네다섯 달 동안 그들 반란이 초래한 참상이었습니다.

그동안 우리 교우들은 어떻게 되었겠습니까? 그들의 삶은 혼란의 극치였습니다. 그들은 사회에서 추방되었지요. 교우가 받아들인 외국 종교가 그들의 주된 불만이었는데, 이런 불만은 동학도와 같은 사람들에게는 교우들에 반대하여 무슨 일이든 저지르기에 충분하고도 남음이 있었습니다.

7월 15일경 한 교우 공동체가 완전히 파괴되었습니다. 교우들은 사방으로 흩어졌습니다. 그들은 아내와 자식들을 외교인 친구들에게 맡기고서 깊은 산속으로 피신했습니다. 그 며칠 후 이번에도 장성에 있는 두 개의 교우촌이 약탈당했습니다. 마을 주민들은 근처 산속에서 살면서 넉 달 동안 버텨야 했습니다. 전라도 남쪽 지역의 모든 교우촌도, 좀 더 인간적인 동학 우두머리들의 보호를 받는 여남은 마을을 빼고는, 똑같은 운명을 맞이했습니다. 교우들 중 자기 집을 다시 보고 싶어 은신처에서 나오는 사람들은 대개 밤의 어둠을 타서 그렇게 했습니다. 그러나 어둠도, 조심성도 그들이 동학 폭도들에게 붙잡히는 것을 막지 못했습니다. 붙잡힌 교우들 중 대부분은 고문을 당하고 돈을 주고야 풀려났습니다. 때때로 동학도들은 교우들에게 배교를 강요했는데, 흥덕의 서씨라는 교우 역시 흠씬 두들겨 맞고 나서 배교하라는 강요를 받았습니다. 그가 거절하자 동학도들은 그를 장작 위에 묶어 놓고 산 채로 태워 버리겠다고 위협했습니다. 그런데 그는 더더욱 힘차게 신앙을 고백했습니다. 고문관들은 불을 붙였습니다. 이미 불길이 치솟아 희생자의 옷 일부를 잿더미로 만들어 버린 순간, 동료들보다 좀 더 인간적인 한 동학도가 그를 장작 위에서 끄집어냈습니다. 그는 살아남았으나 온몸이 아파 땅을 제대로 경작하기는 어렵습니다. 그는 서른다섯 살이고 성은 서씨입니다.

부안에서는 스물다섯 된 한 젊은 여인이 동학도들이 다가올 때 집에 혼자 있었는데 그들의 폭력으로 욕을 당할까 두려워 도망쳤습니다. 혼비백산한 그녀는 절벽을 따라 난 오솔길을 닥치는 대로 달리면서도 그것이 얼마나 위험한지 까마득하게 모르고 있었습니다. 그녀는 갑자기 발이 미끄러지면서 3미터 높이의 바위에서 굴러떨어졌습니다. 그녀를 걱정하던 가족이 사방으로 찾아다니다가 사흘 뒤 그녀를 바위 위에서 찾아냈는데, 피범벅이 되어 있었고 옆에는 세 살 된 딸도 있었습니다. 그녀와 딸 둘 다 살았지만 그녀는 정신이 나간 채 아무도 알아보지 못했습니다. 삼 개월을 끈질기게 치료하자 그녀의 몸과 정신은 건강을 되찾았습니다. 그러나 그동안 그녀의 딸은 죽었습니다. 정말 놀라운 것은, 그리고 섭리의 분명한 보호 없이는 설명될 수 없는 것은, 굴러떨어질 때 임신 4~5개월이었던 이 여인이 넉 달 후 아주 건강한 딸을 출산했다는 것입니다. 저는 이번에 그 아이에게 보례를 주었습니다.

제가 7~8년 전부터 정기방문하는 지역도 동학도들이 일으킨 해악을 비켜 가지 못했습니다. 제가 돌보는 교우들도 남쪽 지역 교우들처럼 약탈당하고, 두들겨 맞고, 바위틈이나 (그들 스스로 땅속에 파 놓은) 동굴에서 살아야만 했습니다. 남자, 여자, 어린이 등 온 가족이 이 비좁은 공간에 뒤엉켜 삽니다. 아주 조그만 입구가 햇빛 몇 줄기를 겨우 들여보내지요. 대부분이 그런 곳에서 석 달, 넉 달을 살았습니다. 언제 이 고난이 끝날지 모른 채 그리 오랫동안 그들의 불안은 어떠했겠습니까! 교우들 중 하나가 소식을 들으러 갔다가 폭도들의 새로운 잔인성, 예를 들면 중요한 도시 점령, 마을이나 고을의 방화, 주민이나 몇몇 관헌들에 대한 살해 등에 대해 알게 되었을 때 교우들의 불안은 얼마나 커졌겠습니까! 또 다른 날 사람들은 교우들을 모두 죽이라는 결정이 내려졌다는 소식을 가져왔습니다. 이 소식은 네 번이나 되풀이되었습니다. 교우들은 갈릴래아 호수에서 폭풍우를 만나 물에 빠지기 직전의 사도들처럼 간절한 믿음을 지니고서 "저희를 구해 주십시오, 저희가 죽게 되었습니다!"라고 소리치면서 하느님께 호소할 수밖에 없었을 것입니다!

저의 교우들 모두가 산속으로 피한 것은 아니었습니다. 혼란 가득한 나라에서 사는 데 지친 200명의 신문교우 또는 예비교우들은 집을 떠나 전라도와 경계 지역인 경상도 함양으로 갔습니다. 그들은 만일 동학도들이 자기들 있는 곳으로 쳐들어온다면 그들의 모든 공격에 맞설 수 있는 성채를 짓겠다는 생각에 사로잡혔습니다. 그들은 성채를 세웠고 막 끝낸 참에 이 일을 알게 된 관장은 그 성채에 거주하는 사람들이 폭도들이라는 구실로 그들을 학살하라고 명했습니다. 로베르 신부가 관장에게 보낸 편지도 별 효과가 없었습니다. 교인들을 계속 박해할 경우 가만두지 않겠다는 협박과 함께 감사가 직접 개입하자 우리의 그 가혹한 관리도 결국 무장을 해제했고, 그때부터 우리 교인들은 더 이상 괴롭힘을 당하지 않았습니다.

평야 지대에서는 고문을 당하고 온갖 방식으로 두들겨 맞은 남자 교우 한 명과 여 교우 한 명이 두세 달 고통 속에 지내다가 숨졌습니다. 두 개의 교우촌이 불에 탔는데, 하나는 남쪽 지역이고 하나는 저의 관할 지역입니다.

교우들이 인정사정없는 형리들의 괴롭힘 하에서도 대체로 관대하게 자신들의 신앙을 고백한 데 대해 우선은 하느님께 영광을 돌려야 하고 그 다음으로는 교우들이 의무를 충실히 채운 그 성실성에 영광을 돌려야 합니다. 모든 선을 아낌없이 베푸시는 분께서 이 일에 대해 감사를 받으시길 빕니다. 그럼에도 하느님과 왕께 대한 충성이라는 이 아름다운 장면 옆에서 우리는 몇몇 흠결도 보게 됩니다. 서른 명가량의 교우가 배교했으며, 이들 중 여덟이나 아홉 명은 오래된 교우들입니다. 그러나 그들은 자신들의 큰 잘못을 인정했고 보속을 했다는 말씀을 드립니다. 이 배교자들 중 두 명의 젊은 신문교우들만이 은총의 부르심에 응답하지 않은 유일한 사람들입니다. 그들은 지나친 방종으로 스스로의 평판을 더럽혔습니다.

일본과 조선 군인들에 의해 이 고장에 평화의 때가 도래했습니다. 폭도들의 무리는 조선군들이 나타나기만 하면 달아나기 바빴습니다. 서울에서 사람들이 그토록 입에 올리던, 군대와 동학도들 사이의 전투는 전투라고 할 수가 없습니다. 유럽에서도 이런 것들을 소규모 충돌이라고조차 부르지 않을 것입니다. 총알 한 발 내지 여러 발이 동학군에게 맞기만 하면 그들 대열은 곧바로 공포에 휩싸이곤 했습니다. 조선인들이 용담의 수성군守城軍[46]과 폭도들 사이에 있었던 전투에 대해 이야기하는 것을 듣는 것은 재미있습니다. 양 진영의 투사들은 총알이나 탄환을 피하기 위해 서로 널리 떨어져 있습니다. 기껏해야 100미터 나가는 총 때문

---

[46] 성을 지키는 군사.(『표준국어대사전』)

에 두 적대 진영은 서로에게서 400~500미터 떨어진 곳에 자리 잡는다는 것입니다. 그들은 상대 진영에 저주와 욕설을 퍼부으면서 차츰차츰 서로에게 다가갑니다. 총알 한 방이 투사 중 한 명을 맞히자마자 온 진영이 공포에 빠집니다. 이렇게 해서 용담의 수성군은 단 한 명의 폭도를 죽임으로써 승리를 거두었는가 하면, 적들과의 두 번째 싸움에서 아군이 한두 명 죽으면 군인은 비겁하게 도망갔습니다. 관장의 집 외에 온 마을이 전소된 것은 이 같은 비겁함의 결과였습니다.

조선군과 일본군들은 주민들에게 강한 인상을 주기 위해 두 달 동안 그 고장 곳곳을 돌아다녔습니다. 그러나 그들의 걸음걸이는 반항하는 고장에 대한 진압이라기보다 산책하는 듯한 걸음이었습니다. 그들은 세 곳, 곧 원평(금구), 태인과 해남에서 폭도들을 만났습니다. 첫 번째 만남에서 그들은 30명을 죽였고, 두 번째 만남에서는 100여 명을, 세 번째 만남에서는 상당히 많은 폭도들을 죽였습니다. 마지막 만남 때에 폭도들은 바닷가로 쫓겨 가 더 이상 도망칠 방법이 없게 되었습니다. 군인들은 장흥 부사의 죽음에 대해 복수하기 위하여 그들 중 엄청난 숫자를 학살했다고 합니다.

그동안 교우들은 모두 자기 집으로 돌아갔습니다. 외교인들은 이 같은 귀환에 이상하게 놀라워했습니다. 그들 중 어떤 이들은 교우들이 살아남는 것을 보지 않기를 바랐을 것입니다. 동학도들의 세력이 가장 강했을 때 자기들이 교우들에게 저지른 죄 때문에 양심의 가책을 느꼈기 때문입니다. 또 다른 외교인들은 교우들을 다시 보게 되어 기뻐했습니다. 교우들이 어려움을 겪으면서도 흠잡을 데 없는 삶을 살아가는 것을 보았기 때문입니다. 교우들은 여러 괴롭힘의 대상이었습니다. 아무튼 외교인들은 신문교우들이 온갖 고초를 겪고도 고난 전과 마찬가지로 건재한 것을 보고 당연히 놀랐을 것입니다. 그들이 우리 주 예수 그리스도께서 암탉이 병아리들을 보호하듯이 당신 제자들과 사도들을 보호하겠다고 하신 약속을 모르는 만큼 그들의 놀라움은 더욱더 컸습니다.

집으로 돌아간 교우들은 하느님께서 베푸신 무한하신 자비에 대해 몇 날이고 감사를 드렸습니다. 그들이 이 아름다운 감정을 늘 간직했다면 얼마나 좋았을까요! 신문교우들이 인내로 동학도들을 이겨낸 것이나, 그리스도교 덕의 실천을 통해 자기들을 이겨내고 거둔 무수한 성공을 질투한 악한 영은 그들을 심한 유혹에 빠뜨리는 짓을 기어이 하고야 말았습니다. 수많은 교우들이 끔찍한 고문을 당했고, 또 다른 이들은 자기네 재산의 일부 또는 전체를 빼앗겼습니다. 그들은 가해자들에게 복수해야 했을까요? 자발적이건 강제에 의해서건 간에 잃어버린 재산을 자기네 집 근처나 그 밖의 장소에 사는 탈취 재산 소지자들에게서 되찾아 와야 했을까요? 많은 수의 교우들이 복수와 재산을 회수하기로 결심할 수 있었을 것입니다. 제가 도착하기 전에 보낸 복사의 편지 한 통과 제가 돌아온 직후 보낸 저의 편지 한 통이 그들에게 모든 복수심을 포기하게 만들었습니다. 그들 재산의 회수에 대해 제가 권고한 신중함이 완전히 지켜지지는 않았습니다. 몇몇 예외적인 경우 그들은 재산을 회수하기 위해 너무 폭력적인 수단을 썼습니다. 그 때문에 우리의 참견꾼(이들은 조선과 같은 나라에 매우 많습니다)들은 교우들이 동학도들보다 더 잔인하다면서 고발하기 시작했습니다. 저는 폭력적 행동을 한 교우들을 엄하게 다스림으로써 주민들의 화와 비난을 가라앉히기 위해 노력했습니다. 교우들은 복종했고 모든 것이 평온해졌습니다. 하느님 섭리의 돌보심을 신뢰하는 내부분의 교우들은 잃어버린 재산을 되찾기를 완전히 포기했습니다. 이런 모범을 보인 것은 오래된 교우들이며, 저는 그들에게 감사합니다.

하느님 섭리의 관대함에 대한 이 같은 의탁은 그들에게 행복을 가져다 주는 징표와 같았습니다. 왜냐하면 그들은 7~8개월 동안 하루하루 살아갔으나 그다지 배고픔을 느끼지 않았으니까요. 부자들이 대부분 빈털터리가 되었기에 그들에게 돈을 빌릴 꿈도 꿀 수 없었던 교우들은 자급자족할 수단을 마련하고자 했고 결국 그 일에 성공했습니다. 그들이 얼마 안 되는 자원으로 시작한 땅 경작은 다른 해들만큼 좋은 수확을 거둘 전망을 보입니다.

저는 1월에 전주의 제 집으로 돌아와 일주일 동안 쉬었는데 이는 신자들에게 제가 앞으로 취할 여정을 알리기에 충분한 시간이었습니다. 5~6개월의 부재 후 이 선량한 신자들을 다시 만나기를 얼마나 고대했는지요! 동학난 때 겪은 고난이 이들을 제게 더욱 가까이 결합시켰습니다. 그들을 다시 만나고자 하는 제 갈망이 큰 만큼 성사를 받고자 하는 그들의 열망도 그에 못지않았다고 말씀드릴 수 있습니다. 그들은 좋으신 하느님께서 베푸시는 은총을 얼마나 열렬하게 받아들였는지 모릅니다! 그들은 우리 주님과의 깊은 일치 속에서 자기들의 고통을 잊은 듯했습니다. 그들이 세례받을 준비가 된 몇 명의 예비교우들을 저에게 소개할 수 있었을 때 그들의 만족은 더욱 컸습니다. 예비교우들을 저에게 소개하면서 그들은 산속에서 지내던 이야기를 해 주었습니다. 그들이 예비교우들을 가르치고 세례받도록 준비시킨 것은 대부분 산속의 외딴곳에서였습니다. 예비교우들은 사실 세례를 위한 다른 자극이 전혀 필요치 않았습니다. 불행한 세월 속에서 그들은 세례의 은총 없이 죽을까 봐 두려워했기 때문입니다.

교우들과 주교님의 종인 제가 서로 주고받은 기쁨은 앞으로 오랫동안 끝나지 않을 것이었습니다. 정기방문이 계속되는 한은 계속될 것이었습니다. 왜냐하면 몇몇 공동체를 제외한 모든 공동체에서 여러 명의 신문 교우들의 세례가 있었기 때문입니다. 그리하여 최근의 정기방문에서 제가 세례를 준 영세자 총합계는, 작고한 조조가 신부가 세례 준 10명과 대인 임종 대세자 18명을 포함하여 303명입니다. 이 많은 수의 세례는 하느님의 섭리가 얼마나 자비로우신지를 보여 주는 또 하나의 증거입니다. 하느님의 섭리는 죄에 대한 보속으로 교우들을 엄하게 벌하셨다면, 그들에게 베푸신 수많은 위로를 통하여 그 징벌을 완화할 줄도 알았습니다.

반면에 외교인 어린이들의 대세 숫자는 작년에 비해 적습니다. 이는 올해 대부분의 기간 동안 어지러웠던 고장을 교우들이 섭렵하기가 불가능했기 때문입니다. 그럼에도 그것이 결코 무의미하지 않습니다. 194개의 이삭 중 열 개 정도를 제외한 모든 이삭이 하늘나라를 위하여 익어 천국 곳간에 받아들여졌습니다.

교우 어린이들의 보례補禮도 매해의 일반적인 숫자를 넘어 213명에 달하는데 이는 상당한 숫자입니다. 이 숫자를 이미 영세한 이들 숫자와 합하면 516명에 달합니다. 이 숫자에서 올해 99명의 선종자 숫자를 빼기만 하면 작년 대비 올해의 교우 인구의 규모를 알 수 있습니다. 그러나 교우 인구수 증가가 현저히 낮은 것은 그들이 다른 군으로 이동했기 때문일 수 있습니다.

작고하신 조조 신부의 죽음으로 말미암은 공백이 제때에 채워질 수 없었기에 저는 그가 담당한 지역의 내부분을 방문해야 했습니다. 이 가중 업무로 말미암아 지는 6월 밀까지 정기방문을 해야 했지만 이 활농에서 너무도 큰 위로를 받아 그 수고로움이 가볍게 느껴졌습니다. 또 이 사실 때문에 전에는 모르던 전라도의 일부를 알 수 있는 기회를 얻었습니다.

남쪽 지역에서 교우들은 대개 열심하지만 외교인 동포를 복음화하는 데는 별로 열심하지 않습니다. 그래서 세례라는 수확은 교우 인구에 비해 너무 적습니다. 다가오는 해도 그다지 희망적이지 않습니다.

제 관할 지역에서 그동안 외교인들에게 복음을 전하는 열성이 다른 해들보다 덜했던 평야 지역의 교우들이, 올해는 산악 지역의 교우들과 열심을 다투고자 했습니다.

그들의 작업은 성공을 거두었습니다. 두 지역의 교우 인구 차이를 감안한다면 평야 지역의 영세자 숫자가 산악 지역 영세자 숫자와 맞먹을 것입니다.

전주부에서 교우 인구는 새 영세자 숫자 덕분에 해마다 증가하고 있습니다. 머지않아 이 교우 공동체는 100명 이상의 신자를 갖게 될 것입니다. 신문교우들은 모두 동포들을 가르치는 데 열심입니다. 현재 예비교우는 꽤 많으며, 그들 중에는 어린이도 여러 명 됩니다. 이 어린이들은 자기네 부모에게 구박을 받으면서도 항구하게 어려움을 견뎌냅니다. 모든 미신을 피하라는 자연적이고 신적인 법을 이미 아는 그들은 굿이 있으리라 예상되는 날이면, 금지된 일에 참여함으로써 영혼을 더럽히기보다는 단식으로 육신을 제어하기를 선택하면서 굿자리에 가지 않습니다. 불행히도 이 같은 가정의 박해는 어린아이가 우리의 성교 신앙을 실천하는 것을 막기만 하는 것이 아니라 때때로 더 심하게 나아갑니다. 소문이 퍼져 나가면 소심한 영혼들에게는 참으로 큰 해를 입힙니다. 소심한 영혼들은 자기들에 대한 공격에 감히 맞서지 못하고 뒤로 물러서기 때문입니다. 또 교우인 어떤 한문 선생은 아이들이 하나둘씩 학교에 나오지 않는 것을 목도하기도 합니다. 그들의 부모가 자기 아이들이 천주교를 받아들일까 두려워하기 때문이지요.

수많은 사실들 가운데 제가 선택한 이 몇 가지 사실들은 아직 조선에 무더기 회두의 때는 오지 않았음을 보여 줍니다. 우리 성교에 대한 편견은 여전합니다. 천주교를 받아들인 이들은 종종 길고도 끈질긴 투쟁을 해 나가야 합니다. 이 싸움에서 승리한 이들이라면 대개는 흔들림 없는 끈기를 지닌 이들이라고 말할 수 있습니다. 하느님의 손가락이 그들을 건드렸고 은총이 그들의 영혼을 변화시킨 것입니다.

주교님께서는 성무집행 보고서에서 고해성사자 숫자와 천주교 신자 수를 보실 수 있을 것입니다. 저는 이만 줄입니다.

이 보고서는 단숨에 써 내려간 것입니다. 사실들이 그다지 명확하지 못한 점과 문체가 거친 점을 용서해 주시기 바랍니다. 또 정정하기 위해 여기저기 줄을 그은 곳도 많습니다. 파발꾼이 출발하기 전에 그것들을 깨끗하게 옮겨 적을 시간이 없었기 때문입니다.

주교님, 자녀로서 존경의 마음을 표현하는 저의 인사를 받아 주십시오.

주교님의 헌신적인 선교사이며
조선의 교황 파견 선교사
X. 보두네 드림

전라도 등지 콜레라 발생

예수 마리아 요셉

1895년 8월 28일

주교님,

오늘 저는 잠시 틈을 타서 주교님께 성무집행 보고서와, 작년 정기방문부터 그동안 일어난 일들에 대한 몇 가지 소식을 짧게나마 보내드립니다. 이 보고서는 다른 동료들의 보고서 이후에 주교님께 도착할 것입니다. 주교님은 그 이유를 짐작하실 것이기에 설명을 생략합니다.

이곳에는 이야기할 만한 특별한 소식은 없습니다. 모든 것이 익숙한 단조로움 속에서 흘러갑니다.

콜레라가 강경, 부안, 고부에 발생했습니다. 이곳들에 몇몇 감염자가 생겼을 것입니다. 전주에서는 요즈음 두세 경우만 발생했는데, 감염자들은 죽었습니다. 서늘한 가을이 이 재앙을 막을 수 있다면 얼마나 좋을까요! 콜레라가 퍼져 나갈 소지는 다분합니다. 당국은 사람들에게 조심하도록 권고하면서 특히 몇몇 과일들을 먹지 말라고 권고합니다.

곧 다시 편지 올리겠습니다.

주교님의 조선의 선교사 신부의
깊은 존경의 마음을 받아 주십시오.

조선의 교황 파견 선교사
X. 보두네 드림

주교의 전라도 순시 소식,
라크루츠 신부의 병환

예수 마리아 요셉   1895년 9월 16일

주교님,

주교님께서 저희 모두에게 공동으로 주신 편지는 매우 흥미로웠습니다. 그 편지가 담고 있는 다양한 소식들은 여기서 너무도 서로 다른 방식으로 회자되어서 어떤 말을 따라야 할지 몰랐습니다. 사람들에 따라 어떤 이는 수도에서 난리가 났다고 하고, 일본 집들이 불에 탔다고 하는가 하면, 일본인들이 도망쳤다고 하고, 청국 군대가 조선을 침략했다는 등등이었습니다. 이 모든 소문들이 비록 근거가 없는 것 같긴 했으나 저희의 정신은 진실을 알기 위해 예민해져 있었습니다. 그런데 주교님께서 진실을 알려 주시니 정말 감사드립니다.

주교님께서 저희에게 나눠 주신 소식들 중 두말할 것 없이 저희에게 큰 기쁨을 안겨준 것은 주교님의 전라도 순시 소식입니다. 이 소식은 선교사들과 교우들 모두에게 큰 기쁨을 주었습니다. 특히 교우들은 가장 큰 은총을 받을 준비를 하고 있습니다. 이 지방에 주교님이 순시 오시는 것은 처음이므로 교우들이 이 순시를 잘 이용하는 것보다 더 나은 일은

없습니다. 그들에게 약간 근심거리가 있다면 그것은 그들 모두가 주교님이 이 지방 당국자들에게 영예로운 환대를 받기를 바란다는 것입니다. 그들은 개신교가 전라도에 처음 들어왔을 때 받은 대우보다 더 나은 대우를 주교님이 받기를 바랄 것입니다. 관장(판관)은 전주에서 삼십 리 떨어진 곳까지 그들을 마중 나갔다고 합니다. 게다가 그 개신교 선교사들은 그들이 방문하는 곳마다 두 명의 포졸의 호위를 받았다고 합니다. 제가 당시 이미 전주에 있었지만 개신교 선교사들이 왔을 때 판관이 멀리까지 마중 나간 것이 확실한지 말씀드릴 수가 없습니다. 그러나 포졸들의 호위에 대해서는 그것을 목격한 사람들의 말을 들었기에 그것이 사실임을 확신합니다. 교우들의 의견이 언제나 옳지는 않지만, 현시점에서 그들의 갈망이 실현된다면 천주교는 이제 이 고장에서 큰 발걸음을 하게 될 것이 확실합니다. 다른 대부분의 고장처럼 전라도에서도 사람들은 외적인 것을 보고 판단합니다. 높은 사람들이 누군가를 영예롭게 대하면 사람들은 그 사람을 섬기고 그의 말을 믿는 것을 행복하게 여깁니다. 그러나 추천할 만한 인물인데도 높은 사람들이 그를 조금도 배려하지 않으면 사람들은 그를 존중하거나 배려하지 않고 그의 말도 신뢰하지 않습니다. 심지어 그가 없는 때에 그를 비웃기까지 할 것입니다.

이제까지 말씀드린 것에 한 가지 말씀을 덧붙이자면, 주교님께서 경상도에서만큼 전라도에서 영접을 받지 못하시면 어쩌나 걱정된다는 것입니다. 왜냐하면 도관찰부와 부관찰부 사람들의 정신이 매우 불량하기 때문입니다.

이제 또 다른 주제로 넘어가겠습니다. 주교님께서는 제가 8월 말에 몇 가지 메모와 함께 보내드린 성무집행 보고서를 받으셨습니까?

도를 세 부로 분할하는 데 관해서 사람들은 여전히, 앞으로 반드시 있을 사건이라고 말합니다. 그러나 이 세 곳에 임명된 새로운 관헌들은 아직 오지 않았습니다. 이뤄져야 할 개혁들은 문서상으로 서울 또는 도관찰부에까지도 존재할 수 있고, 심지어 여러 군관찰부에도 존재할 수 있습니다. 그러나 그중 실현된 것은 하나도 없습니다. 관장들과 도관찰부 직원들이 검은색 옷을 착용했을 뿐입니다. 새 관장들이 옛 관장들만 못하다는 데 모든 이가 동의합니다. 그들은 더 큰 도둑들이고 더 나쁜 관료들이라고 합니다.

라크루츠 신부가 앓아누운 지 곧 2주째가 됩니다. 심한 이질에 걸렸는데 아직 완전히 낫지 않았습니다. 더 심각한 것은 신부가 조그만 추위도 견딜 수 없다는 점입니다. 신부는 방문을 닫은 채 밤낮 방 안에 있는 것 같습니다. 대부분 그는 이불을 둘러쓰고 누워 있다고 합니다. 그런데 그의 방이 부엌 아궁이 불로 덥혀져 몹시 더웠기에 제가 배재에 갔을 때 저는 단 한순간도 열기를 참을 수 없었습니다. 게다가 신부는 거의 먹지를 않습니다. 내일 신부를 보러 가려 합니다.

주교님을 매우 존경하는 아들
조선의 교황 파견 선교사
X. 보두네 드림

주교의 편지에 대한 회답
및 전라도 상황 보고

+

예수 마리아 요셉

전주
1895년 10월 5일

주교님,

김한정金漢鼎이라는 경무관警務官이 저를 방문하고자 한다고 알려 주신 9월 3일 자 주교님의 편지를 잘 받았습니다. 이 편지는 10월 2일에 저에게 전달되었는데 그다음 날 경무관이 저를 보러 왔습니다.

저희는 매우 오랜 시간 온정 어린 분위기에서 대화하면서 최대한의 상호 이해 속에 일해 나가자고 약속했습니다.

저희 대화의 주제는 두 가지로 요약할 수 있습니다.

첫째, 교우들과 외교인들 간에 분쟁이 있을 경우 어느 쪽이 잘못했던 간에 경무관과 주교님의 종인 제가 서로 방문하거나 편지하여 사건을 밝히고 사실을 정확히 인지한 후에 경무관은 누구도 차별하지 않고 공정하게 판결을 내린다.

둘째, 동학도, 불학도, 그 외의 다른 종교 사람들도 자유롭게 천주교를 믿을 수 있다. 모든 이가 천주교를 믿어도 된다는 자유를 경무관이 보장한 이유는 천주교인이 됨으로써 사람들이 자기들의 품행을 개선할 수 있기 때문입니다. 만일 사람들이 천주교에 입문하는 것을 막는다면 그들은 절망하여 예전보다 더 나쁜 사람이 될 수 있기 때문입니다.

저는 첫 번째 제안에 대해서는 아무 유보 없이 서명했습니다. 두 번째 제안에 대해서는 원칙적으로는 받아들이되, 각종 불편을 피하기 위해 모든 류의 사람을 다 예비교우로 받아들이는 일에는 매우 신중하기로 다짐하였습니다. 너무 쉽게 보이면 어떤 사람들은 우리 종교를 불신하게 될 것입니다. 우리 쪽으로 오게 된 의도를 의심할 만한 이유가 있는 사람들은 받아들이기 전에 시험해 보는 것이 좋습니다. 저는 얼마 전부터 이런 방침을 따르는 게 꽤 좋은 방법이라 생각합니다.

경무관 얘기를 마저 말씀드리자면, 저희는 한 시간 정도 이야기를 나눈 후 머지않아 다시 보기로 약속하고서 서로 좋은 친구로 헤어졌습니다. 오늘 저는 어떤 교우에게서 경무관이 이미 저를 높이 평가하고 있었다는 것을 듣게 되었습니다. 이 좋은 관계가 하느님의 더 큰 영광에 이바지하길 바랍니다!

성탄날 저는 고창군수의 방문을 받았습니다. 그는 또한 감사의 고문이기도 합니다. 그는 천주교인들이 예전의 동학도들이 그랬듯이 원평에서 모인 것이 사실인지 저에게 묻기 위해 온 것입니다. 저는 그것이 동학도들이 지어낸 헛소문이라고 답했습니다. 그는 우리가 나눈 질문과 답변을 문서로 기록하여 감사에게 제출하길 원했습니다. 저는 그의 요청에 동의했고, 이 문서는 그 군수의 또 다른 문서와 함께 전주부의 사대문에 게시되었고, 전주 지역 모든 군관찰부에 보내졌습니다. 이 문서들을 주교님께 보냅니다.

만일 모든 관장들과 그 밖의 관헌들이 우리와 친하게 지내기를 바란다면 우리는 수많은 성가신 일을 면할 수 있을 텐데요. 하지만 불행하게도 우리에 대해 경무관이나 방금 말씀드린 감사의 고문과 같은 감정을 지닌 사람들은 몇 명 안 됩니다. 그럼에도 얼마 전부터 우리에 대한 외교인들의 편견이 사라지기 시작했고, 지금은 온전히 외교인으로만 이뤄진 마을에서도 동향인들의 반대 없이 누구나 우리 천주교를 받아들이고 고백할 수 있음이 확인됩니다. 심지어 많은 외교인들이 천주교를 칭송하고 예찬합니다. 다수의 입교자들이 생겨날 날이 머지않았다고 생각됩니다. 우리가 구원의 축복으로 너무도 행복하게 될 그 시간을 곧 볼 수 있도록 주교님과 다른 동료 신부들에게 기도 중에 특별히 우리를 기억해 주시길 청합니다.

주교님께 저의 성무집행 보고서와, 지난 8월 27일인가 28일에 전주를 떠난 이도현이 보낸 편지들을 보냈습니다. 이도현은 주교님의 최근 편지 일자인 9월 3일 또는 4일에 서울에 도착했을 것입니다. 그는 아마도 주교님의 편지가 이미 발송된 후에 도착했을 것입니다.

천주교인 또는 자칭 천주교인들이 했다는 고산의 이방과 호장의 체포에 대해서 주교님께서 제게 말씀하시고자 하는 바를 정확히 모르겠습니다. 예수 승천 첨례 무렵 저를 찾아왔던 함열과 용안의 몇몇 교우들을 통해 알게 된 사실은, 그들이 길에서 고산의 포졸 한 명과 함께 있는 비에모 신부의 교우들 몇 명을 만났는데, 그 포졸은 이방을 그 교우들과 함께 데리고 오라는 군수의 명령을 받고 있었다는 거였습니다. 이방은 함열에 있었기 때문에 저의 교우들이 [고산군수에게서] 파견된 자들을 만날 수 있었던 것이지요. 그러나 그들은 이방을 만날 수 없었기에 되돌아갔습니다. 2,3일 후 저는 정기방문을 시작했습니다. 제가 교우들을 방문하고 있을 때 비에모 신부가 저에게 편지로, 고산군수가 천주교인들을 동학군처럼 다루고자 하며, 그런 취지로 쓴 군수의 문서를 입수했고, 따라서 양심상 이 일을 서울에서 기소할 수밖에 없다고 알려왔습니다. 제가 한 달간의 정기방문 후 집으로 돌아왔을 때 비에모 신부에게서 또 한 통의 편지를 받았습니다. 편지에서 그는 고산군수를 프랑스 공사를 통해 기소해 달라고 주교님께 청했다고 했습니다. 이상이 이 일에 대해 제가 알고 있는 전부입니다. 저는 교우든 외교인이든 감히 고산의 이방과 호장을 체포하기까지 했다는 사실들에 대해서는 알지 못합니다. 제가 주교님께 보장할 수 있는 것은, 외교인과 교우 모두 이 군수에게서 놓여나는 것을 편안해하며 크게 기뻐했다는 점입니다. 그 군수의 행실은 참으로 비난받아 마땅했습니다. 그의 후임으로 온 고창의 군수와 경무관이 저를 보러 왔을 때, 제가 그들의 소감을 묻자 대뜸 그들은 고산군수가 천주교인과 외교인 사이의 일에서 매우 잘못 행동했다고 고백했습니다. 그는 우리의 신문교우를 부당하게 학대했고, 그 같은 사실 때문에 관헌들과 선교사들 사이에 알력들이 있었다고 말했습니다.

주교님께서는 올해 전라도에 내려오시기로 약속하셨습니다. 어느 때쯤 내려오실 생각이신지요? 어떤 경로로 오실까요? 또 어떤 교통수단으로? 전라도에는 얼마 동안 머무실 예정이신지요? 이런 것들을 알게 되는 대로 우리는 적절한 준비를 할 것입니다.

관찰사들은 모두 자기 임지에 부임했습니다. 전라관찰사는 이 모든 변화를 못마땅해할 것입니다. 그는 구체제를 선호합니다. 그는 임금에게 사의를 표했을 것입니다. 공창 여성들인 기생은 폐지되었고, 통인通引, 아전, 포졸들은 대부분 사라질 것입니다. 이런 변화는 사람들의 마음을 동요시킵니다. 경무관은 관찰사의 사직서에 왕이 답을 하기 전에는 아무것도 할 수 없습니다. 저는 이런 개혁안이 어떤 결과로 이어질지 모르겠습니다.

다른 한편 여러 관헌들이 권력 남용으로 여전히 주민들의 화를 돋우고 있습니다. 진안의 관헌이 유독 더합니다.

농사는 대체로 수확이 좋습니다. 담배 농사는 성공하지 못했습니다. 비록 양은 부족하지만 높은 가격이 산골에 사는 재배자들에게 위로가 됩니다.

콜레라는 전주에서 사라졌습니다. 환자가 있더라도 매우 드물고 증세가 나쁘지 않습니다. 이 역병으로 약 백 명이 죽었습니다. 전주의 예비교우 한 명과 멀리 떨어진 마을의 교우 두 명이 콜레라로 죽었습니다. 강경과 금강 변에 위치한 마을들에서 사망자가 꽤 많이 나온 것 같습니다. 역병은 지역에 따라 사라지고 있거나 사라졌습니다. 그러나 전라도 남쪽에서는 아직 전염병이 창궐하고 있습니다.

주교님, 그리스도 안에서 주교님의 헌신적인 아들인 저의 존경 어린 마음을 받아 주십시오.

조선의 교황 파견 선교사
X. 보두네 드림

추신

두 명의 개신교 목사가 군창에 자리 잡았습니다.

전라도 교우들의
주교 영접 준비

예수 마리아 요셉

1895년 10월 13일

주교님,

지난번에 주교님께 보낸 편지에 덧붙일 것이 하나도 없습니다. 이곳에서 새로운 일은 아무것도 없습니다. 그러나 전주에서 군인과 경찰은 서로 사이가 좋지 않습니다. 그들은 서로를 질투합니다. 그들의 적대감이 아직 밖으로 표출되지는 않았으나 조만간 터져 나올 것입니다. 경무관인 김한정은 나중에 곤란을 겪지 않을까 두려워하고 있습니다. 그는 곤란을 피하기 위해 두 권력의 권한이 한 사람 밑에 있기를 바라는 것 같습니다. 하지만 두 기관의 권한 범위가 분명하게 정해진다면 두려워할 것은 아무것도 없을 것입니다.

저는 푸와넬 신부에게 편지를 써서, 우리 교우들이 주교님을 수행할 때 필요한 돈을 지원해달라고 부탁했습니다. 주교님을 동반하기 위해 서울로 올라간 교우들은 예닐곱 명입니다. 주교님의 짐이 얼마나 되는지 모르기에 저희는 보시다시피 많은 교우를 보내지는 않습니다. 만일 짐을 들기에 교우 수가 충분치 않다면 주교님께서 몸소 서울 사람들 중 도우

미를 구해 주시면 저희가 비용을 지불하겠습니다.

주교님께서 가장 행복한 여행을 하실 수 있기를 바라며, 자기들의 최고 목자를 하루빨리 영접하기를 기다리는 모든 교우들을 대변하여 이 편지를 드립니다.

주교님의 축복을 받을 복된 날을 기다리며 제가 올리는 진지한 존경의 표현을 받아 주십시오.

주교님의 매우 순종적인 아들
조선의 교황 파견 선교사
X. 보두네 드림

새해 인사 및
단발령에 대한 소문 등 전라도 소식

예수 마리아 요셉

전주

1896년 1월 9일

주교님,

저희가 서울로 갈 기회들이 있었던 때로부터 벌써 두 달이 훌쩍 지났습니다. 그동안 세 명의 신부가 각자 맡은 지역에서 정기방문에 전념했습니다. 저희가 서로 만나지는 못했지만 편지로 소통할 수 있었습니다. 최근까지 세 신부 모두 건강한 상태입니다. 세 신부가 각기 정기방문한 시간은 겨우 한 달 정도입니다. 주교님께서는 아마도 세례라는 수확이 올해 좋은지 어떤지 궁금하실 것입니다. 지난봄보다 덜 좋은 수확이지만 그럼에도 옛날보다는 열매가 많을 것입니다. 단발령에 대한 소문이 사람들의 상상을 온통 사로잡은 때였음에도 입교의 움직임은 여전히 점점 더 많아졌습니다. 사람들은 다소 흥분해 있습니다. 지금까지 머리카락을 자른 사람은 군인과 순검巡檢, 그리고 당국자들뿐입니다. 사기들도 머리카락을 잘릴까 두려워한 주민들은 대부분 도망갔습니다. 오늘 아침 판찰사가 방榜을 붙여, 아직까지 주민들의 상투나 머리카락을 자르게 하라는 명령이 서울로부터 오지 않았으므로 잠잠히 있으라고 권하지 않았더라면 전주는 며칠 안에 텅 비었을 것입니다.

주민들은 이 단발령 사건을 유럽인들과 그들이 유럽인의 친구들이라 말하는 천주교인들을 반대하는 데 이용합니다. 그들은 말하길, 일본인이라면 조선 사람들에게 머리카락을 자르도록 강요할 엄두를 내지 못했을 것이라고 합니다. 유럽인들이 조선인들에게 그것을 명하고 조선인들은 서둘러 그들에게 복종한다고 말하지요.

지금까지는 별문제가 없고, 앞으로도 문제가 일어나리라고는 생각지 않습니다. 하지만 그 어떤 것도 예측할 수 없습니다. 주민들은 동학도들이 엄중하게 제압된 것을 기억하면서도 몇몇 정신 나간 사람들에게 쉽게 휘둘릴 수 있기 때문입니다. 이미 몇 차례나 선동적인 벽보들이 붙었지만 사람들은 잠잠합니다. 충청도 골짜기인 진잠에서 한 차례 항거가 일어났는데 곧바로 진압되었고, 죄 없는 몇 사람의 체포 외에 다른 결과는 따르지 않았습니다. 전라도 태인에서 옛 동학도 40여 명이 모여서 주민들에게 호소했지만 아무 응답이 없자 그들은 도망쳤습니다. 그들 중 일곱 명이 체포되었고, 다른 사람들은 고발되었습니다. 경찰은 이들을 사방으로 쫓고 있습니다.

대강 이상과 같은 것이 이 지역의 소식들입니다.

편지를 마치면서 저는 1896년 새해 첫날들을 그냥 지나칠 수 없어, 주교님께 시작되는 해, 다가오는 해들, 그리고 우리가 향하는 복된 삶을 위한 가장 진심 어린 새해 인사를 드리지 않을 수 없습니다.

주교님을 존경하며 순명하는 아들

조선의 교황 파견 선교사
X. 보두네 드림

추신

현재의 관헌들은 새로운 체제를 세우겠다고 공언하지만 그들의 행동은 말에 그다지 부합하지 않습니다. 작년 여름, 파면된 감사는 왕의 명으로 이전의 세금을 삭감했음을 백성들에게 알렸습니다. 그런데 새로 임명된 관장들은 이전 세금과 새로 책정된 세금 둘 다를 징수합니다. 이처럼 주교님께 조선의 정의가 어떤 식인지 말씀드리자면, 현재 전주의 경무관은 관찰사와 짜고서, 큰 홍수로 사라져 버린 예전의 논에 대해서도 세금을 징수합니다. 물난리로 그 장소를 떠나야 했던 주민들은 엄청난 손실을 피하려고 그곳을 다른 사람들에게 넘겨주었는데, 그 자리를 차지한 다른 사람들은 영문도 모른 채 엄청난 세금을 물어냅니다. 그들 대부분도 몰락하여 도망쳐야 할 것입니다.

경무관은 다른 모든 사람들과 마찬가지로 듣기 좋은 말을 하지만, 직무를 수행하면서 부당하게 돈을 갈취합니다.

여론은 현재의 관헌들이 예전 관헌들보다 더 탐욕스럽다고 봅니다.

한 달에 겨우 엽전 20냥의 봉급을 받는 새 경찰들은 모두 물러나고 싶어 합니다. 별천別薦으로 임명된 이덕화는 경찰에 들어왔는데 그곳을 떠나 다시 별천이 되고 싶어 합니다.

전라도 상황은 이상과 같습니다. 교우들은 평온하니 다행입니다.

관찰사의 탐욕과
이로 인한 교우들의 피해

예수 마리아 요셉

전주

1896년 2월 18일

주교님,

주교님께 알릴 좋은 소식만 있기를 바랐건만 관찰사의 불성실, 아니 오히려 타인의 금전에 대한 지나친 탐욕으로 인해 여러 예비교우들 가정이 몰락하게 되었습니다. 이들 중 세례받은 두 사람의 경우 때문에 저는 이 일을 주교님께 맡겨서 이런 상황에 대한 프랑스 공사의 보호를 요청드리지 않을 수 없습니다.

우리 예비교우들의 명분이 정당하다는 것은 의심의 여지가 없습니다. 여러 소송에 등장한 서류들의 증언, 주민들의 증언, 참서관參書官[47]과 경무관의 증언 등 모든 것이 이를 입증합니다. 상대편의 명분은 매우 잘못되고 증거도 없지만, 관찰사의 권력으로 뒷받침되는 한 그에 대한 모든

---

47 대한제국 때에, 여러 관청에 둔 주임 벼슬. 궁내부, 의정부, 중추원, 표훈원, 내부, 외부, 탁지부, 법부, 학부, 농상공부에 두었다.(『표준국어대사전』)

항거가 무용지물이 되고 맙니다. 관찰사는 남의 재물을 훔치길 바랐고, 아무 구실이나 이용하여 크게 도적질을 합니다. 박중현이라는 사람이 관찰사에게 이 구실을 제공했는데, 그는 바람둥이고 수치심이나 염치라곤 없으며 이미 두 차례 유배 보내진 적이 있는 사람입니다.

그는 1) 박이겸과 박문겸이라는 사람이 그들의 이모인 자기 어머니를 때렸고, 2) 박이겸은 그에게서 큰돈을 훔쳤으며 박문겸은 그의 논을 섭정[18]에게 팔았다고 주장했습니다.

첫째 혐의는 거짓입니다. 관찰사는 제가 보낸 편지들 중 하나에 대한 답장에서 그에 대해 아무런 말도 하지 않았습니다.

둘째 혐의 역시 거짓입니다. 1888년과 1889년의 판결이 이것을 입증합니다. 셋째 혐의 역시 거짓입니다. 박문겸은 자기 사촌 박중현이 경작하지 않고 버려둔 논에 대해 5년 치 세금을 내고 나서야 그것을 섭정에게 주었습니다. 그는 이미 매우 열악한 상태인 논 가격보다 더 많은 돈을 쓴 것이지요. 이 사실을 증명하는 서류들은 감사에게 있는데 그는 이것을 돌려주려 하지 않습니다.

이곳의 모든 사람이 이 일에서 관찰사가 보인 행동에 분개하고 있습니다. 그는 우리 예비교우들과 신문교우들의 논 80섬지기, 4~6개의 염전을 빼앗았을 뿐 아니라, 논 임자들에게서는 소득 징수를 두 차례나 했는데, 이로써 우리 신문교우들의 가정뿐 아니라 60~70가구가 파산했습니다. 이런 조치는 주민들과 이 지방 군수와 경무관을 분개하게 만들었습

48 흥선대원군을 가리킴.

니다. 모든 이가 관찰사가 파면당해야 마땅하다고 말합니다.

신문교우들은 논 구매 증서와 그 밖의 재산 구매 증서를 저에게 가져왔고, 저는 그것들을 감사가 빼앗아 가지 않도록 보관하고 있습니다.

이 불행한 이야기를 마치기 전에 저는 주교님께서 관찰사가 얼마나 완악한 마음을 지녔는지 아실 수 있는 사례 한 가지를 말씀드려 보겠습니다. 우리 신문교우들의 친척인 14세의 한 소년이 위에 말씀드린 것과 같은 상황으로 자기네 논 다섯 섬지기를 강탈당하게 된 것을 알고서 관찰사에게 진정서를 올려 그가 자신의 결정을 바꾸게 하려 했습니다. 소년은 관찰사를 '아버지'라고 부르며 그를 사방으로 쫓아다니며 애걸했습니다. 그 논을 넘겨주는 대가로 그와 그의 노모의 목숨을 구해 달라는 것이었습니다. 그러나 관찰사는 요지부동이었고, 아이는 재판정에서 관찰사 앞에서, 그리고 재판정을 떠나면서 많은 눈물을 흘리며 집으로 돌아갔습니다.

라크루츠 신부와 비에모 신부는 각자 있는 곳에서 건강하게 잘 있습니다.

저는 요즘 서울에서 반反혁명 움직임이 있었다는 소식을 들었습니다. 러시아인들이 힘을 얻게 되었고 일본인들은 쓰러졌다고 합니다. 전주에서 군인들을 가르치는 두 명의 일본인 교관이 이 소식에 도망쳤습니다.

저는 200명의 영세자라는 곡식단을 안게 되길 바라고 있습니다.

존경하는 마음으로 주교님께 순명하는 아들
조선의 교황 파견 선교사
X. 보두네 드림

박씨 가문 사건 관련 호소

예수 마리아 요셉

1896년 2월 19일

주교님,

박문겸과 박이겸의 사건이 악화되고 있습니다. 관찰사는 그의 한심한 피보호자 박중현이 매우 잘못했음에도 그의 편을 듭니다. 그는 오늘 아침 박중현과 함께 서울로 떠났는데, 전주를 떠나면서 그는 이 일을 해결하기 위해 서울로 올라가지 않을 수 없다고 말했습니다. 다시 말해 가장 큰 거짓말로 최선을 다해 이 일을 미화하기 위해서입니다. 왜냐하면 그는 자기주장을 뒷받침할 단 하나의 그럴듯한 증거도 갖고 있지 않을 테니까요.

게다가 우리 편에서 뒤처진 점도 있었습니다. 왜 그렇게 되었는지 설명드리겠습니다. 박씨들 가운데 세례받은 이가 서울로 올라가야 했는데 어제 주막에서 그만 앓아눕게 되었습니다. 두 달간 감옥에 있다가 최근에 풀려난 그의 형제 하나가 그 대신 주교님을 뵈러 가야 합니다. 그는 소송의 증거가 될 서류들을 가지고 갈 것입니다.

관찰사가 잘 아는 사람인 그는 도중에 아무 이유 없이 체포될 수 있으므로 저는 그에게 편지 한 통을 주었습니다. 고창의 박씨가 이 문제에 대해 상세히 적은 편지 한 통을 가지고 먼저 떠났습니다.

주교님, 너무도 가여운 이 가족을 위하여 프랑스 공사 앞에서 제발 변호해 주시길 청합니다. 이 재판에서 승리한다면 전라도의 천주교에 큰 도움이 될 것입니다.

그러나 재판에서 패배한다면, 특히 조민희趙民熙가 관찰사 자리를 유지한다면 큰 불행일 것입니다. 조민희는 고집쟁이고 도둑입니다. 우리 사이에 어려움이 생긴 것은 그가 그렇게 원했기 때문입니다. 그가 교우들에게 행한 자잘한 잘못들은 주교님께 말씀드리지 않겠습니다.

주교님, 제 생각에 관찰사는 주교님을 찾아가 온갖 감언이설을 늘어놓을 수 있다고 봅니다. 주교님께서는 그의 말에 속지 마시기 바랍니다. 저는 그와 함께 박씨의 일을 원만하게 해결하고자 했습니다. 그러나 그가 그것을 원치 않았습니다. 저의 편지에 매우 차갑게 답하는 그의 편지를 읽으면서, 저는 그가 박씨의 재산을 손안에 쥐고 있으면서 절대로 돌려주지 않으리란 것을 알았습니다. 그의 행실을 보시고 판단해 주십시오.

그의 부하 관리들과 그 때문에 비참한 생활로 내몰린 가난한 농부들은 그가 관찰사 자리로 되돌아오지 않는다면 안도하며 기뻐할 것입니다.

그리스도 안에서 헌신적이고 순종적인 주교님의 아들
조선의 교황 파견 선교사
X. 보두네 드림

추신

저는 관찰사가 현재 감옥에 있는 우리의 예비교우 두 명을 사형시키게 하려고 서울로 올라갔다는 사실을 알았습니다. 주교님, 제발 저희를 도와주십시오. 이 일을 프랑스 공사에게 확실하게 의뢰해 주십시오.

관찰사는 경무관이 저와 교분이 있다는 이유로 그에게도 적대적인 태도를 보이고 있습니다.

경무관은 결백하며, 그는 매우 훌륭하게 행동하고 있습니다. 이것은 단순한 질투일 뿐입니다.

우리 일이 잘 이루어지려면 다음의 것이 이뤄져야 합니다.

1) 박중현을 체포할 것.
2) 관찰사의 공모자들인 주사主事들을 체포할 것.
3) 관찰사를 처벌하고 파직할 것.
4) 약탈당한 박씨들의 재산을 환급하고, 또한 징수한 세금을 논 경작자들에게 돌려줄 것.

박씨 가문 사건에 대한 의견 및
전라도 봉기 소식

예수 마리아 요셉

1896년 3월 17일

주교님,

오늘 서울로 올라간 경무관 편에 주교님의 3월 4일 자 편지에 대한 저의 답장을 보냅니다. 단도직입적으로 주교님께 감히 말씀드리지만, 제가 박씨 집안 일에 관여하는 것이 지나친 선의였을지도 모르겠습니다. 그러나 이 가족은 관찰사의 보호를 등에 업은 몇몇 사람의 탐욕 때문에 너무나 비참한 처지에 떨어졌기에, 부하 관리들이 상관인 관찰사에게 올리는 건의도 그 일을 취하하게 만들 수 없었습니다. 게다가 사방에서 오는 편지나 여론 때문에 저는 관찰사로 하여금 처음 결정을 번복하도록 편지를 보내지 않을 수 없었습니다. 저는 두 달을 버티며 온갖 충고에 저항했습니다. 그리고 이 긴 시간 동안 관찰사로 하여금 좀 더 올바른 판결을 내리도록 촉구할 방법이 더 이상 없음을 본 저는 마침내 그에게 편지 한 통을 보냈습니다. 그는 이 일을 서울로 가지고 가며, 이 일이 자기와는 더 이상 관계가 없다고 답했습니다. 그것은 거짓말이었습니다. 이들은 거짓말을 해도 아무 처벌을 받지 않음을 저는 잘 압니다. 제가 주교님께 편지를 쓴 것이 이때입니다. 저는 너무 선량했는지 모르겠지만, 프란치

스코 살레시오 성인이 말했듯이, 지나친 선량함 때문에 죄를 짓는 것이 지나친 무관심 때문에 죄짓는 것보다 낫습니다.

오늘 저는 관찰사가 파면되었음을 알게 되었습니다. 저희와 박씨 집안에 좋은 소식입니다.

경무관은 박씨 집안 일 때문에 관찰사에게 공격을 받았습니다. 저는 경무관이 이 일에서 올바르게 처신했다고 보증할 수 있습니다. 그는 관찰사가 이 일을 맡는 일이 없도록 최선을 다했습니다. 그는 자신이 옹호하는 사람들로부터 엽전 한 닢도 받지 않았습니다. 게다가 그는 투옥된 가련한 죄수들의 불안을 완화해 주려 애썼습니다. 더구나 그는 동요가 큰 주요 사건들의 경우 언제나 능숙하게 처리했고 적임자임을 보여 주었습니다. 저는 주교님께 보낸 편지에서 이 사람이 백성의 돈을 부당하게 갈취하는 줄 알았다고 말했습니다. 많은 교우들의 말에 의하면, 돈을 갈취한 사람은 경무관이 아니라 관찰사일 것입니다.

이 경무관이 주교님을 뵈러 갈 것입니다. 저희 두 사람은 사이가 좋다는 것을 주교님께 말씀드리는 것으로 충분하길 바랍니다. 그는 저의 일 몇 가지를 도와주기도 했습니다.

오늘 저는 매우 안 좋은 소식을 알았습니다. 다른 지역에서 일어난 다양한 봉기에도 평온하게 머물던 전라도가 봉기를 시작했다는 소식입니다. 라크루즈 신부가 이 소식을 저에게 전해 주었고, 오늘 이 사람들의 진정서가 전수 당국에게까지 전달되었습니다. 저는 그 사본 한 부를 입수했습니다. 좋으신 하느님께서 우리를 도와주시길 빕니다!

박씨 집안은 열심히 교리를 배우고 있습니다.

라크루츠 신부의 경의에 저의 존경을 합하며, 주교님의 충실한 선교사로서 인사드립니다.

조선의 교황 파견 선교사
X. 보두네 드림

적대적인 관찰사 등의 위협과
개신교도와의 차별 대우에 대한 하소연 및
진위대 참위 옹호

✚

예수 마리아 요셉

1896년 7월 4일

주교님,

전주의 교우인 김 요셉이라는 사람이 서울로 올라가기에 주교님께 편지를 쓰게 되었습니다. 이 기회에, 저의 지난번 편지 이후 일어난 최근 일에 대해 알려 드립니다.

지난번 편지는 성체성혈첨례 무렵에 쓴 것인데 주교님께서는 받으셨는지요? 그 편지에는 잘못 행동한 천주교인들에 대하여 백성에게 보내는 두 개의 회람이 동봉되었는데, 하나는 선유사宣諭使[49]가, 다른 하나는 함열의 현감縣監이 쓴 것입니다. 그다음에 비에모 신부가 푸아넬 신부에게 한 통의 편지를 썼고, 라크루츠 신부가 주교님께 두 통의 편지를 썼는데, 이 모

---

[49] 나라에 병란(兵亂)이 있을 때에, 임금의 명령을 받들어 백성에게 훈유(訓諭)를 알리던 임시 벼슬. 또는 그런 벼슬아치.(『표준국어대사전』)

든 편지는 조선 우편국을 통해 발송되었습니다. 저희는 이 편지들이 각 수신인에게 제대로 전달되었는지 모르겠습니다. 현재까지 아무 답장을 못 받았으니까요. 사실 지난 피정 이래로 그 어떤 편지도 받지 못했습니다.

서울에서 돌아온 지 한 달 후 저는 프랑스 공사의 역관譯官인 이 베드로의 편지 한 통을 받았습니다. 그것을 이 편지에 동봉합니다. 그 편지를 간직하시거나 이 베드로에게 보내시거나 주교님께서 좋다고 생각하시는 쪽으로 해 주십시오. 그 편지의 내용에 대해 제 쪽에서 그 어떤 반응도 하지 않겠습니다. 저는 다만 그 편지가 한 가정의 구성원 모두에게 재산상 손해를 끼쳤을 뿐 아니라, 저와 천주교인들의 평판에도 크게 손상을 입힌 계기였다는 말씀만 드립니다. 그가 저에게 편지를 썼든 쓰지 않았든 저는 더 이상 이 일에 신경 쓰지 않고 있었습니다. 사실 사람들은 더 이상 거기에 대해 이야기하지 않았습니다. 그 이후에 저도 특별히 더 마음 쓰지는 않았습니다. 그렇다고 해서 아무 일이 없지는 않았습니다. 서울 사람 김만용이 신문기사 하나면 쉽게 저를 조선에서 추방할 수 있다는 둥, 제 목에 칼을 찌르면 칼이 꽤 잘 들어갈 거라는 둥 하는 말로 수많은 사람이 보는 앞에서 저를 크게 두 번 모욕했습니다. 그와 같은 무리인 어떤 00라는 사람은 저를 겨냥하는 진정서를 관장에게 보냈고, 관장은 관찰사와 한목소리로 천주교에 대한 증오를 드러낼 수 있음에 희희낙락하며 비열한 방식으로 그 진정서에 답했습니다. 진정서는 서울로 보내졌습니다.

참서관參書官인 박정양朴定陽과 서울의 두세 사람이 한편이 되어 천주교와 교우들을 모욕했다는 사실을 덧붙이는 것으로 충분할 것입니다. 관찰사는 모든 관장들에게 교우들에 대해 나쁘게 말하고, 잘못을 범하는 교우가 있으면 자기에게 고발하도록 단단히 이르고 있습니다. 그는 사형에 처할 만한 잘못을 한 교우를 찾게 되면 행복하겠다고까지 말합니다. 현재까지는 하느님의 은총으로 우리 교우 중 어느 누구도 그의 손안에 들어간 사람은 없습니다. 개신교 신자들은 아무리 잘못 행동해도 전혀 괴롭힘을 당하지 않습니다. 그들은 무슨 구실만 있으면 주민들을 비참하게 만드는 짓을 버젓이 저지릅니다. 개신교 선교사들과 조선 개신교도들은 법원에 가지 않고 스스로 판결을 내립니다. 조선 개신교도들은 탈선 행위를 하면서도 스스로를 성교인聖敎人으로 칭하는 데 거리낌이 없습니다. 바로 이런 이유로 조선 백성들은 공공의 평화를 교란하는 자들이 속한 종교에 무관심하고 우리 교우들을 평화 교란자로 고발하는 것입니다. 관헌들은 개신교도들의 잘못에 대해서는 눈을 감고 아무 제재도 가하지 않지만 우리 교우들의 잘못에 대해서는 그렇지 않습니다. 저는 개신교도들의 법 위반 대부분에 대한 사례를 만들어 주교님께 보내드릴 생각입니다. 필요할 경우 이는 유용하게 쓰일 것입니다.

제가 분개하는 또 하나의 일은, 사람들이 천주교가 옛 동학교도들 다수를 받아들였다고 고발한다는 것입니다. 이런 고발로 천주교는 많은 곤란을 겪고 있습니다. 이 같은 주장은 거짓입니다. 몇몇 옛 동학교도가 교우가 된 것은 사실이지만, 그들의 행실은 대부분 방정합니다. 그 반면 개신교에 입교하는 사람들을 살펴보니 그들 중 많은 이가 동학운동 당시 그다지 명예롭지 않은 역할을 한 사람들입니다. 그들 중 몇몇은 현재 전주의 개신교 목사와 좋은 관계에 있습니다. 박씨들과 전답 문제로 분쟁 중인 박중현朴仲絃 이자는 접주로서 많은 사람을 빈털터리가 되게 만들었고, 그의 내연녀가 현재 개신교도의 집에서 가정부입니다. 동학도 무리의 주동자 중 하나인 임씨라는 자는 당시 동학도의 우두머리였고 오늘날은 큰 도둑입니다. 또 전주의 모든 사람이 도둑으로 알고 있는 조씨라는 사람 등입니다. 이런 유의 작자들을 모두 밝히고자 한다면 끝이 없을 것입니다.

저는 이 나라와 전라도 주민 전체를 다스릴 자격이 있는 어떤 사람에 대해 주교님께 말씀드리지 않을 수 없습니다. 그 사람은 진위대의 참위입니다. 그는 4월에 의병으로 혼란스러워진 나주의 질서를 바로잡으러 가라는 명령을 서울의 장군으로부터 받았습니다. 이 장교는 흔쾌히 복종하여 받은 명령을 정확하게 이행했습니다. 조선인으로서 가장 귀감이 된 것은 군인들의 학대행위를 금지하는 엄격함과 일을 해결하는 지혜를 통하여 그가 주민들의 칭송을 자아냈다는 것입니다. 주민들은 그를 기리기 위해 돌이나 나무로 된 기념물을 세움으로써 그의 행동에 대한 만족을 표시했습니다.

그런데 이제 전임 외부대신인 민종묵閔種默이 서울의 내부대신 앞에서 전주의 참위가 개인적 복수심에서 반도들의 대장을 처형했다고 고발하는 일이 발생했습니다. 참위는 서울의 장군에게 명령받은 바를 이행한 것이고, 반도들의 두목은 나주목牧의 당국자들을 죽였으므로 처형받아 마땅하다는 점에서 민종묵의 고발은 잘못된 것입니다. 저는 이 장교가 우리에게 헌신적이었고 이미 저희를 많이 도와주었기에 주교님께 그에 대해 말씀드리는 것입니다. 그가 베푼 여러 가지 도움을 고려하지 않는다 해도 그의 무죄가 인정되는 것은 바람직합니다. 이 장교의 가정에는 교리를 배우는 사람이 하나 있습니다. 장교 자신도 오래전부터 자기 동생에게 교리를 배우도록 조언할 생각이었고, 동생이 배운 후 자신도 교리를 배울 생각이었습니다. 이 사람은 여러 번 저를 보러 왔는데 여러 가지 점에서 매우 괜찮은 사람으로 보였고, 그는 전주에서 가장 신뢰받는 사람들 가운데 하나입니다.

숙고한 끝에 저는 주사의 편지를 되돌려보내려는 생각을 접습니다. 그가 그 사실을 알게 되면 그에게 너무 큰 고통일 것이니까요.

전라도의 두 신부는 건강하게 잘 지내고 있습니다.

주교님, 저의 찬사와 존경을 받아 주십시오.

주교님의 헌신적인 선교사이며
조선의 교황 파견 선교사
X. 보두네 드림

지난 사건의 추이 보고,
새로 부임한 관찰사에 대한 평가 외

예수 마리아 요셉

1896년 9월 16일

주교님,

주교님께서 7월 2일, 8월 4일, 8월 7일에 쓰신 세 통의 편지 잘 받았습니다. 8월 4일 자 편지는 진안의 한 교우 편에 왔기에 8월 7일 자 편지보다 한참 뒤에 받아 보았습니다.

주교님께서 보내주신 모든 소식에 감사드립니다.

제가 답장할 날을 기다린 것은 주교님께 새 관찰사와, 저의 이전 편지에서 말씀드린 여러 가지 일들이 어떻게 되었는지에 대해 말씀드리기 위해서였습니다.

새로운 관찰사는 저의 방문에 꽤 친절한 태도로 응했습니다. 그는 천주교인과 외교인 사이에서 일어날 수 있는 분쟁에 대해 저와 타협하기를 바랐습니다. 이 관헌은 현재까지 좋은 평판을 얻고 있습니다. 너무 많은 돈을 인출한 혐의로 체포되어 감옥에 갇힌 장성의 8~9명의 교우들 중 몇 사람은 탈옥했고, 다른 사람들은 전임 관찰사의 이임 전날 전주에서 각자 스무 대씩 곤장을 맞고서 석방되었습니다. 그들의 잘못은 그 같은 벌을 받을 만한 게 아니었습니다. 그들의 불행은 다만, 다른 사람들에게 본이 되도록 그들의 잘못을 침소봉대한 못된 관찰사와 군수를 만났다는 것뿐입니다. 동학도로서 체포된 김창문金昌文은 여전히 감옥에 있습니다. 최근에 그는 장성에서 정읍, 고부, 태인으로 이송되었고, 옮길 때마다 각 군에서 서른 대의 곤장을 맞았습니다. 전임 관찰사가 현 관찰사에게 그를 큰 죄인으로 고발했을 것입니다. 그의 아들이 올린 진정서에 대한 현 관찰사의 답장에 따르면 그는 엄한 벌을 받을 것으로 생각됩니다. 그는 강제노역이나 사형에 처해질까요? 저는 그저 이 몇 가지 추측에서 멈추려 합니다. 저는 감히 새 관찰사 앞에서 그를 변호하지 못하겠습니다. 시작부터 새 관찰사와 사이가 틀어질까 염려되기 때문입니다. 제가 할 수 있는 모든 것은 관찰사의 친구 한두 명에게 그를 위해 힘쓰도록 제안하는 것뿐입니다. 어쩌면 이런 방법은 우리 사이의 일치를 깨지 않고도 성공할 수 있을지 모릅니다. 주교님께서 그를 위해 무언가를 하실 수 있다면 더 좋을 것입니다.

저는 한 가지 특별한 일에 대해 주교님께서 라크루츠 신부에게 내리신 결정을 신부에게 알렸습니다. 그것은 지난 편지에서 주교님이 주신 결정과 동일한 결정이었습니다.

저는 주사 이 베드로의 편지를 찢어 버렸습니다. 그 일을 완전히 잊기 위해서입니다. 김만용의 이름은 한사로 金萬容이라고 적습니다.

주교님께서는 이 두 가지 일에 대해 걱정하시지 마십시오. 그것들은 현재로서는 아무 영향도 끼치지 않고 있습니다. 김씨는 서울로 돌아갔습니다.

개신교도들의 행실은 매우 나쁩니다. 동학도들이 날뛰던 시절에 이름을 떨친 모든 나쁜 자들이 개신교 진영에 합류했습니다. 그들은 날마다 백성을 억압하고 백성의 재산을 훔치고 있습니다. 모든 이가 이에 대해 불평하지만 당국은 이들의 악행을 금지하러 들지 않습니다… 곧 다시 편지 올리겠습니다.

그리스도 안에서 매우 순종하는
주교님의 선교사
조선의 교황 파견 선교사
X. 보두네 드림

주교 방문 이후의
상황 보고

+

예수 마리아 요셉

전주

1897년 2월 8일

주교님,

비에모 신부 집에서 주교님께 하직 인사를 드린 후, 저는 꽤 만족스러운 마음으로 전주로 돌아갔습니다. 제가 떠날 때 아팠던 전교회장이 완전히 또는 부분적으로라도 회복되었을 것이라고 생각했기 때문입니다. 그러니만큼 그의 마지막이 머지않았다는 말에 제가 얼마나 놀랐겠습니까. 과연 그 다음 날인 주일에 그는 임종에 들어가 월요일 정오경에 죽었습니다. 이 사람의 죽음은 전주와 그 주변 마을에 큰 상실이었습니다. 그는 외교인들의 회심을 위해 큰 열성을 기울였으니까요.

주교님을 시울까지 동행했던 두 사람은 며칠 동안 궂은 날씨 속에서 7일 긴 여행한 끝에 이제지녁에 도착했습니다. 주교님께서 그들 편에 보내주신 선물들은 제가 받는 이들에게 전달하였으며, 그들은 주교님의 배려에 매우 기뻐했습니다. 중대장은 상관인 대장에게 상자 하나를 건네주었고, 대장은 오늘부터 벌써 주교님께 편지와 봉투가 담긴 소포를 보내면서 화답하려 서두르고 있습니다. 저는 비에모 신부의 파발꾼을 통하여 그것들을 부쳤습니다. 경무관 김한정은 제가 고산에서 돌아온 후에 저를 보러 왔습니다. 주교님께서 아직 저의 집에 계신 줄 알았던 것입니다. 그는 주교님께서 서울로 돌아가셨다는 것을 알고는 매우 놀라워했습니다.

저로서는 주교님께서 당신 종인 저에게 보여 주신 관심에 황송합니다. 샤르트뢰즈Chartreuse[50] 한 병이라뇨! 결국 저희는 주교님의 건강과 주교님이 남겨주신 좋은 추억들을 기억하며 마시고야 말겠지요. 혼자서가 아니라 다른 동료들과 함께 말이지요.

주교님께 진심 어린 경의를 표하며
스스로를 주교님의 헌신적인 선교사로 여기는 것을 기뻐하는
조선의 교황 파견 선교사
X. 보두네 드림

---

[50] 샤르트르 수도원에서 만드는 약초 술.(『프라임 불한사전』, 동아출판)

진안현감의 탐학과
이로 인한 교우들의 고통

+

예수 마리아 요셉

전주

1897년 3월 15일

주교님,

주교님께서 지난번 편지를 통해 주고자 하신 여러 좋은 소식들에 대해 감사드립니다. 그토록 많은 좋은 소식을 받는 데에 익숙지 않게 된 지가 꽤 오래되었습니다. 우리의 새 당가 신부는 좋은 소식을 주는 데에 너무나 인색합니다!

주교님께서는 전라관찰사에 대해 꽤 호의적인 증언을 해 주신 덕분에 그는 큰 걱정 하나를 덜었습니다. 이 사람은 자신에게 관심을 가져주는 것이 기쁜 듯합니다. 그 자신이 직접 남의 일을 돌보고 정리하는 것, 설령 감사의 마음과 정의가 그를 그렇게 하도록 요청한다 해도, 그것은 완전히 별개의 문제입니다.

주교님께서 서울에서 전라도에 대해 좋게 이야기하시던 시절이었건만 진안현감은 서울과 지방의 몇몇 인물들과 담합하여 서울에 모여서 탁지부 대신에게서 두 명의 교우들에 대한 체포 명령을 얻어냈습니다. 두 교우가 진안의 전답 사건에서 진안현감에게 거짓말을 했다는 이유였습니다. 그러나 이 문제는 매우 단순했습니다. 교우의 것이든 외교인의 것이든 간에 위에 말한 전답은 한 번도 정부의 전답으로 여겨진 적이 없었습니다. 문서들이 이를 입증하며, 해당 도조賭租의 징수에 있어서 이전에는 전례가 전혀 없었습니다. 두 교우는 정월 13일에 체포되어 현재까지 전주 감옥에 있습니다. 집과 세간 그리고 그들에게 속한 모든 것이 지역 현감에게 몰수되었습니다. 그들이 고소하기 위해 서울에 올라갔을 때 관계된 사람들이 그들에게 경비를 주었는데, 이 경비를 배상하기 위해서라는 것입니다. 현재 현감인 이 지역의 현감은 주민들이 두 교우에게 자기네 수고에 대한 갚음을 요구하게 만들었습니다. 그는 이렇게 행동함으로써 교우들에게서 무언가를 얻기를 바랐습니다. 그는 심지어 그런 의도를 표현하기까지 했습니다. 교우들은 그에게 아무것도 주지 않았습니다. 그들이 받은 쌀값으로는 현감과 그 밖의 사람들, 예를 들어 아전 같은 사람들의 욕구를 만족시킬 수 없었기 때문입니다. 자기의 실패에 격노한 현감은 두 교우에게 그 대가를 단단히 치르게 하길 바랐습니다. 제 생각에 그가 탁지부대신에게 두 교우를 체포하고 백성의 전답을 훔치게 한 까닭도 바로 여기에 있습니다. 그것이 정부의 이익을 위해서일까요? 아닙니다. 자기들의 이익을 위해서입니다.

체포된 두 교우의 재산뿐 아니라, 그들 중 한 사람의 형제인 또 다른 교우의 재산까지도 약탈당했습니다. 그는 이 일에 아무 관련도 없는데 말입니다.

게다가 감옥에 갇힌 두 교우에게 배상으로 주어진 쌀을 구매한 교우들

약 스무 가구는 쌀값도 받지 못한 채 그 쌀을 도로 현감에게 내놓아야 했습니다. 거기서 교우들은 비참의 나락으로 떨어질 것입니다. 저는 관찰사에게 정의로운 판결을 해 달라고 세 차례 편지를 썼고, 주민들은 진정서를 올렸으며, 감옥에 갇힌 교우들은 자신들에게 죄가 있다면 재판을 받고 벌을 받게 해 달라고 했지만 모든 것이 아무 소용이 없었습니다. 돈에 대한 애착이 그들의 눈을 멀게 하여 그토록 큰 도적질을 하게 한 것입니다. 저는 주교님께서 이 사건의 상태를 아시도록 한문으로 된 복사본을 보내드립니다. 그것을 고관들과 우리의 공사가 알도록 전할 방법이 있다면 우리 교우들과 주민들의 상황을 개선할 수 있을 것입니다. 우리 교우들이 현재 처해 있는 난국에서 벗어날 수 있는 길을 조언해 주십시오, 주교님.

경기도의 한 교우로부터 알릭스 신부가 수원의 포도청 건물을 샀다고 들었습니다. 그것이 사실입니까? 저도 이곳의 포도청 건물을 살 수 있습니까? 그러려면 어떻게 해야 할까요? 경당으로 사용하기 좋을 것 같습니다. 그 건물은 붕괴 직전입니다. 가격은 제 생각에 천 냥을 넘지 않을 것입니다. 주교님께서 제가 그 집을 구매하는 데 도움을 주실 수 있을 것입니다. 서울에서 관찰사에게 명령이 오지 않는 한 그런 거래는 이곳에서 성사되지 않는 것 같습니다.

진안현감 관련 탄원 결과 보고 및 전라도 특사의 공격을 받는 중대장 김병욱 옹호

✢

(1897년) 3월 18일

3월 15일에 쓴 편지를 마치려는 무렵 진안의 한 교우가 저에게 와서, 3월 15일 자로 예고된 진안현감의 몰수를 고려하여 교우들과 외교인들이 합심하여 현감과 관찰사에게 탄원하러 나서기로 했다는 소식을 전했습니다. 저는 이 새로운 시도의 결과를 기다렸습니다. 기다리기를 잘한 것이, 어제 관찰사가 좋은 답을 주었으니까요. 두 교우는 진안으로 돌려보내질 것이고, 며칠 내로 완전히 석방될 것이라고 합니다. 그들의 재산은 반환될 것이고, 쌀의 수익은 징수되지 않을 것이라고 합니다. 우리가 바라던 바지요.

확실히 그것들은 단지 약속일 뿐입니다. 과연 지켜질까요? 타인의 재산에 대한 탐욕이 여전히 정의와 민중의 외침을 압도할까요? 지켜보면 알겠지요.

그럼에도 이 일을 주교님께 보고드립니다. 심지어 대신大臣들이 보낸 이들의 재산마저 훔치는 도둑들이 대중에게 알려지는 것이 좋을 것입니다. 이들은 엄벌에 처해져야 할 것입니다. 진안현감은 공모죄로 파직되어야 하고, 관찰사 자신도 주민들의 외침에도 죄인들을 처벌하지 않고 도와준 사실에 대해 엄중한 문책을 받아야 합니다. 아! 정부의 모든 것이 돈의 힘으로, 부패에 의해 움직이는 이 나라에서 무엇을 희망할 수 있겠습니까.

최근에 전라도에 특사 한 명이 내려왔는데, 그는 경박해 보입니다. 그는 도착하자마자 듣지도 않고 무작정 사방에 방을 붙였습니다. 군인과 대장들의 명예를 훼손하는 문서였습니다. 제 생각에 그는 이미 서울에서 몇몇 불만분자들과 공모하여 이 문서를 작성했을 것입니다. 그는 자신이 사신으로 임명되는 것을 그들이 도와주면, 의병 사건에 가담한 혐의로 작년에 벌을 받은 그들의 친척이나 친구의 원수를 갚겠다고 약속했을 것입니다. 여기서 우리는 전임 독판 민종묵의 손길을 알아볼 수 있습니다. 그의 형제는 의병 사건으로 악명 높았는데, 군인들에게 붙들려 서울로 압송되었습니다. 또한 기가奇家들도 무언가 여기에 가담한 것으로 보입니다. 그들은 사형당할 만한 일을 한 자기네 무리 중 하나의 평판을 회복하고자 하는 것입니다. 아전이었다가 관헌이 된 정씨라는 사람이 전주의 중대장에게 살해당했는데, 그는 죽을 만한 자였습니다. 왜냐하면 그는 정부의 관리 세 명을 죽였을 뿐 아니라 의병 대장들 가운데 하나로 여겨졌기 때문입니다.

이 문서는 전주의 제 가장 충실한 친구인 중대장을 주 대상으로 겨누고 있습니다. 이 사람이 벌을 받는다면 유감스러운 일일 것입니다. 나주 사건에서 그는 너무나 훌륭하게 처신했습니다. 주민들은 그를 칭송할 일밖에 없으며, 더군다나 그는 전주의 모든 선한 사람들에서 좋은 평판을 받습니다.

주교님께서 그럴 기회가 있으시다면 우선 이 사람에 대해 좋은 증언을 해 주시고, 그다음 이곳 군인들에 대해서도 좋게 증언해 주시길 바랍니다. 조선 당국자들, 특히 전 독판인 민종묵에게나 또는 프랑스 공사에게 그렇게 해 주시길 바랍니다. 그것은 진실일 수밖에 없을 것입니다.

제가 여기서 말씀드리는 중대장은 주교님께서 두 차례 보신 적이 있고, 담배 선물을 주교님께 드린 김병욱金秉旭입니다. 게다가 그는 우리에게 가마를 얻어 주었습니다.

주교님, 그리스도 안에서 깊이 순명하는 주교님의 선교사의 겸손한 존경을 받아 주십시오.

조선의 교황 파견 선교사
X. 보두네 드림

라크루츠 신부와 비에모 신부는 잘 지내고 있습니다.

진안현감 교체 소식
및 신부들의 숙소 관련 보고

✝

예수 마리아 요셉

전주
1897년 6월 21일

주교님,

저희가 서울에 다녀오는 동안 이곳 교우 공동체의 상황은 이전과 변함이 없었습니다. 교우들 편에서 그 어떤 나쁜 일도 없었습니다. 진안에서도, 비록 교우들을 체포하여 둔답이라 불리는 논의 수확에 세금을 물리라는 탁지부 대신의 새로운 명령이 있었음에도, 그리고 진안현감이 서울의 명령을 지체없이 이행하겠다는 전령傳令을 반포했음에도, 진안현감은 지금까지 그 명령을 하나도 따르지 않았습니다. 게다가 저는 최근에 진안현감이 바뀌어 홍완洪琓[51]이라는 인물로 교체되었다는 소식을 들었습니다. 주민들은 최악의 그 현감이 떠나는 것을 보게 되어 매우 만족스러워합니다.

---

51 1897년 6월에 부임하여 1898년 3월에 이임하였다.(진안문화원)

우리는 여전히 베르모렐 신부를 기다리고 있습니다. 오늘에야 저는 떠도는 소문으로 베르모렐 신부가 평야의 2~3 공소를 다녔고 그저께 또는 어제 되재에 들렀음을 알게 되었습니다. 이 신부가 강경에서 적당한 집을 사기가 어려울 거라고 생각합니다. 큰 집이 드문 것은 물론이고, 장마철에 마당과 부엌이 물에 잠기는 불편을 겪지 않으려면, 반드시 약간 높은 지대에 있는 집을 마련해야 합니다. 저는 강경의 전교회장으로 하여금 복사인 박 요셉과 함께 신부의 사정에 적합한 집을 찾아보도록 부탁하였습니다. 아직까지 그들의 작업에는 아무 성과가 없습니다.

드예 신부는 아천리에 있는 숙소를 손보았습니다. 비가 새니까요. 더구나 이 집은 너무나 기울어져 있어서 여름에 큰비가 오면 무너지고 말 것입니다. 안타깝게도 드예 신부가 더 나은 곳을 찾지 못한다면 그 집에서 여름을 나야 할 것입니다. 여러 곳에 매매 대상으로 나온 큰 집들이 있지만 그 집들은 교우촌에서 멀기 때문에 살 수가 없습니다. 그리고 새로 부임한 신부가 그곳에 자리 잡는 것은 주민들의 적대적인 태도 때문에 신중치 못한 일일 것입니다.

주교님께서 전주의 포도청 건물을 구입하기 위한 조치를 취하시는 것은 소용없는 일입니다. 그 건물들은 공묘孔廟를 복구하기 위해 이미 허물었기 때문입니다.

주교님, 주교님께 온전히 헌신하는 선교사의 존경 어린 경의를 받아 주십시오.

조선의 교황 파견 선교사
X. 보두네 드림

전라도 교우 공동체 발전상 및
선교에 장애가 되는 개신교도의 행태 외

✝

예수 마리아 요셉

전주

1897년 8월 2일

주교님,

주교님께서는 전라도 순시 동안 올해에 전라도에서 있을 흥미로운 모든 사건들을 틀림없이 주목하셨을 것입니다. 그런 만큼 주교님께서 저희에게 주실 보고서에 비하면 초라하기 그지없는 보고서를 드리려는 오늘 저의 시도는 신중치 못한 일일지 모르겠습니다. 그럼에도 제가 보고를 드리려 하는 이유는, 연례 의무를 다하고 또한 주교님의 명령에 순종하기 위해서입니다. 더군다나 전체 교우 공동체와, 특히 흥미로운 일이 있을 만한 몇몇 공동체들에 대하여 대략적으로 말씀드리면 저의 임무는 충분히 채워질 것입니다.

선라노의 교우 공동체는 동학난으로 말미암은 비참한 상황에서 상당히 빨리 회복했습니다. 2년을 고되게 노동하며 보냈는데 그 결과 수확이 풍성한 2년을 누리게 되어 전라도 교우 공동체는 1894년 초 무렵과 같은 상황을 회복하기에 충분했습니다. 이 평온함과 부지런한 노동이 지속된다면, 상대적으로 안정된 생활을 하는 우리 교우들이 머지않아 선교사의 일을 도우러 올 수 있을 것입니다!

물질적 측면에서 좋은 조건이 마련되어 앞으로 계속 번영할 것을 기대하게 되듯이 교우 공동체의 도덕적 측면도 바람직하게 진보하고 있다고 생각됩니다. 천주교인들은 단순성과 관대함과 지적 노력에서 돋보입니다. 사실 그들은 교리의 주요 요점들을 배우길 좋아하고 다른 이들에게도 그것을 가르치길 좋아합니다. 이웃과 부모 또는 친구들을 깨우치려는 이 열성은 최근 몇 년간 제가 사목하는 지역에서 수많은 영세자가 나온 연유입니다. 놀랍게도 몇몇 신문교우들은 오래된 교우들보다 우리 성교를 알리는 데 더 열심입니다. 이처럼 성당리(함열), 석동(용안), 법련동(장수)은 3, 4, 5년 전에 교우들이 없던 마을들이었는데 성당리는 60명, 석동은 45명, 법련동은 40명의 교우가 살고 있습니다. 이 새 교우들의 양성은 세 사람 덕분입니다. 오래된 교우 한 명과 두 명의 신문교우들인데, 그들은 수많은 노력 끝에 신앙의 선물을 자기 이웃들과 친구들에게 전하는 데 성공한 것입니다.

이처럼 이미 양성되어 오래된 공동체들처럼 정식으로 운영되는 이 세 공동체 외에도 남원에 하나, 임실에 두 개의 공동체가 형성되는 중입니다. 또한 기쁘게도 남원과 임실의 여러 곳에서 천주교를 향한 움직임이 더 강해지고 있음이 확인됩니다. 안타까운 것은 가장 가까운 교우들이라고 해봤자 3리, 4리, 5리씩 서로 떨어져 있다는 점입니다. 이 같은 거리는 몇몇 예비교우들의 신앙에 해로울 수 있습니다. 만일 그들이 처음부터 자기네 친척이나 이웃 사람의 너무 강한 악감정에 부딪친다면 말입니다.

사실 저는 예비교우 한두 명이 있는 곳에서 오래된 교우의 항구한 보살핌이 없어서 이 작은 겨자씨가 뿌리를 내리지 못하는 것을 자주 보았습니다. 외교인들과의 관계에서 신문교우들이나 예비교우들이 너무 잘난 체하면서 행동하는 것이 흔히 모든 것을 망칩니다. 하지만 예비교우의 신앙이 이겨내기에는 너무나 강한 시련에 부딪힌다는 점은 인정해야 합니다. 천주교의 아름다움을 모르는 부모와 친구와 이웃은 한목소리로 그가 천주교를 따르는 것을 막으려 합니다.

현재 외교인 주민들은 천주교를 받아들일 태세가 꽤 잘 되어 있습니다. 오래된 편견은 사라졌거나 사라지고 있는 중입니다. 그러나 그들은 인간적 고려, 교우들에 대한 당국의 다소 악의적인 태도, 외교인에 비해 열악한 교우들의 사회적 상황, 그리고 가장 큰 장애물로서 개신교도들의 열성적인 선교 때문에 천주교를 받아들이지 못합니다.

작년 여름 내내 개신교도들은 주민 전체를 자기네 종교로 끌어들이기 위해 난리였습니다. 그들은 목적 달성을 위해 적법한 방법이란 방법은 모두 동원했습니다. 책 판매, 평야 마을에 책들의 강제 배부, 그것을 받아들이고자 하지 않는 사람들에 대한 온갖 괴롭힘, 재산과 부녀자들 강탈, 천주교에 대한 비방, 이 모든 것을 이용했습니다. 당국은 이 무질서를 응징하는 데 너무도 무능했습니다. 그래서 평야는 극명하게 구분되는 두 진영으로 나뉘는 지경에 이르고 말았습니다. 한쪽에는 개신교도들이 있었는데, 그들은 압력을 가해 주민들이 자기네 편이라고 공언하도록 압박하고 있었고, 다른 한쪽에는 천주교인들이 있었습니다. 승리에 도취한 개신교도들은 천주교인들에 대해 똑같이 폭력적인 방법을 사용할 생각을 했습니다. 교우들의 항의에 저는 가해자들에게 용서를 청하도록 요청했고, 그들은 두 차례에 걸쳐 기꺼이 이를 실행했습니다. 이런 상황이었는데 다행히 전주에 새 관찰사가 부임해 왔습니다. 그는 부임하자 곧바로 이 모든 무질서를 만들어 낸 개신교의 주요 지도자들을 체포하여 엄벌에 처했습니다. 이러한 상황들 속에서 개신교 목사는 자기네 전교회장들의 잘못된 행위를 알았든 몰랐든 우선 사실관계를 알아보아야 했을 텐데 그렇게 하지 않았습니다. 그가 가장 서둘러 행한 것은 관찰사에게 가서 말을 듣지 않으면 협박도 불사하여 주모자들을 풀어 주라고 요청한 것이었습니다. 그들은 풀려났고, 한 사람만 한두 달 더 감옥에 갇혀 있었습니다. 개신교도들에 대하여 내려진 이같이 공정한 처사는 소심한 이들에게 용기를 주기에 충분했고, 가장 열심한 개신교도들마저 자기네 종교를 포기하게 했습니다. 그때 이후로 아무도 개신교도임을 공공연하게 고백하지 못했습니다.

개신교 신자들은 위와 같은 포교 운동이 성공하지 못하자 또 다른 운동을 시도했는데 이것은 우리에게 좀 해를 끼칠 수 있는 것이었습니다. 현재 전주에 개신교 목사는 한 명이 아니라 세 명이며, 한 명의 아내(사모) 외에도 한 명의 여성 선교사가 있습니다. 그들은 벌써 큰 집 한 채를 지었으며, 두 채를 더 지어서 한 목사당 한 채의 집을 마련하려 합니다. 우리도 외교인들의 눈에 우리의 열세劣勢를 지워 줄 적당한 경당을 가지는 것이 바람직할 것입니다. 그래야만 전주에서 우리의 위치도 더 크게 발전하고, 이 고장 각지에서 입교자들의 수도 증가할 것입니다.

이 긴 보고서를 마치기 전에 새로운 현상이기에 흥미로운 사실 하나를 말씀드리고자 합니다. 오래된 교우인 김 발바라는 외교인들을 가르치고 임종을 앞둔 어린이들에게 세례를 주는 데 매우 열심인 사람입니다. 그녀는 가족 구성원 모두에 대한 자신의 영향력을 활용하여 힘닿는 대로 온갖 비참을 덜어냅니다. 특히 불행한 이의 영혼을 마귀에게서 되찾고

자 할 때는 더욱 그렇습니다. 그녀가 한없는 애덕의 매력을 통하여 구해 낸 영혼은 헤아릴 수 없이 많습니다!

올해 자기 죄를 좀 더 쉽게 용서받기 위해 큰 공덕을 쌓기를 바란 그녀는 특별한 방법으로 몸을 단련하길 원했습니다. 그녀는 사순절 동안 동굴을 집 삼아 머물렀습니다. 그녀의 남편이나 아들이 이따금 생활에 필요한 것들을 가져다주었습니다. 그녀는 그동안 내내 침묵하며 살았고 부활절이 되어서야 집으로 돌아왔습니다. 주목할 만한 것은 이 고장이 호랑이가 들끓는 지역이라는 점입니다.

올 한 해 동안 저희에게 베풀어 주신 큰 은총에 대해 주님께 마음 깊은 곳으로부터 감사드리며 이 보고서를 마칩니다. 수많은 영세자 수, 성사를 받기 위해 교우들이 보이는 열성, 그리고 무엇보다도 주교님께서 저희와 함께 계셨던 3개월은 이 모든 은총의 보증입니다.

주교님, 매우 순명하는 당신의 선교사의 깊은 존경을 받아 주십시오.

조선의 교황 파견 선교사
X. 보두네 드림

(1897년 8월 2일 - 부록)

보두네 신부의 구매

공소전

1895~96년

    1) 집   700냥

    2) 논   90냥

    3) 묘지용 산   60냥

    4) 2대의 제분기   887냥 16전

이 중에서 583냥 16전은 저의 재산입니다.

1896~97년

    1) 제분기에서 나온 수입   50냥

    2) 집에서 나온 수입   30냥

    3) 논에서 나온 수입   12냥 50전

    4) 제분기 1대 판매   50냥

    5) 공소전 (1896~97년)   348냥

                                                       _____

                                                       790냥 50전

    공제할 금액   583냥 16전

                                                     _____

잔액   207냥 34전

신부들의 주거 환경
및 전라도 분위기 보고

✚

예수 마리아 요셉

전주

1897년 8월 4일

주교님,

한참을 망설이다가 보고서를 작성해 보았습니다. 주교님을 너무 오래 기다리시게 하지 않기 위해 오늘 보내드리려 합니다. 형편없고 흥미롭지도 않은 보고서입니다. 하지만 지금으로서는 이 보고가 제가 할 수 있는 전부입니다. 예년에 비해 더 큰 여러 일들이 많았기 때문에 최근의 성무집행에서 흥미로운 사실들을 알아보고자 할 수 없었습니다.

한 달간 내리는 비와 여름의 무더위 속에서도 전라도의 신부들은 건강하게 있습니다. 베르모렐 신부는 아직도 강경에서 집을 살 수 없었기 때문에 여름을 농지매 공소 집에서 보내기로 했습니다. 신부는 교우들과 자신의 노력이 완전히 성공하여 상성에 확실하게 자리 잡기를 기대하고 있습니다. 베르모렐 신부처럼 아천리 공소 집에 머무는 드예 신부는 비좁은 공간에서 생활하고 있습니다. 아마도 그는 몇 년간 머물 수 있다고 생각되는 집을 사기 위해 정기방문이 끝나기를 기다릴 것입니다. 다른 세 신부들은 자기네 운명에 만족하기 때문에 현재 머무는 곳에 계속 머물기만 바랍니다.

시골의 모든 주민들은 현재 논과 밭일에 몰두하고 있습니다. 아전들은 조용합니다. 왜냐하면 이 계절에 그들은 체포나 재판을 전혀 하지 않으니까요. 진안 사건은 더 이상 사람들 입에 오르내리지 않습니다. 이 지역의 새 현감이 이 건에 대해 알아보고 새로운 정보가 있으면 저에게 보내 주기로 약속했습니다.

저는 일부는 제 계좌에서, 다른 일부는 전주 성당의 계좌에서 인출한 돈으로 논 몇 마지기를 샀습니다. 서류가 준비되지 않아서 좀 더 후에 필요한 정보들과 함께 보내드리겠습니다.

주교님, 당신 선교사의 겸손한 존경과 경의를 받아 주십시오.

조선의 교황 파견 선교사
X. 보두네 드림

태인군수의 고발

+

예수 마리아 요셉

전주
1897년 9월 1일

주교님,

저는 알릭스 신부가 치료를 받기 위해 프랑스로 돌아가는 것에 대해 동의합니다.

저는 교우들과 신부들의 복사들에 대한 태인군수의 고발서 사본, 그리고 외부대신의 고소장 사본을 받았습니다. 이 두 서류는 지난 8월 24일자 주교님의 편지에 동봉되어 있었습니다.

첫 번째 사본의 낭독을 들으며 저의 복사, 제 집주인, 그리고 주교님의 종인 저는 이 문서 저자에 대해 분개를 금치 못했습니다. 여러 경우 사실 왜곡이 분명했으며, 어떤 경우는 과장되었고, 외교인들과 포졸, 아전들과 군수 자신의 잘못에 대해서는 한마디 말도 없었습니다. 그것은 제멋대로 꾸며낸 이야기이며 천주교인들에 대한 독설입니다. 그 때문에 태인군수는 이 문서를 보내고 나서 자신의 고소가 이길 수 있을지 확신하지 못했습니다. 그는 아전 한 명을 통하여 드예 신부에게 한 번 용서를 구했고, 두 명의 아전들이 진위대 중대장의 중개로 저를 찾아와서 드예 신부와 자기네 군수의 화해를 위해 중재해 달라고 청했습니다. 군수는 관찰사에게 도움을 요청했고, 관찰사는 그들을 화해시켜 달라고 저에게 두 차례 편지를 보냈으며, 급기야 군수도 저에게 와서 자신이 잘못했다고 고백하며 신부와 화해하게 해 달라고 했습니다. 저는 관찰사가 한 번 더 저에게 편지한 후에야 드예 신부의 호조護照를 받아들이기로 했습니다. 다 끝난 줄 알았던 이 사건은 태인군수가 매우 거짓되고 악의적인 보고서를 서울로 보내는 바람에 다시 시작되었습니다.

주교님의 의견대로 저는 진지하고 중립적인 사람들을 통하여 조사를 하고자 합니다. 조사 결과를 최대한 빠른 시일 내에 주교님께 보고드리겠습니다.

전라도의 모든 신부들은 잘 있습니다. 베르모렐 신부만 빼고 모든 신부들이 최근 며칠 동안 저를 보러 왔습니다. 베르모렐 신부도 조만간 저를 보러 올 것입니다.

전라도에 새로운 사건은 아무것도 없습니다.

주교님, 저의 겸손한 존경을 받아 주십시오.

주교님의 헌신적인 선교사
조선의 교황 파견 선교사
X. 보두네 드림

태인 사건 관련 인물 성격 설명
및 처리 방법 제언

✚

예수 마리아 요셉

전주
1897년 9월 14일

주교님,

태인의 사건이 어떻게 진행되었는지 여러 경로를 통해 알았음에도 저는 진지한 몇몇 사람들을 통하여 진상을 조사하게 함으로써 정확한 진실을 알고자 노력했습니다. 저는 예전에 복사였던 박 요셉을 보냈습니다. 이 사람이 저에게 들려준 새로운 이야기는 제가 이미 알고 있던 것과 똑같았습니다. 저의 복사는 주교님의 바람대로 그것을 이야기 형식으로 한자로 적었습니다.

주교님께서는 제가 이야기에 나오는 여러 인물의 성격을 몇 단어로 묘사하는 것을 허락하시기 바랍니다. 이런 묘사는 주교님께서 이 사건을 좀 더 근본적으로 아시는 데 도움이 될 것입니다.

태인군수인 유진옥兪鎭沃은 충청도 정산定山의 양반으로서 이미 임천林川

군수를 역임하기도 했습니다. 그는 임천에서 가증스럽게 행동했습니다. 백성을 억압한 죄로 서울에서 고발되어 체포되고 서울로 압송된 그는 거액의 돈을 지불하고 강제 노동에서 해방되었습니다. 그는 자기네 친척 안에서 인색하고 악의적인 사람으로 소문이 나 있습니다. 그는 천주교인들을 증오합니다. 이상과 같은 것이 퀴를리에Curlier 신부와 기낭Guinand 신부가 제게 알려 준 그의 됨됨이입니다. 우리가 관계되어 있는 태인 사건에서 이 관리는 유씨들에게서 돈을 받았을까요? 그럴 수 있다고 봅니다. 하지만 그렇다고 단언할 수 있는 증거는 하나도 없습니다. 부정할 수 없는 것은 무죄한 두 사람을 막무가내로 때린 책임이 있는 유씨들은 자기들의 잘못을 희생자들에게 뒤집어씌워 고발했다는 것입니다. 한마디로, 그들은 이 일을 마치 자기들이 그곳의 군수라도 되는 양, 아니 그랬을 경우보다 더 대담하게 해결한 것입니다.

태인의 유씨들 중 유도일이라는 사람이 있습니다. 그는 이미 여러 사람을 죽였는데, 그중에는 주막 주인도 있었습니다. 이 객주의 아내가 태인 가까이에 삽니다. 유도일이 여러 사람을 죽인 사실은 모든 이가 아는데도 그는 언제나 돈으로 재판을 피해 갔습니다. 이 유씨들은 예전에 태인에 살았기에 모든 아전들을 알고, 그들 중 몇몇을 친구로 두고 있으며, 포졸들에게 엽전 몇 냥을 주면 원하는 모든 것을 얻을 수 있습니다. 교우 이씨와 박씨를 난폭하게 두드려 패기 위해 온 마을 사람들을 끌어들인 자도 유도일입니다. 이 교우들을 체포하게 군수에게 그들을 중상한 자도 그입니다. 괴롭힘을 당하지 않으리라 확신할 만큼 유도일의 권세를 신뢰한 포졸들은 교우들을 비방하고 끔찍하게 억압했습니다. 죽을 만큼 매를 맞은 이화서는 식비로 200냥을 지출했습니다. 약값은 이 금액에 포함되지도 않았습니다. 가장 화나는 것은 이 일에서 군수가 보인 행태입니다. 그는 이곳에서 자기를 용서해달라고 저희에게 간청하는 동시에

서울에서는 자기 지역 교우들을 무질서의 도발자들이라고 비방하고 그렇게 취급합니다. 진실한 전교회장들이 증언한 바에 따르면 올해 여름 내내 이곳에는 아무런 무질서도 없었는데 말입니다.

이 군수와 그의 아전들, 포졸들, 유씨들, 군수의 친구들에게 잘못이 있는데도 이 군수가 내린 전령(傳令)을 보십시오. 그들의 악의와 기만의 희생자들인 교우들을 보십시오. 아! 이런 인간에게서는 아무것도 기대할 수 없습니다.

만일 주교님께서 지금 조선의 사법 기관에다 요구할 수 있는 것이 무엇인지 물으신다면 저는 망설임 없이 첫째, 군수의 해임, 둘째, 유도일이란 작자에 대해 본보기로 내리는 처벌, 셋째, 맞은 매로 오랫동안 앓게 될 박씨와 이씨에 대한 강력한 손해 배상입니다.

주교님, 주교님의 선교사의 존경 어린 마음을 받아 주십시오.

조선의 교황 파견 선교사
X. 보두네 드림

주교님께 보내는 것들은 아래와 같습니다.

1) 편지 한 통
2) 태인 사건에 대한 요약
3) 이 일에 대한 관찰사의 편지 한 통

4) 태인군수의 전령

저는 태인군수가 포졸들도, 유씨들도, 그리고 두 명의 교우를 때린 외교인들 중 그 누구도 처벌하지 않았다는 점을 주교님께 말씀드리는 것을 깜박 잊었습니다.

태인군수 고소 내용에 대한 변명과
동학도의 새로운 움직임 보고 및 인물 추천

+

예수 마리아 요셉

전주
1897년 10월 5일

주교님,

서울로 가는 인편이 있어서 그 기회에 주교님께 몇 가지 소식을 전합니다.

먼저 태인군수로부터 온 두 번째 고소와 관련하여, 그는 제가 드에 신부가 자신의 사람들에게 속았을 것이라는 말을 했다고 거기에 썼는데, 저는 그의 주장을 부인합니다. 저는 그렇게 말한 적이 없고 오히려 그가 유씨들과 포졸들과 아전들에게 속았다고 말했습니다. 제가 그에게 여러 증거를 제시한 후에 그는 유씨들과 포졸들과 아전들이 잘못 행동했다고 인정했습니다. 그런 후 군수를 동반하고 저의 집에 온 관찰사의 집사가 군수에게 밀을 건네면서 유씨들, 아전들, 포졸들, 그리고 유씨 마을 사람들이 우선 처벌을 받아야 하고, 그런 다음에야 군수와 우리의 화해가 좀 더 쉬울 것임을 분명히 했습니다. 이상과 같은 것이 저희가 함께 나눈 대화의 방향입니다. 제가 주교님께 전달해 드린 보고서도 군수의 주장을 반증하는 우리의 몇몇 대화를 문자 그대로 인용하고 있습니다.

걱정의 순위로는 둘째일 뿐인 태인 사건 외에도 또 다른 걱정스런 사건이 있습니다. 이 사건은 파급력으로 보아, 그리고 최대한 빨리 처리하지 않을 경우 미치게 될 영향 면에서 태인 사건보다 훨씬 더 유감스러운 사건입니다.

저는 동학도라고 불리는 옛 반도들의 새로운 움직임에 대해 말씀드리고자 합니다. 태인, 정읍, 고부 군들과 임실, 장성, 부안이라는 세 군들의 일부에서 이들은 대낮에 자기네 표지를 붙이고 활보하며, 자기들끼리 소식지를 돌리고, 자기네 조직에 옛 동료들을 끌어들이려 시도하고, 모임을 조직하고 ─실상 모임 횟수는 그리 빈번하지는 않습니다─, 서울과 지방의 당국과 군인들에 의해 보호되고 격려된다고 스스로 말하며, 94~95년에 자기네 우두머리들이 처형된 데 대해 복수하기 위해 교우들을 학살하고 조선에서 외국인들을 몰아내고자 합니다. 현재까지 이 무질서를 막기 위한 아무런 조치도 없었는데, 그럼에도 이런 무질서는 벌써 한 달 전부터 존재했습니다. 위의 지역들 주민은 다소 불안해합니다. 교우들은 공포를 느끼고 있고요. 그들은 새로운 봉기가 일어날까 두려워합니다. 상업 역시 거의 아무것도 이뤄지지 않습니다. 관찰사가 저를 방문한 기회에 저는 이 모든 소문에 대해 그에게 말했습니다. 그는 그 일을 이미 알고 있으며, 반도들이 집 한 채를 불태웠다는 이야기도 들었다고 말했습니다. 제가 이에 대해 어떻게 대응하겠느냐고 묻자 그는 자신이 할 수 있는 게 아무것도 없다고 답했습니다. 그는 저의 부탁으로 자기를 보러 왔던 중대장에게도 똑같이 답했을 것입니다. 중대장은 그에게, 팔짱 끼고 볼 게 아니라 행동해야 한다고 말했습니다. 이에 대해 그는 "아, 그럼 새로운 정보를 얻어서 서울로 보내겠네."라고 답했을 것입니다. 이것이 백성을 통치하는 방식입니다. 한 명의 교우와 명령을 이행한 두 명의 복사에 대하여 떠들썩하게 난리를 피우는 반면, 사람들의 고요함을 뒤흔들고 망쳐 놓을 수 있는 부랑아들은 그대로 방치하는 것입니다. 옛 동학 우두머리인 도성찰都省察 김개남金開南 등이 현재 정읍현감으로 있는 것을 볼 때나, 협잡꾼이 태인의 군수직을 차지하는 것을 볼 때 이는 놀라울 게 전혀 없지요.

만일 동학도에 대한 이 소문이 오랫동안 계속된다면 영세자 수가 올해 급감할 수 있습니다.

게다가 군수들은 교우와 외교인 사이의 소송에서 교우들에 대하여 대개는 비호의적 태도를 보입니다. 스물일곱 살의 젊은이인 전주군수[52]는 이미 두 차례 이러한 태도를 보여 줬습니다. 그러나 그다지 중요하지 않은 일이어서 그에 대해 아무 말도 하지 않았습니다.

이와 반대로 진안의 새 현감은 우리에게 매우 호의적입니다. 게다가 그는 백성을 잘 다스리는 의로운 사람입니다. 전라도에서 올바르게 행동하는 관리들은 드뭅니다. 불행히도 진안의 새 현감이 머지않아 해임될 가능성이 있습니다. 진안은 삼 년 동안 서울에 세금을 제대로 내지 않았기 때문입니다. 진안은 11만 냥의 세금이 체납된 상태입니다. 백성들은 제대로 세금을 냈지만 이전 현감들과 아전들이 이 모든 돈을 자기들끼리 낭비하기에 바빴으니까요. 이제 정부에서는 현 현감에게 이 체납금을 아홉째 달 말까지 내지 않으면 해임하겠다고 통보했습니다. 그런데 새 현감은 꼼꼼하게 살펴본 후 3만 냥을 횡령한 아전들을 알아냈으나, 나머

---

[52] 이길하(李吉夏).

지 돈에 대해서는 아무 흔적도 밝힐 수 없었습니다! 이 가엾은 현감은 이 이야기를 저에게 한 다음 자기 이야기도 일부 해 주었습니다. 그는 이 현감직을 위해 1만 냥을 썼습니다. 그에게는 외부대신 외에 그 어떤 도움도 없었습니다. 그에겐 집도 없고 많은 가족이 딸려 있었기에, 현감직을 2~3년 한다면 그를 어려운 형편에서 구할 수 있을 것이었습니다. 그렇지 않다면 그는 수많은 가족과 함께 굶어 죽을 수밖에 없었습니다. 그는 그때와 그 이후 여러 차례 자기를 서울에 추천해 달라고 부탁했습니다. 저는 그에게 어떠한 약속도 하지 않기 위해 매우 조심했습니다. 그럼에도 좋은 기회가 온다면 주교님께서 전라북도의 좋은 현감들 중 하나인 그에 대해 좋게 이야기해 주시길 간청드립니다. 그는 홍완洪琬이라고 불립니다.

비에모 신부가 주교님께서 황해도와 평안도를 다음번에 순시하실 거라고 알려 주었습니다. 주교님께서 기쁜 여행을 하시고, 건강하고 많은 위로도 받으시길 기원합니다.

주교님, 아들로서 드리는 저의 존경의 마음을 받아 주십시오.

조선의 교황 파견 선교사
X. 보두네 드림

새해 인사와
성무집행 경과보고

✚

예수 마리아 요셉

1897년 12월 27일

주교님,

기회가 있으니만큼, 주교님께 새로 시작되는 해를 위해 새해 인사를 드리지 않을 수 없습니다.

저의 정기방문 3분의 2를 이행했습니다. 아무런 특별한 일도 없었습니다. 모든 것이 더 나은 방향으로 진행되었습니다.

다른 동료들도 정기방문을 거의 끝냈습니다. 그들에 관해 특별하게 드릴 말씀은 따로 없습니다. 그들에게서 직접 소식을 받지 못했기 때문입니다.

주교님, 주교님의 부족한 선교사의 존경 어린 마음을 받아 주십시오.

조선의 교황 파견 선교사
X. 보두네 드림

1897~98년도 성무집행 보고서
-관할 지역 공소 현황 및 개신교도 관련 곤란-

+

예수 마리아 요셉

전주 지역
1897~98

주교님,

저는 이 보고서 서두에 저의 관할 지역에서 이번 정기방문 동안 이뤄진 선善을 말씀드릴 수 있어서 행복합니다. 모든 공소 교우들이 가능한 한 이에 기여하기 위해 많은 노력을 기울였습니다. 대부분의 공소가 영세자들을 준비할 수 있었지만, 그렇지 못한 공소도 있었습니다. 그러나 어쨌든 모든 공소가 앞으로 더 좋은 결과를 내기 위해 계속 노력하려는 의지로 가득합니다.

임실은 동쪽 지역에 새 공소 하나를 열게 되었습니다. 이곳의 영세자 수는 올해 많지 않았습니다. 그러나 다음번 정기방문 때에는 분명히 더 나은 결과가 있으리라고 희망할 여지가 있습니다. 공소 주변과 그 밖의 곳에서 사람들이 천주교 서적들을 요청하고 있으니까요. 불행히도 이곳도 다른 곳처럼 선의를 가진 사람들이 서로 너무 멀리 떨어져 살고 있어서 그 안에서 복음의 씨앗이 가장 좋은 열매를 맺기가 어렵습니다. 게다가 오래된 교우들은 예비교우들이 있는 마을들에서 너무 멀리 떨어져 있습니다. 이는 신심 생활 훈련에 적지 않은 불편함입니다.

전라도 전체 중에 가장 부유하거나 적어도 가장 부유한 곳 중 하나인 남원은 30평방 리가 넘는 꽤 넓은 곳으로, 주민들은 매우 협조적인 정신으로 유명한데, 지금까지 입교자는 별로 없었습니다. 교우들 가까이에 사는 몇 사람만이 겨우 세례를 받았을 뿐이었습니다. 그런데 오늘날 이곳에 더 나은 상황이 펼쳐질 조짐이 보이는 것 같습니다. 올해에 대인 영세자 열여섯 명이 세례 대장에 등록되었습니다. 게다가 장차 더 풍성한 수확을 희망하게 하는 것은, 우리 천주교가 예전처럼 교우촌 주변에만 알려진 것이 아니라 멀리까지 파고들어 이 지역 중앙에까지 들어갔다는 점입니다. 이미 작년 8월에 임실 주변의 한 예비교우가 세례를 받았습니다. 올해에는 그의 이웃 마을의 새 예비교우가 세례를 받았습니다. 열 명의 또 다른 예비교우들이 자기들도 예수 그리스도의 참 제자가 되기 위해 자신들의 공부를 완성하기 위해 서두르고 있습니다.

구례와 보성도 기쁜 소식에 대한 말을 들었습니다. 주민 대부분은 무관심합니다. 몇몇 사람만이 주님 목소리에 순종하여, 기쁜 소식을 담고 있는 책들을 얻기 위해 전주에 왔습니다. 지금까지 천주교가 아무 신봉자를 지니지 못하던 지역들에 생겨나는 이 작은 시작들을 보면서 선교사는 기쁠 수밖에 없고, 모든 선의 주인이신 분께 감사를 드리지 않을 수 없습니다.

경상도 북쪽의 안의와 함양 지역에서는 약 열 건의 세례가 있었습니다. 여러 명의 예비교우가 현재 교리를 배우고 있는데 다음번 정기방문 때는 세례받을 준비가 되어 있을 것입니다. 다른 여러 곳들처럼 이곳에서도 신문교우들은 그다지 잘 조직되어 있지 못하고, 더구나 오래된 교우들과 관계를 맺지 못하므로 그들의 교육은 언제나 불완전합니다.

장수는 상대적으로 꽤 많은 영세자를 계속해서 내고 있습니다. 일 년에 30~40명가량입니다. 예비교우들과 신문교우들은 대개 아주 열심한데, 이는 특히 오래된 교우와 새 교우들 간의 연결에 기인합니다. 더구나 그들은 서로 매우 가까운 마을들을 형성하였는데, 그로써 그들 서로의 관계를 잘 유지할 수 있어서 신앙에도 큰 도움을 얻습니다. 제가 장수에서 사목한 10년 동안 신문교우들이 신앙을 저버리는 숫자는 일곱에서 여덟 명이 될까 말까 할 정도로 적었습니다.

제 관할 지역을 이루는 모든 군 가운데 진안이 교우 수나 영세자 수 면에서 단연 으뜸입니다. 1886년 저의 사목생활 시작 무렵 교우 숫자는 350명이었는데 오늘날은 어른과 아이 합쳐서 920명입니다. 이 같은 빠른 증가는 세 가지 이유 때문입니다. 1) 매년 있는 대인 영세자 수, 2) 사망자보다 많은 출생자 수, 3) 오래된 몇몇 교우들이 이곳으로 유입되어 온 사실 때문이란 점도 인정해야 합니다. 진안의 교우 인구의 특이한 점은 종교 의무의 실천에 대한 열성이 대단하다는 것과 제가 아는 한 제가 사목한 12년 동안 신앙 포기자가 하나도 없었다는 것입니다.

전주부府는 올해에 과거처럼 많은 영세자를 내지 못했습니다. 적어도 반 정도의 감소가 있었습니다. 그러나 전주처럼 인구가 많은 곳에 선의의 사람들이 부족한 것은 아닙니다. 전주에서 회두를 방해하는 이들은 사람들의 주의를 끌 줄 알고 최근에 유럽식으로 화려한 거처를 지은 개신교도들이 더 이상 아닙니다. 그들의 포교는 주민들의 마음에 좋은 인상을 주지 않기 때문입니다. 개신교를 따르는 신자들은 많지 않고, 따르는 사람들도 언제나 존경받을 만한 사람들은 아닙니다. 특히 주목할 만한 것은, 개신교도가 되었다고 자랑하는 조선인들 거의 전부는 개신교가 무엇인지 전혀 모른다는 점입니다. 그들은 사람들이 질문하면 어떻게 대답해야 할지 몰라 당황해하며, 최근에 종교에 입문했다는 핑계를 대며 얼버무립니다.

저는 앞에서 개신교도들이 복음 전파에 방해가 되지 않을 것이라고 말씀드렸습니다. 그렇습니다. 만일 우리가 그들이 대개 사람들에게 별로 신뢰를 받지 못한다는 점을 고려하면 말입니다. 그러나 또 다른 점에서 보면 그들의 포교열은 처음엔 무의미한 듯하지만 날이 갈수록 심각해지는 여러 가지 곤란을 제기합니다.

곤란 중 가장 중요하고 첫째가는 곤란은, 이론의 여지 없이, 그들의 교리가 퍼져 나감에 따라 사람들 마음에 의심을 일으킨다는 점입니다. 최근까지 외교인들은 자기들 눈으로 직접 보거나 남들에게서 들었기 때문에 우리 천주교를 높게 평가하는 데 익숙했습니다. 은총의 빛으로 다소 밝혀진 많은 이들이 대화 중에 그들도 머지않아 천주교인이 될 것이라 말하곤 했습니다. 오늘날 이 사람들은 더 이상 그렇게 말하지 않습니다. 천주교 교인이 되자고 초대해도 그들은 망설입니다. 심지어 교우들과의 교류도 차츰차츰 회피합니다. 이 모든 것이 우리에 대한 개신교도들의 악의적인 말 때문입니다. 그들은 사람이 살고 있는 곳이면 어디에나 악의적인 말을 퍼뜨립니다.

둘째가는 곤란은 개신교도들이 조선의 고관들에게서 얻어낸 영향력 때문입니다. 이 영향력은 전라도에서 특히 새 관찰사의 부임 후 확연히 드러났습니다. 새 관찰사는 새로운 관리들과 함께 우리에게 큰 악을 저질렀습니다. 그는 취임하자마자, 잘못을 저지르는 모든 천주교인들을 엄중히 다스리라는 명령을 내림으로써 우리에게 첫 타격을 입히기 시작했습니다. 마치 천주교인들만 잘못을 범하거나, 외교인보다 더 많은 잘못을 범하기라도 하는 양 말입니다!

그때 이래로 위협에 이어 실제 행동이 뒤따랐습니다. 아주 가벼운 잘못 때문에 한두 명의 교우가 강제노동형을 받았습니다. 또 다른 몇몇 교우들은 그들의 명분이 정당했는데도 그들이 교우이기 때문에 소송에서 졌습니다. 그들은 부윤 자신에게서 더 이상 종교 행위를 하지 말라는 조언을 들었을 것입니다.

이 같은 적대적 행위가 최근에 특히 익산, 함열, 용안, 김제 같은 평야지대에서 잦아졌습니다. 우리 교우들 중 여러 명이 경작하던 논을 빼앗겼고, 그로 말미암아 가장 극심한 생활고에 직면하고 있습니다. 성모님의 달인 이달에 착하신 동정 마리아께서 저희를 자애로운 눈길로 굽어보시어 이 시련이 끝나게 해 주시길 빕니다!

1897~98년 사목의 결과는:
사규고해자 1,400명, 부활절 영성체자 1,366명, 대인 영세자 182명, 외교인 어린이 임종대세자 69명, 재고해성사와 재영성체 900명, 전체 신자수 2,163명.

주교님, 저의 겸손한 감정의 표현을 받아 주십시오.

조선의 교황 파견 선교사

X. 보두네 드림

전주 지역

조선인 사제들을 위한
공소전 보고서

잔액	207냥	34전
논 2 마지기 매매 소득	115냥	
전주에서 구매한 집의 수입	30냥	
1897~98년도 성무집행 기간 공소전	260냥	
이미 구입한 방앗간의 수입	50냥	
학교에 들어간 지출	20냥	
현재 잔액	642냥	34전

~~신자들이 한국 사제들을 위해 낸 돈   170냥~~

1897~98

부진한 작황과 유통 부족에 따른
전라도의 불안 기미 및 조선의 행정 비판

+

예수 마리아 요셉

전주
1898년 1월 12일

주교님,

서울에 있는 다른 신부들에게 편지하면서 주교님께 편지를 드리지 않을 수 없습니다. 특히 산속에 사는 교우들에게 성사를 준 후 지금 며칠의 휴가를 보내고 있으니까요. 평야 지대 교우들을 방문할 일이 남았지만, 가장 넓은 지역을 베르모렐 신부에게 양보했으니 저는 앞으로 8~9일이면 정기방문을 다 마칠 것입니다. 베르모렐 신부, 라크루츠 신부, 드예 신부는 자기들 일을 다 끝냈습니다. 그들이 담당한 곳의 영세자 수가 어떻게 되는지는 모릅니다. 제 관할 구역의 영세자 수는 현재 136명입니다. 저는 몇 명 더 늘었으면 하고 바라지만, 올해 영세자 수가 200명에 도달하지는 못할 것 같습니다.

입교의 움직임은 임실과 진안에서 꽤 활발합니다. 특히 마지막 지역에서는 교우들과 외교인들에 대한 진안군수의 공평무사한 통치 덕분에 여러 마을에 몇몇 예비교우가 생겨났습니다. 이들이 사는 곳은 천주교 마을 중심에서 멀고 외교인들만 사는 마을입니다. 현 군수가 진안에서 여러 해 동안 다스린다면 주민들의 평안과 교우 수의 증가 면에서 틀림없이 큰 진보가 있을 것입니다. 그러나 이 군수는 매우 잘 통치했음에도 관찰사나 내부대신에게 높은 평가를 받지 못하고 있습니다. 아마도 저희에게 호의적이기 때문인 것 같습니다. 그는 머지않아 파면될 가능성이 높습니다.

이곳 전주와 여러 구역에서 주민들의 신경은 다소 예민해져 있습니다. 수확이 이제까지만큼 좋지 않으니까요. 쌀이 매우 귀하고 비쌉니다. 전주에서 쌀은 전체 인구에게 필요한 양의 20분의 1만 판매됩니다. 그래서 걸인들이 넘쳐납니다. 불평불만이 여기저기서 솟구치고 있고요.

이런 상태가 지속된다면 난리가 날 수도 있습니다. 이런 비참의 원인이 관헌들과 서울 사람들이라고 지목되었습니다. 그들은 전라도의 쌀을 산 다음 쌀값이 오르면 여기서 팔거나, 더 큰 이익을 내는 곳으로 팔러 갑니다. 무척 큰 액수인 개인 돈은 차치하고라도 주민들에게 세금 조로 걷은 돈까지 모두 이런 장사에 사용됩니다. 더구나 부자들은 쌀값이 가장 비쌀 때, 다시 말해 그다음 해 4, 5, 6월이 되어야만 쌀을 팝니다. 그런데 30가구가 사는 마을에서 대여섯 가구만이 자기네가 경작한 논의 수확물로 겨우 일 년을 버티고 나머지 가구들은 그해에 필요한 식량의 일부를 사야만 그해를 버틸 수 있습니다. 이런 시스템으로는, 작황이 좋은 해에도 주민들이 비참하게 생활하는 것이 놀랍지 않습니다.

게다가 행정제도들은 제대로 작동하지 않습니다. 관헌들의 도둑질이 매우 잦습니다. 대신들은 불량배 무리를 보내어 부당한 세금을 물리는 데 앞장섭니다. 주민들은 외치고 소송을 제기하지만, 권력 앞에서 권리는 뒷전이 되어 버립니다. 또한, 유럽인들이 행복을 가져다주지 않았다고 계속해서 말하는 소리를 흔하게 듣습니다.

조선의 관헌들이야말로 대중의 불행에 대한 유일한 책임자들입니다. 고통받는 주민들이 불평하거나 소동을 일으키면, 관헌들은 진실을 인정하기는커녕 천주교인들을 공공질서를 어지럽히는 자로 몰아 비방하는 데만 급급합니다. 동학도들이 봉기했는데도 그들에 대해서는 아무 말도 없으며, 그들이 아니라 천주교인들이 봉기했다고 비난하는 것이 더 나으니 그렇게 하며, 신문에 이 새빨간 거짓 소식을 실어서 모든 이에게 알립니다. 주교님, 만일 우리 천주교가 겸손과 인내 위에 세워지지 않았다면 어떻게 이 많은 악한들의 공격에 저항할 수 있었겠습니까? 그러나 모든 것에도 불구하고 천주교는 앞으로 나아가고 있습니다. 전능하신 분의 팔이 바로 이를 통해 드러나는 것이 아니겠습니까?

전라도의 모든 신부들은 잘 지냅니다. 그들은 현재 자기네 월계관의 그늘 아래 쉬고 있습니다. 미알롱 신부만이 아직 사목을 시작하지 않았습니다. 베르모렐 신부와 주교님의 종인 저는 아마도 미알롱 신부를 돕지 않을 수 없을 것입니다.

주교님, 제 깊은 존경을 담아 인사드립니다.

예수 그리스도 안의 주교님의 미천한 아들
조선의 교황 파견 선교사
X. 보두네 드림

전주 진위대 참위
보호 요청

+

예수 마리아 요셉

전주

1898년 1월 14일

주교님,

전주 진위대의 참위參尉[53]이며, 주교님께서 이곳을 지나가실 때 안면을 튼 김병욱金秉旭이, 비록 서울 장군의 명령에 따라서였지만, 의병대 반란의 주동자들을 처형했다고 해서 고소당하리라는 위협을 받고 있습니다. 그때 처형된 어떤 주동자의 아들이 서울의 장군과 전주의 참위를 거슬러 법부대신法部大臣에게 재판을 청구했습니다. 현재 순창군수인 이 장군은 서울의 포졸들에게 체포되었습니다. 참위는 자신도 체포될까 두려워하고 있습니다. 그는 자신을 주교님께 추천해 달라고 저에게 부탁했습니다. 저는 주교님께서 세속의 일에 관여되는 것을 전혀 좋아하시지 않는지 어떤지 몰라 그의 부탁을 들어주기를 오랫동안 망설였습니다. 그럼에

---

53 대한제국 때에 둔 위관 계급의 하나. 부위의 아래, 특무정교의 위이다.(『표준국어대사전』)

도 이 참위는 여러 차례 저희를 위해 소소한 편의를 봐 주었기에 그가 요청하는 바를 딱 잘라 거절함으로써 그의 마음을 상하게 하고 싶지 않았습니다. 그러나 아무튼 주교님의 보호를 너무 기대하지는 말아야 함을 이해시켰습니다. 따라서 주교님께서 법부대신 조병식에게 위의 참위를 위해 호의적인 말씀 몇 마디를 해 주신다면 그도, 저희 자신도 매우 감사할 것입니다. 왜냐하면 저희는 그렇게 함으로써 참위가 저희에게 해준 여러 배려를 갚을 수 있을 테니까요.

우정국郵政局을 통해 지난번에 편지를 드린 이후 새로운 소식은 하나도 없습니다.

주교님, 가장 존경 어린 저의 마음의 표현을 받아 주십시오.

주교님의 기도에 의탁하는 주교님의 미천한 선교사

조선의 교황 파견 선교사
X. 보두네 드림

최근 전라도의 천주교를 적대하는 분위기와
노인 살해로 고소당한 교우 사건 관련 알림

+

예수 마리아 요셉

전주
1898년 4월 28일

주교님,

저는 주교님께서 저희에게 보내신 편지를 돌려가며 보았습니다. 주교님께서 저희 가운데 되돌아오신다는 소식에 저희는 기쁩니다. 주교님의 건강이 완전히 회복되었더라면 저희의 기쁨이 더 완전했겠으나, 그럼에도 저희는 이미 베풀어진 은총에 대해 하느님께 감사드리며, 특히 주교님의 건강을 완전히 회복시켜 주시도록 기도합니다.

한 달 전에 전주에 부임한 새 관찰사는 임기 시작부터 천주교 전파에 그다지 호의적이지 않은 공문을 돌렸습니다. 이 공문은 2년 전에 작성된 것과 거의 같은 사고방식을 보여 줍니다. 관리들은 감사의 공문을 수정하거나 또는 그대로 둡니다. 몇몇 군수들은 알아듣기 쉬우면서도 우리 쪽의 개입이나 요구를 피해 가는 단어를 써가며 우리 천주교에 대한 크나큰 적대감을 표현합니다. 이처럼 전주부윤마저 최근 이학異學, 다시 말해 외국의 교리를 신봉하지 말라고 분명히 명하는 공문을 보낸 것 같습니다. 당국의 말에 덩달아 일제히 찬성하는 전라도 주민들은 천주교를 모욕하기 위한 기회라면 하나도 놓치지 않으려 듭니다. 특히 교우 수가 적은 지역에서는 예비교우들이 보는 앞에서 그렇게 합니다. 더구나 교우들이 이제까지 소작농으로서 일해 오던 논과 밭을 아무 이유 없이 빼앗아 여러 곳의 외교인들에게 경작하도록 줘 버립니다. 말하자면 전반적인 비난의 소리가 일고 있습니다.

이것이 다가 아닙니다. 현재 베르모렐 신부는 매우 큰 근심거리를 떠맡고 있습니다. 신부 숙소 인근의 어떤 젊은 교우가 최근에 자기 논을 경작하고 있었는데 갑자기 예순이 넘은 한 노인이 술기운을 빌리기 위해 일부러 술을 많이 마신 후 그 젊은 교우에게 달려들었습니다. 젊은 교우가 자기 조카가 작년에 경작하던 논을 경작한다는 것이었습니다. 노인은 젊은 교우의 머리채를 쥐어잡고 이리저리 끌고 다니고 여러 차례 넘어지기도 하다가 사람들이 그 교우에게서 억지로 떼어놓자 자기 집으로 가서 또다시 술을 엄청나게 마셨습니다. 그러다가 그날 저녁 해 질 무렵에 죽고 말았습니다. 그러자 그 아들이 곧바로 아무 죄가 없는 그 젊은 교우를 추격해서 손에 들고 있던 칼로 죽이겠다고 협박했습니다. 이 불행한 교우는 죽음을 피해 사제관으로 도망쳤습니다. 죽은 노인의 아들은 그를 뒤따라 소리치고 울부짖으며 사제관으로 들어왔고 신부는 그를 돌려보냈습니다. 그다음 날 평화가 찾아왔고 이 일은 진정된 듯했는데, 고인의 친척 중 한 사람이 군수에게 이 일을 고소했습니다. 증인들은 젊은 교우가 무죄하다고 주장했지만 관리들은 시신에 상처가 있다면서 그가 살해당한 쪽에 의견을 모았습니다. 시신에 상처가 있다는 말은 거짓입니다. 젊은 교우가 노인에게 손을 대지는 않았으니까요. 게다가 관리들은, 군수에게 고소장이 관장에게 제출되기 전에 이미 도망친 소위 살인자를 내놓으라고 신부에게 요구하였습니다. 그 이후로 고인의 남녀 친척들은 여러 차례 사제관을 불법 침입했습니다. 이 일이 서울에까지 올라가고 사람들의 입을 통해 주교님께서 들으실 경우를 대비하여 이 사건의 세부 사항들을 이렇게 말씀드립니다. 베르모렐 신부가 며칠 내로 주교님께 이 사건의 세부 사항을 모두 말씀드릴 것입니다.

주교님, 저의 가장 깊은 존경의 표시를 받아 주십시오.

예수 그리스도 안의 주교님의 아들
X. 보두네 드림

고인 아들 나씨 처벌 촉구 및
천주교인을 반대하는 분위기 속 어려움 토로

+

예수 마리아 요셉

전주

1898년 6월 27일

주교님,

서울에서 전라도까지 오는 저희의 여행은 출발 둘째 날 수원을 떠나면서부터 저희가 바라던 가장 좋은 조건 속에 이어졌습니다. 저희가 그날 대부분을 주막에서 보내야 했던 것은 사실입니다. 해 지기 두 시간 전인 저녁에 출발하려 했는데 겨우 500미터가량 갔을 때 세찬 소나기를 만났고 5분 정도 지속되는 소나기였습니다. 그것은 모든 여행 과정에서 만난 가장 큰 비였습니다. 그때 이후 저희는 별 어려움 없이 규칙적으로 여행을 계속할 수 있었습니다. 하지만 사실을 말하자면, 전주에 이르기까지 쉼 없이 내리는 가랑비에 젖지 않기 위해 여행 내내 비옷을 입지 않으면 안 되었습니다.

내려오면서 미알롱 신부만 곧장 자기 집으로 가고 다른 세 명의 신부는 베르모렐 신부 집으로 갔는데, 신부는 잘 지내고 있었습니다. 신부는 소식들, 특히 자신과 관련된 사건에 관한 소식을 매우 궁금해했습니다. 저희는 최선을 다해 신부를 만족시키려 애썼습니다. 저희 노력이 성공했을까요? 저는 의문이 듭니다.

이번 달 22일에 저는 주교님의 6월 15일 자 편지를 받았습니다. 거기엔 외부外部 협판協辦의 전보에 대한 관찰사의 답장이 동봉되어 있었습니다. 그의 답장은 그가 서울의 명령을 앞질러 나씨 가족을 엄하게 벌주었다고 말하고 있습니다. 관찰사가 이같이 공언하다니 배짱이 두둑한 사람임에 틀림없습니다. 그는 저희가 지금 벌어지고 있는 것을 볼 눈도, 들을 귀도 없다고 생각합니다. 그가 엄한 명령을 내렸다고 말합니까? 실제로 그랬는지 어느 누가 알겠습니까? 그가 그렇게 말할 뿐, 그의 말은 언제나 믿을 만한 게 못 됩니다. 실제 벌어진 일은 다음과 같습니다. 저희가 서울로 가기 위해 나바위를 떠난 다음 날 용안군수는 고인의 아들인 나씨를 불러 두 차례에 나누어, 곧 그가 관가에 왔을 때와 그다음 날 관가를 떠날 때 각기 10대씩 모두 곤장 20대를 때리게 했습니다. 나씨가 받은 벌(정의롭다기보다는 요식행위 같은 벌이지요)은 교우인 양씨의 벌과는 비교될 수 없을 정도로 가볍습니다. 나씨는 사람들이 양씨가 범했다고 주장하는 잘못보다 훨씬 더 크고 실제적인 잘못을 저질렀음에도 그러했던 반면 양씨는 유배당할 뻔했습니다!

주교님, 이 나씨를 벌주지 않고 그대로 둬서는 안 될 것입니다. 그들의 잘못은 공공연하므로 그들도 공적인 벌로 다스려져야 할 것입니다. 우리 종교와 우리나라의 명예가 달려 있습니다. 만일 아무런 조치도 취하지 않는다면 신부의 처지가 그나시 좋지 못할 것입니다. 교우들 역시 나씨 일가와 개신교도들에게서 괴롭힘을 당할 것입니다. 개신교도들은 2개월 전부터 당국의 비호를 너무나 잘 받고 있기에 벌써 스스로에게 힘이 있다고 믿기 때문입니다.

개신교도들에 대한 호의와 우리 교우들에 대한 가혹함은 다음과 같습니다. 평야지대에서 모두 개신교 신자들인 불한당들 두 무리가 어떤 부자를 두 차례 때린 다음 그가 벌어들인 재산을 토해 내게 했습니다. 이 일을 보고받은 군수는 두 번째 불한당 무리를 체포한 다음 개신교 전교회장을 앞장세워 군청으로 보내어 엄벌을 받게 했습니다. 그러나 군수는 아무런 벌도 주지 않고 사나흘 후 그들을 풀어 주었습니다.

고부에서는 우리 신문교우 중 한 명이 공씨라는 사람을 마을에서 떠나게 했다고 체포되어 종신 강제 노동형을 받았습니다. 그가 공씨를 추방한 것은 마을 사람들이 공씨가 신문교우의 장모와 불륜 관계에 있다고 고발했기 때문이었습니다. 진산에서는 두 명의 교우가 천주교인이라는 이유로 군수에게 두들겨 맞았습니다.

익산에서는 예닐곱 교우가 천주교를 믿는다는 이유로 논을 빼앗겼습니다. 몇 년 전부터 계속 경작해 오던 논이었는데도요. 요즘 당국자들은 천주교인들에게 반대하는 서울발 새 명령을 유포하고 있는데, 이전의 명령과 같은 성격을 띠고 있습니다. 사실을 말씀드리자면, 저희는 과거처럼 그렇게 인내할 수 있을지 자문하고 있습니다!

주교님, 저는 매우 부당하지만 주교님을 존경하며, 앞으로도 그러할 것입니다.

조선의 교황 파견 선교사
X. 보두네 드림

조선 당국의 천주교인에 대한 태도와
아오스딩 신부 거취 문제

예수 마리아 요셉

전주

1898년 8월 8일

주교님,

저는 우선 부안군수와, 그다음으로 관찰사와 교환한 여러 통의 편지를 주교님께 전해드리는 것이 저의 의무라고 믿습니다. 부안군수가 저에게 보낸 편지는 매우 이상합니다. 저는 이런 유의 편지를 조선에 온 이래 처음으로 받아 보았습니다.

주교님께서 필요할 경우 이 편지를 증거로 하여, 콜랭 드 플랑시 씨에게 조선 당국이 선교사와 천주교인들에 대해 어떤 마음을 갖고 있는지 알려 주실 수 있을 것입니다. 대부분의 군수들은 부안군수가 대놓고 하듯이, 선교사들이 종교를 가르치면서 범죄로 유인한다는 내용의 편지를 감히 쓰시는 못할 것입니다. 그러나 그들도 속으로는 그렇게 생각하고 있고, 몇몇 군수들은 외교인들 앞에서나 또는 외교인들과 소송 중인 교우들 앞에서 우리 신부들을 즐겨 헐뜯습니다. 저의 편지에 대해 꽤 상냥한 답장을 하던 관찰사도 이번에는 별것 아닌 잘못을 한 교우들을 그들이 교우라고 해서 엄하게 벌했습니다.

조선 신부인 아오스딩 신부는 아직 가족과 함께 있습니다. 그가 목포에 가서 드예 신부와 함께 지낼 수 있을 것이라고 생각하는 것은 소용없는 일입니다. 그곳 집이 두 신부가 함께 머물 만하지 않기 때문입니다. 아주 비좁을 뿐 아니라 비가 오는 계절이면 비위생적인 두 개의 조선식 방이 드예 신부가 산 집의 유일한 부속 건물입니다.

아오스딩 신부는 아천리에도 갈 생각을 할 수 없습니다. 생필품이 너무 비싸고 너무 귀하기 때문입니다. 외교인은 말할 것도 없고 우리 교우들 중 많은 이도 쌀을 구할 수 없어서 근근이 살고 있습니다. 더구나 조선식 살림에 필요한 수많은 소소한 것들을 장만해야 할 텐데, 그가 교우들에게 그토록 많은 장 보기를 시킨다면, 일이 가장 바쁜 때에 그들에게 큰 부담이 될 것입니다. 현재 아오스딩 신부가 살고 있는 것과 비슷한 마을에서 두세 달 살기 위해 이 물건들을 구입한다면 그다지 충분치 않은 그의 예산이 바닥날 것입니다. 그럼에도 만일 주교님께서 아오스딩 신부가 아천리에 가길 원하신다면 그는 갈 것입니다. 그는 주교님의 명령을 기다리고 있으며, 이를 알기 위해 주교님께 편지를 썼습니다.
전라도의 모든 신부들은 잘 있습니다.

주교님께 저의 겸손한 존경을 표하면서, 저를 예수 그리스도 안에서 순종하는 주교님의 아들로 생각하는 것이 행복합니다.

조선의 교황 파견 선교사
X. 보두네 드림

아오스딩 신부의 임지 도착 소식
및 유승도의 인물됨 서술

✝

예수 마리아 요셉

전주

1898년 10월 3일

주교님,

목포로 막 떠나려던 참이었습니다. 라크루츠 신부가 저와 함께 가야 합니다. 조선 신부 이 아오스딩은 벌써 임지에 도착했습니다. 그는 전주에서 군창까지 가마로 간 후 군창에서 10월 28일에 증기선을 탔습니다. 그는 떠나던 날 약간 피곤했기 때문에 말을 타기보다 가마를 타고 가는 게 낫다고 판단했습니다. 저 역시 그렇게 조언했습니다.

유승도는 많은 사업을 벌이는 사람입니다. 그의 세례가 3~4년 전부터 미뤄져 온 이유이기도 합니다. 주교님께 제시된 서류에서 그가 말하는 사업은 전수교인이나 천주교와 아무런 관련이 없는 일입니다. 작년 봄에 황금을 찾는 이들이 쌀을 모두 매점하는 바람에 백성은 살아갈 수가 없었습니다. 사람들은 그들을 장수 지역에서 추방하기로 결심했으며, 주민들은 유승도와 김양하金亮漢의 아들을 뒤따라 그들이 그곳에서 떠나게 만들었습니다. 그때부터 주민들은 위 두 사람의 지도하에 관가에 가서 자기들이 이미 전액 납부한 세금을 다시는 요구하지 말 것과 그 세금을 서울로 보내지 않고 비양심적으로 착복한 이들에게 세금을 물릴 것을 요구했습니다. 다소 놀란 장수군수는 주민들이 요구하는 모든 사항에 동의하며, 그들에게 다시 세금을 물리지 않고 체납된 세금을 자신이 내주겠다고 약속하는 쪽지를 유승도에게 주기까지 했다고 합니다. 그래서 주민들은 해산했습니다. 얼마 후 유승도가 체포되어 투옥되었으나 그는 탈옥에 성공했습니다. 이번에는 김양한金亮漢의 아들이 체포되어 강제노동형을 받았습니다. 1~2개월간 수감되었던 그는 갑자기 수비대 군인들에 의해 뜻밖에 풀려났습니다. 관찰사와 다투던 군인들이 야밤에 관찰사의 집에 침입하여 모든 감옥 문을 다 부수었기 때문입니다.

유승도가 바빠서 저를 만나러 올 시간이 없었다는 것은 말도 안 됩니다. 그는 그러한 일 때문에 저를 만나러 올 생각은 감히 하지 못할 것입니다. 저는 또한 교우들이 고목告目[54]을 통하여 주교님께 이 사건을 부탁했다는 것도 의심합니다.

이곳의 모든 신부들은 건강하게 잘 있습니다. 이 지방은 꽤 평온합니다. 현재로서 저의 동료들에게 조그만 걱정이라도 끼치는 교우들 사건은 없다고 생각합니다.

주교님, 우리 주님 안의 당신의 미천한 아들의 겸손한 존경을 받아 주십시오.

---

54 조선시대에, 경각사의 서리 및 지방 관아의 향리가 상관에게 공적인 일을 알리거나 문안함. 또는 그때에 올리던 간단한 문서 양식.(『표준국어대사전』)

조선의 교황 파견 선교사
X. 보두네 드림

남원군수 관련 답신 및 개신교도 정황 외 동료 신부와 교우의 안부

+

예수 마리아 요셉

전주

1898년 11월 6일

주교님,

목포에서 돌아오니 주교님의 편지 한 통이 와 있었습니다. 주교님을 뵈러 갔던 남원군수와 좋은 관계를 유지하라고 권하는 편지였습니다. 저는 이 관헌의 방문을 기다렸지만 아무리 기다려도 그는 오지 않았습니다. 아마도 오지 않을 것입니다. 남원에 천주교인이 있기 때문에 그곳을 다스리는 어려움에 대한 걱정 때문이라는 것은 완전히 헛소리입니다. 그곳의 교우들은 별로 많지 않고 평화로우니까요. 그럼에도 만일 남원 교우들 중 누군가가 크고 작은 일로 왕국 법규를 어긴다면 저는 군수에게 미리 알려서 법률 위반에 대해 소송 없이 원만하게 해결하게 할 수 있을 것입니다.

이곳의 동료 신부들은 신자들을 방문하기 위해 시골에 가 있거나 갈 예정입니다. 모두 건강합니다. 그들은 각자 자기들이 담당한 지역의 영세자 수가 감소하리라고 예상합니다.

개신교도들은 평야에서 교세가 크게 늘어났습니다. 새 신자가 백여 명입니다. 그들은 최근에 너무나 방종한 행실을 보입니다. 그 결과 무수한 모욕적 행동이 뒤따랐고 결국에는 당국의 눈을 뜨게 만들었습니다. 여러 체포 사건이 있었고, 또 다른 체포가 이어질 것입니다. 그들이 일으키는 무질서가 온 지방에 상당한 영향을 주었기 때문입니다.

우리 교우들은 평화롭게 살고 있습니다. 드예 신부와의 일 이후 교우들에 대한 반감을 굳이 표현하고자 하는 장성군수만 빼고 다른 모든 당국자들은 우리 신문교우들을 지나치게 괴롭히려 들지 않습니다. 저 자신도 장성군수에게 편지를 보냈습니다. 그 이후 그는 좀 나은 태도를 보이는 것 같습니다.

저는 내일 교우들의 성사 집행을 위해 떠납니다. 그래서 주교님께 더 길게 편지를 쓸 시간이 없습니다. 게다가 특이한 보고 사항도 없습니다.

주교님, 저의 가장 존경하는 감정의 표현을 받아 주십시오.

주교님의 매우 미천한 선교사
X. 보두네 드림

새해 인사 및 나환자 소식,
전라도 영세자 수 감소

+

예수 마리아 요셉

전주

1899년 1월 7일

주교님,

저는 주교님께서 12월 20일 자로 보내신 편지를 정기방문에서 돌아온 후 받았습니다. 저의 정기방문 일정이 모두 끝나지는 않았고 아직 여섯 공동체를 더 방문해야 하지만, 전라도의 모든 신부들이 유럽식 새해 첫날을 축하하기 위해 만나기로 한 약속을 지키고 싶었습니다. 새해 잔치는 너무나 즐거웠습니다. 그날 저희는 주교님께 저희의 새해 인사를 담아 전보를 쳤습니다. 주교님께서 전보를 받으셨는지 모르겠습니다. 저는 오늘 마음 깊은 곳에서 다시 한번 새해 인사를 드리며, 동시에 우리 주님께서 주교님의 조선에서의 사명을 위해 오래 살게 해 주시길 기도합니다.

제가 이미 알고 있던 몇몇 소식과 나환자들에 대해 최근에 들은 몇 가지 소식을 알려 드립니다. 아마 주교님께서도 이미 알고 계시는 것들일 것입니다. 이 질병의 몇몇 긍정적 측면을 알리면 이런 불행한 환자들이 많은 이 나라에서 살아보았어야 할 것입니다. 전라도에는 나환자가 별로 많지 않으나 경상도에는 훨씬 더 많이 있습니다.

전라도에서 정기방문은 거의 끝나가는데, 이곳의 신부들 중 누구도 영세자를 많이 내지 못했습니다. 겨우 작년의 절반 정도가 될까 말까 합니다. 올해 여러 가지 정부 공문들과 우리 군수들 대부분이 보이는 적대감이 이 같은 결과에 큰 영향을 미친 것이지요. 반면 개신교도들은 모든 곳에 가라지를 뿌렸습니다. 그들이 처음에 많은 관헌들의 마음에 미친 영향 때문에 저희는 전라도의 상당수가 개신교에 입교하지 않을까 두려웠습니다. 그러나 여론이 갑자기 바뀌었습니다. 주민들과 관헌들이 개신교 교리를 단죄하는데, 그 교리가 오직 공공의 안녕을 해치기만 하기 때문이라는 것이 그들의 설명입니다.

1866년의 순교자들에 대해 수집한 정보들은, 아직 또 다른 증인들을 만나길 희망하는 까닭에 2월 초에 보내드리겠습니다.

주교님, 저의 가장 겸손한 경의를 받아 주십시오.

우리 주님 안에 순종하는 아들
조선의 교황 파견 선교사
X. 보두네 드림

1898~99년도 성무집행 보고서
-성교 확산에 장애가 되는 두 가지 요소-

✝

예수 마리아 요셉

전주
1899년 4월 3일

주교님,

우리의 거룩한 종교의 올해 발전은 최근 몇 년간만큼에 미치지 못했습니다. 영세자 수가 줄었고, 제가 얻게 된 교우들 대부분도 많은 장애를 극복한 후에야 세례성사를 받을 수 있었습니다. 예전처럼 천주교를 믿을 자유가 존재하지만, 모든 선의 원수인 마귀가 회심의 움직임을 막으려고 수많은 어려움을 일으킨 것도 사실입니다. 당국은 정의라는 미명하에, 아니 차라리 천주교에 대한 증오를 나타내려고 걸핏하면 우리 신문교우들에 대해 부당하고 가혹한 판결을 내렸습니다. 천주교인과 외교인 사이의 소송에서 정의로운 판결을 내리는 군수들은 매우 드뭅니다.

특히 새 관찰사가 부임하면서 교우들에 대한 적개심은 더욱 두드러졌습니다. 이 관헌은 고위 관직에 오르면서 주민들의 마음이 어떤지 전혀 모르는 채로 천주교인들과 군인들의 폐해를 끝장내고자 한다고 공언한 것 같습니다. 며칠 후 관찰사의 방침을 지지할 목적으로 공문이 하나 발표되었는데, 군인들 얘기는 없이 천주교인들만을 겨냥한 공문으로서 모든 주민은 장차 당국이 교우들에게 어떤 행동노선을 취할지 알게 되었습니다. 군인 얘기는 더 이상 없고 천주교인들만이 공공의 안녕을 저해하는 자들로서 법대로 엄격히 다스려져야 할 사람들로 간주되었습니다. 적개심에 불타는 공문서 작성자의 마음은 공문서 한 장만으로는 만족할 수 없었습니다. 그는 한 달 반 사이에 두 개의 또 다른 공문을 냈습니다. 시장과 주막 문에 나붙은 이 모든 공문들은 우리 종교에 큰 피해를 주지 않을 수 없었습니다. 예전에 교우들과의 소송에서 패소했던 이들이 다시 소송을 제기하였고 이번에는 다행히도 대부분의 관장들이 공문의 취지를 따랐기 때문에 소송에서 이겼습니다. 또 어떤 이들은 이런 사조를 틈타 교우들이 이제까지 경작해 오던 논에서 그들을 쫓아냈습니다. 여러 군수들이 몇몇 교우들의 가벼운 잘못이나 심지어 그들이 범하지 않은 잘못에 대해서까지 유례없이 엄벌하려 서둘렀습니다. 가장 유감스러운 것은 두 명의 신문교우가 두 건의 살인 사건에 가담했다고 하여 부당하게도 3년의 중노동형을 받은 것입니다. 진짜 살인범인 두 명의 외교인들은 사면되었는데도 말입니다. 두 살인범 중 하나는 자기네 군수와 관찰사에게 많은 돈을 뇌물로 줌으로써 사면되었고, 또 한 사람은 개신교 목사들의 보호 아래 숨어듦으로써 사면된 것입니다.

우리의 성교 확산을 가로막는 둘째 장애는 개신교도들이 가는 곳마다 일으키는, 교리에 대한 무관심에서 옵니다. 그들의 전도 활동은 날이 갈수록 어마어마한 규모로 행해집니다. 그들은 천주교 교우들 중심지는 뇌두고 천주교가 아직 들어가지 않은 마을들이나 지역에서 추종자들을 만드는 데 열을 올립니다. 온갖 방법이 다 동원됩니다. 때로 자기네 종파를 천주교와 동일시하는가 하면, 때로는 천주교를 비방함으로써 천주교를 불신하게 하고 자기네 종파의 가치를 드높입니다. 어떤 곳에서는 자기네에게 추종자들을 데리고 오는 사람에게 큰돈을 나눠 주거나 약속하는가 하면, 또 다른 곳에서는 정의에 대한 위반 여부를 따지지 않고 개신교도나 개신교 편이라고 말하는 사람을 보호합니다. 심지어 개신교 목사들에 이르기까지 불법적 수단을 사용하지 않는 이가 없습니다. 그들은 재판관에게 힘을 행사하여 잘못을 범한 개신교도들에 유리한 판결을 내리게 합니다. 한두 가지 예를 들자면, 양씨라는 개신교 전교회장은 그의 온갖 비리가 두세 지역에 알려져 형벌을 받아 마땅했는데도 최근에 사면되었습니다. 개신교 목사가 개입하여, 주민들이 깜짝 놀랄 정도로 관찰사에게서 사면을 얻어낸 것입니다. 금구에서는 서씨 성을 가진 또 다른 개신교도가 절도죄로 고발되었는데 개신교 목사의 중재로 유리한 판결을 얻어냈습니다. 함부로 행해지는 이 중재 제도로 말미암아, 다른 이의 재산을 탐내는 사람들 중에서 많은 이가 개신교도가 되었습니다. 그러므로 신념을 가지고 개신교 신자가 되는 조선인은 드물다고 말할 수 있습니다. 그들 대부분은 자기네 욕망을 아무런 벌을 받지 않고 충족시킬 수 있는 여러 이점 때문에 개신교도가 되었습니다.

따라서 우리 교우들은 올해 많은 고통을 받았고 많은 반대에 부딪혔습니다. 그들에 대한 부당함은 무수히 많으며, 당국의 엄격함은 그들을 무겁게 짓눌러, 그들에게 가하는 형벌만 보면 그들을 큰 죄를 지은 사람들이라 믿을 정도입니다. 맹목적으로 이 관헌들의 행동을 본받는 백성들은 자기들에게 주어진 권한을 안타깝게도 남용하기만 할 뿐입니다. 천주교인의 이름에 대한 증오심을 만족시킬 기회가 오면 그들은 개인적으로 법의 범위 밖에서, 또는 당국의 보호하에 그 기회를 이용했습니다. 이런 상황은 마침내 어떤 신부의 집이 처음으로 아무 지장 없이 침입을 당하는 지경에 이르렀습니다. 이 신부는 작년에도 침입했던 같은 사람에 의해 자기 집에서 모욕을 당했습니다. 마치 이 품위 있는 선교사는, 하느님 섭리의 이해할 수 없는 계획에 의해 수난의 잔을 마지막 한 방울까지 마셔야 하기라도 한 듯이, 최근 자기 집이 천박한 무리에 의해 습격당하는 것을 보았고, 신부의 사람들은 끔찍하게 구타당했으며, 신부 자신은 수단이 갈가리 찢긴 후 마치 악한이라도 되는 듯 결박당할 위협을 받았고, 질질 끌려다니면서 맞아 온몸이 멍들었습니다. 그 신부에게 내려진 운명이 무엇일까요? 하느님만이 아실 겁니다. 이상과 같은 것이 올 한 해 동안 저희가 겪어야 했던 고통에 대한 요약입니다.

그러므로 저희가 얻은 결과를 보면서, 그토록 많은 고통 가운데서도 저희의 나약함을 지탱하도록 기쁨을 더해 주신 하느님의 섭리에 감사드리지 않을 수 없습니다. 다시 세부 사항을 말씀드리기보다 숫자를 말씀드리는 것이 더 나을 것 같습니다. 말보다 더 잘 표현하고 있으니까요.

영세자: 임종 대세자 대인 포함하여 139명, 대세를 받고 임종한 외교인 어린이들 134명, 출생자 101명, 사규고해자 1475명, 사규영성체자 1383명, 재고해와 재영성체 724명, 전체 교우 수 2246명.

주교님, 주교님의 부당한 선교사의 깊은 존경을 받아 주십시오.

조선의 교황 파견 선교사
X. 보두네 드림

베르모렐 신부 사건 관련 정보
및 고부 봉기 소식

+

예수 마리아 요셉

전주
1899년 5월 29일

주교님,

저희가 전라도에 돌아온 이후 달라진 것은, 주민들의 마음이 저희에게 호의적이지 않다는 것 외에 아무것도 없습니다. 베르모렐 신부의 지역에서도 주민들은 적대적이기까지 합니다. 당국자들 가운데 은진군수는 큰 적개심을 보였습니다. 그는 무슨 수를 써서라도 베르모렐 신부가 소송에서 지기를 바랄 것입니다. 이 군수를 파면할 방법이 있다면 좋을 것입니다.

주교님, 다음은 5월 23일에 강경에서 체포되어 서울로 이송된 사람들의 명단입니다.

조흥서趙興西 (조흥도의 사촌)
김경언金京彦

황경직黃京直

조흥도趙興道

최성진崔成眞

윤성여尹成汝

김낙문金樂文

천장옥千長玉

최일언崔一彦

위의 첫 세 사람은 죄가 없습니다. 그러나 은진군수는 지금까지 이들의 이름을, 실제로 죄가 있는 사람들, 다시 말해 강경에서 매우 영향력 있는, 위 명단의 끝부분에 있는 사람들 대신 죄인 명단에 올리고자 했습니다. 이들을 가능한 한 빨리 석방하는 것이 좋을 것입니다. 그들이 베르모렐 신부에게 갚아야 할 잘못이 있다 하더라도 그들은 은진에서 한 달간의 감옥 생활을 통해 충분히 갚았기 때문입니다.

조흥도도 크게 잘못한 것이 없습니다. 게다가 주교님께서도 그의 잘못을 알고 계십니다. 서울로 이송된 큰 죄수는 애초에 지목된 여섯 명이 아니라 다섯 명입니다. 제 생각에 조흥이趙興伊를 빠뜨린 것 같습니다. 그가 왜 명단에서 누락되었는지 궁금합니다. 베르모렐 신부의 전보에는 여섯 명의 주동적 죄수라고 되어 있는데, 실제로 체포된 것은 다섯 명일 것입니다.

베르모렐 신부 사선에 대한 그 밖의 정보에 대해서는 신부의 복사가 주교님께 기꺼이 알려 드릴 것입니다.

위 명단의 첫째 사람인 조흥서의 어머니가 제 생각에 아주 큰 가치가 있어 보이는 원정原情[55]을 저에게 제출했습니다. 신부의 무죄함과 최씨, 유씨, 강경 사람들의 잘못, 은진군수의 보고서에 담긴 그의 악의가 그 안에 분명히 드러나고 있습니다. 필요하신 경우에 쓰실 수 있도록 이를 주교님께 보내드립니다.

오늘 전주에는 아주 안 좋은 소식이 퍼졌습니다. 100여 명의 평야 사람들(그들 중에는 개신교도들도 섞여 있다고 합니다)이 고부에 침입하여 그곳에 있는 유럽식 총 여러 자루와 수백 발의 실탄과 수많은 조선 총을 훔쳐 갔다는 것입니다. 그들은 오래전부터 논에 대한 부당한 세금의 감면을 요구했으나 정부는 결코 귀를 기울이려 하지 않았습니다. 그래서 그들이 봉기한 것입니다. 봉기한 사람들이 천주교 교우들일 것이라는 소문이 삽시간에 퍼졌지만 사실이 아닙니다.

주교님, 저의 깊은 존경의 표현을 받아 주십시오.

조선의 교황 파견 선교사
X. 보두네 드림

---

55 사연을 하소연함.(『표준국어대사전』)

1899~1900년도 성무집행 보고서
-고부 봉기 전후의 전라도 분위기-

✝

예수 마리아 요셉

전주
1900년 4월 17일

주교님,

올해의 정기방문은 저희에게 약간의 두려움을 안겨줄 여러 가지 사건들로 얼룩졌습니다.

지역 당국의 실정 때문에 발생한 주민들의 전반적 불만을 목격한 동학 잔당들은 1894년의 내분을 다시 일으킬 적기가 왔다고 믿었습니다. 따라서 작년 7월과 8월에 서른 명가량의 동학 잔당들이 총과 창으로 무장한 채, 고부군수의 부재를 틈타 고부군에 느닷없이 쳐들어왔습니다. 그들은 이 대담한 시도에 완벽하게 성공했습니다. 그들은 아무 어려움 없이 고을을 점령하고 그곳에 있는 무기들을 차지했습니다. 게다가 그들은 어떤 아전의 악의로 투옥되었던 세 명의 예비교우를 풀어 주었습니다. 이 마지막 사항은 저희에게 크게 해로울 뻔했습니다. 왜냐하면 종교에 관한 모든 것에 대해 적대적인 것으로 유명한 그곳 아전들이 저희에게 끔찍한 타격을 가할 그 같은 기회를 놓칠 리가 없을 것이기 때문이었습니다. 그들은 저희를 이번 봉기의 유일한 도발자들로 몰면서 부안군수에게 서둘러 고발했습니다. 부안군수는 악의에서인지 아니면 경솔함에서인지 몰라도 아전들의 고발 내용 그대로를 전라관찰사에게 보고했습니다. 그러나 보다 신중한 사람인 이 행정관은 그 보고를 믿으려 들지 않았습니다. 그는 보고서를 읽고 나서 이렇게 현명한 답변을 했다고 합니다. "진정한 그리스도인들은 모든 규범에 매우 순종적이고, 어떤 종류의 봉기든 매우 혐오한다. 고부의 자칭 그리스도인이라는 이 사람들은 동학 잔당일 수밖에 없다. 법의 엄정함을 피하려는 구실로 그리스도인이라는 이름을 빌린 것이라고 본다." 그 이후 일어난 사건들은 관찰사의 의견을 정당화하고도 남았습니다. 며칠 후 수백 명을 강제로든 자발적으로든 자기네 진영에 가입시킨 것에 어깨가 으쓱한 이 반도叛徒들은 고창군에서 자기네 노력이 물거품이 되어 버리는 것을 목격했기 때문입니다. 이 지역의 군수에 의해 은밀히 무장된 주민들은 그들에게 달려들어 몇 명은 죽이고, 쉰여 명을 사로잡고 나머지는 흩어 버렸습니다. 죄수들의 심문 과정에서 그들은 자기들이 동학교 신봉자들임을 자백했습니다. 사실 포졸들은 동학도를 색출한답시고 우리 교우들을 끊임없이 박해한 것이 사실입니다. 포졸들은 교우들을 괴롭히고 그로써 자기들의 악의를 만족시키기 위한 이 같은 구실이 있음에 매우 즐거워했습니다. 우리 교우 중 하나에게 예고를 받은 광주 관찰사는 서둘러 매우 엄격한 명령을 내렸고, 그때 이래로 교우들은 더 이상 박해를 당하지 않았습니다.

전라도는 작년 11월과 올해 2월에 주로 도둑들의 약탈로 어려움을 겪었습니다. 사람들은 이전에는 결코 그러한 도둑들이 생기지 않았다고 합니다. 그들은 모두 총과 큰 칼로 무장하고 서른, 마흔 명이 무리를 이룹니다. 그들은 너무도 끔찍한 일을 저지르기에 군수들과 관찰사는 감히 그들을 건드리지 못했습니다. 전주 수비대의 군인들도 그들을 막는 데 재빠르지 못했습니다. 그래서 이 도둑들은 백주에 원하는 곳을 마음대로 돌아다녔습니다. 그들이 범한 도둑질은 헤아릴 수 없이 많습니다. 그들은 여러 마을을 불태우고 여러 사람을 죽였습니다. 다행히도 그들이 우리 교우들을 공격하려 들지는 않았고, 교우촌 두 군데에서는 그저 쌀을 요구하는 것에 그쳤습니다. 그들이 심지어 예의 발랐다고까지 말할 수 있을 것입니다. 그들이 떠나면서 쌀값을 지불하지 못한 데 대해 유감을 표했으니까요.

마을을 도둑들의 약탈에서 지키는 데는 무관심하기 그지없는 전주 군인들은 올해 3월과 4월에 동학도들을 색출하는 데는 큰 열성을 기울였습니다. 서글프게도 그들은 그 일에서 유명해졌습니다. 그들의 탐욕은 끝이 없습니다. 죄가 없든 있든 간에 주민들 중 많은 이가 그들의 탐욕을 채워줘야 했습니다. 주민들이 견뎌야 할 시련은 점점 더해 갔습니다. 주민마다 혹시 자신도 불리한 명단에 올라 있는 것은 아닌지 전전긍긍해야 했으니 주민들은 슬픔에 빠질 수밖에 없었습니다. 군인들은 자기네 상관들과 민간 당국자들 사이에 모종의 합의가 있다는 것을 알기에 이 더러운 임무를 수행하는 데 더더욱 악착을 떨었습니다.

외교인 동포들보다 더 행복한 처지인 우리 교우들은 이 모든 모욕에서 면제되어 있습니다. 그들은 무슨 잘못을 범하지 않았다면 불안해할 것이 없습니다. 하지만 그들이 죄인으로 지목되면 똑같은 죄목으로 외교인 동포들이 받는 벌보다 대개 더 엄한 벌을 받습니다. 종교에 대한 혐오가 완전히 사라지지 않았기 때문입니다. 특히 낭국자들은 자기들의 증오를 공공연하게 드러내는 것을 즐깁니다. 당국자들 중에 똑같은 죄인데도 교우냐 외교인이냐에 따라 다른 판결을 내리지 않는 자가 매우 드뭅니다.

올해 정기방문에서는 특별히 보고할 만한 것이 아무것도 없습니다. 상황은 작년과 동일합니다. 한편으로는 비참한 일이 별로 없고, 또 한편으로는 크게 위로가 될 만한 일도 별로 없었습니다. 열심이 가득한 교우들은 성사 받기를 몹시 바랍니다. 그들은 지금보다 더 자주 성사 받기를 바랄 것입니다. 안타깝게도 그들이 처한 어려움과 그들의 적은 숫자는 선교사가 그들의 정당한 갈망을 채워주는 데에 두 가지 주된 장애물입니다. 그럼에도 올해 재고해와 재영성체의 숫자는 이제까지 그 어느 해보다 많았습니다.

전주 지역에서 올해 대인 영세자 수는 아마도 작년에 못 미칠 것입니다. 이는 더 긴 시험을 요구하기로 한 저의 결정 때문입니다. 반면에 예비교우 수는 더 많습니다. 특히 진안에서 회심의 움직임이 느껴집니다. 30가구가 사는 어떤 마을에서 천주교 책들을 요청할 것 같습니다. 그곳의 어떤 사람이 최근에 세례를 받았고, 또 여러 사람이 머지않아 세례를 받을 것입니다. 이제까지 아무 신봉자가 없던 약 열 군데 마을에 현재 한두 명의 신봉자가 생겼습니다. 이 황폐한 땅에 뿌려진 하느님의 씨앗이 머지않아 땅을 비옥하게 만들기를 바랍시다.

임실과 남원은 머지않은 장래에 희망이 될 새로운 땅입니다. 이전에는 임실군에 공소가 하나도 없었습니다. 작년에 두 개의 공소가 세워졌는데, 하나는 오래된 교우들이 모이고, 다른 한 공소는 새 교우들이 모입니다. 올해에는 임실 남쪽 부분에 셋째 공소가 막 탄생했습니다. 하느님 아버지의 양 우리로 새로운 양들이 들어오리라 희망할 여지가 충분합니다. 남원은 여전히 천주교를 허용할 의향이 있습니다. 3년 전부터 선의를 지닌 몇몇 사람이 우리에게 오기 위해 발걸음을 내디뎠습니다. 악한 영이 여전히 많은 어려움을 일으켜서 그들로 하여금 자기들의 좋은 결심을 실천하지 못하게 했습니다. 남원과 인접한 지역의 여러 사람이 올해 교우가 될 의향을 보여 주었습니다. 저는 그들의 첫 가르침에 필요한 책들을 보내주었습니다. 앞의 사람들보다 더 결단력이 있는 그들이 우리에게까지 와서 미래의 아름다운 천주교 공동체의 중심이 되리란 것을 희망해야 합니다.

장수, 전주는 보통 때와 비슷한 영세자를 한결같이 내고 있습니다. 다른 곳과 마찬가지로 여기서도 교우가 되는 이들은 대개 이 세상의 불우한 이들입니다. 유복한 사람들이 천주교를 받아들이는 경우는 드뭅니다.

주교님, 저의 가장 깊은 존경의 표현을 받아 주십시오.

조선의 교황 파견 선교사
X. 보두네 드림

전라도 신부들의 안부와
활빈당 출현 등 전라도의 근황

✚

예수 마리아 요셉

전주
1900년 8월 4일

주교님,

6월 26일과 7월 19일 자 편지를 잘 받았습니다. 같은 봉투에 봉해진 채 동봉된 편지들은 수신인인 페네 신부에게 보냈습니다.

전라도의 신부들은 피정 이래로 큰 질병은 없습니다. 베르모렐 신부가 여전히 두통에 시달리고는 있습니다. 기온이 달라짐에 따라 다소 심해지기도 하는 이 병은 단 한순간도 신부를 떠나지 않는 것 같습니다. 미알롱 신부는 튼튼하지도 약하지도 않고 피정 때와 같은 상태입니다.

페네 신부와 드예 신부는 모두 건강하게 잘 있습니다. 페네 신부는 새로운 임지에 적응하였습니다. 그곳의 몇몇 공소 방문으로 신부는 많은 교우들을 알게 되었고, 제가 아는 한 그분에게 아무 걱정이 없습니다.

드에 신부는 저희를 보러 왔습니다. 신부는 다시 내려가면서 몇몇 공소를 방문하고 나서 이번 달 말 목포로 돌아갈 것입니다. 신부는 9월 중에 제주도를 여행하려 합니다. 신부는 여러 섬, 그중에서도 진도에 많은 예비교우를 가진 것 같습니다.

조선인 신부 이 아오스딩은 비교적 건강하게 지내는 것 같습니다. 신부의 건강은 작년보다 지금이 더 나은 듯합니다.

라크루츠 신부가 최근에 저에게 편지를 보냈습니다. 신부의 편지가 저에게 도달하는 데 한 달 이상 걸린 것으로 보아 신부는 섬에 도착한 지 며칠 만에 그 편지를 쓴 것입니다. 따라서 제주도에 며칠 머물지 않은 상태였기에 새로운 임지에 대해 자세한 사항을 저에게 알려줄 수가 없었습니다. 그럼에도 신부는 새로운 임지에서의 첫 나날들에 만족한 듯합니다. 신부는 미알롱 신부의 복사, 전주의 두 여교우들과 열여덟 살 된 젊은이와 함께 갔기 때문에 페네 신부처럼 외롭지는 않을 것입니다. 반면에 미알롱 신부는 거북한 상황에 처했지요. 그분은 현재까지 복사가 없는데 언제 다시 복사 한 명을 갖게 될지 자문하고 있습니다.

전라도, 특히 북쪽 지역은 강수량 면에서 경기나 그 밖의 다른 지방보다 조건이 좋았습니다. 올해도 여느 때처럼 모심기 철에 꽤 많은 비가 내렸습니다. 그때 이래로 비는 꽤 규칙적으로 내립니다. 그래서 여러 작물들이 잘되고 있습니다.

최근에 저는 조선 신문에서, 서울에서 활빈당이란 이름으로 불리는 마흔 명가량의 도둑들이 체포되어 그들 중 일곱 명이 처형되었다는 소식을 읽었습니다. 이곳에도 똑같은 이름을 사칭하는 도둑들이 있습니다.

이들은 대개 수도 사람들이고, 적어도 우두머리들입니다. 그들은 백주에 전라도 곳곳을 쑤시고 돌아다닙니다. 우두머리들은 아주 잘 차려입고서 가마나 말을 타고 다니는데, 그들 앞뒤에 칼과 총으로 무장한 부하들을 대동하고 있습니다. 그들은 부자들에게 재산을 토해 내게 하지만 그들을 때리지는 않습니다. 그러나 부자들이 돈을 내놓지 않으면 그들의 집을 약탈합니다. 이 활빈당원들이 여행객들을 약탈하는 경우는 드물고 마을을 약탈하지 않으며, 기껏해야 마을 사람들 각자에게 쌀 한 그릇씩을 내놓으라고 요구할 뿐입니다. 물론 쌀값은 내지 않지요. 그들은 여러 명이 함께 여러 관헌들을 찾아가 꽤 친밀하게 대화를 나눴습니다. 군청에서 나온 그들은 모든 사람이 보는 앞에서 예전과 똑같은 생활방식을 또다시 시작했습니다. 그들은 현재 전주에 있습니다. 그들은 벽보를 통해 부호 상인들에게 수천 냥의 엽전을 이러이러한 장소로 갖고 오도록 독촉하면서, 만일 그들이 그렇게 하지 않으면 큰 손해를 입게 될 것이라고 협박했습니다. 전주는 공포에 떨었습니다. 모든 이가 큰 불행의 전야가 아닌가 생각합니다. 당국자들은 이런 일들 앞에서도 여전히 무관심합니다!

제 명함을 다 썼기 때문에 주교님께서 인쇄소에 백 장가량 주문하셔서 우편으로 보내주시길 청합니다.

제가 맡은 구역의 예비교우들은 올해 꽤 많을 것으로 예상됩니다.

주교님, 저의 가장 깊은 존경을 약속드리오니 받아 주십시오.

조선의 교황 파견 선교사
X. 보두네 드림

청국의 천주교 박해 소식과
그에 대비되는 평온한 전라도 분위기

+

예수 마리아 요셉

전주

1900년 8월 9일

주교님,

최근에 주교님께 보낸 저의 편지와, 오늘 제가 받은 주교님의 엽서가 도중에 엇갈렸군요. 제 편지는 머지않아 주교님께 갈 것입니다.

페네 신부에게 선교사들에 대한 새로운 학살 소식을 전하겠습니다.

청국의 소식을 우리 조선인들은 잘 압니다. 그들은 신문을 통해 교회들의 방화, 선교사들과 유럽인들과 교우들에 대한 학살 사실을 압니다. 그들은 또한 이에 대한 응징이 멀지 않았다는 것도 압니다. 여러 국적의 수많은 군인들이 청국으로 향했으니까요.

최근 일자 조선 신문에는 의주로 피신한 만주의 두 명의 선교사 이야기가 있었습니다. 주교님께서는 바레트Bareth 신부에 대해서만 말씀해 주셨습니다. 그러므로 이 신문에 오류가 있는 것 같습니다. 어쨌든 이 친애하는 바레트 신부가 우리 가운데 오는 것을 환영합니다. 그의 마음은 슬픔으로 미어지겠지요. 자신의 소중한 선교가 완전히 무너지는 것을 목격했으니까요! 저의 미약한 기도의 도움을 신부에게 약속드립니다. 이것이 제가 신부와 그의 선교를 위해 할 수 있는 전부입니다.

남쪽의 저희 지방은 평온하며, 동학도의 움직임도 전혀 없습니다. 심지어 그들에 대한 말도 더 이상 하지 않습니다. 지난봄 수많은 동학도의 체포가 있었습니다. 사람들 말로는, 그들이 전국적 봉기일을 표시한 공문 중 하나가 당국에 입수되었기 때문일 것이라고 합니다. 이 소식이 사실일까요? 아니면 거짓일까요? 아니면 그들이 당국의 엄격함에 겁을 먹었을까요? 사실은 그들이 움직이지 않았다는 것입니다. 그들 중 가장 주된 범죄자 두세 명이 도청에 끌려가 매를 맞거나 굶주림으로 감옥에서 죽었습니다. 이때 체포된 그 밖의 다른 모든 이들은, 관찰사나 진위대장이나 군인 자신들에게 꽤 큰돈을 줌으로써 풀려났습니다. 왜냐하면 이 모든 나리들은 이런 상황을 이용해서 최대한의 돈을 벌고자 했기 때문입니다.

최근에 주교님께 보낸 편지에서 저는 활빈당이라고 불리는 새로운 종류의 도둑들에 대해 말씀드렸습니다. 그들은 전주의 큰 상인들에게 돈을 갈취하고자 하는 것 같았습니다. 군인들이 그들 중 여러 명을 체포함으로써 그들의 모든 계획을 무산시켰다고들 합니다. 사나흘 전부터 사람들은 더 이상 그들 이야기를 하지 않습니다.

주교님, 저의 가장 겸손한 존경의 표현을 받아 주십시오.

주교님의 매우 순종적인 아들

조선의 교황 파견 선교사

X. 보두네 드림

도둑들 창궐에
따른 염려

+

예수 마리아 요셉

전주

1900년 8월 19일

주교님,

김 스테파노 부제와 전 야고보는 좀 더 일찍 서울로 올라갑니다. 스테파노 부제는 그가 이곳에 맡겨 놓은 60냥을 경리부에서 찾길 원하오니 그에게 엽전 60냥을 주시고 비에모 신부의 장부에 제가 갚아야 할 것으로 기재해 주시길 부탁드립니다.

이 지역의 북쪽은 활빈당(빈민 구제자들)이라 일컬어지는 도둑들 또는 옛 동학도들일 가능성이 농후한 이들이 창궐하고 있습니다. 당국자들은 모든 이가 보는 가운데 버젓이 자행되는 온갖 강도질 앞에서도 무관심할 뿐입니다. 우리 관헌들과 군인들의 이해하기 힘든 이 같은 무사태평함에 도둑들은 더 대담해지고 있습니다. 그래서 그들의 수가 빠르게 증가하고 그들의 노략질은 날마다 증가하고 있습니다. 당국이 마침내 이 모든 무질서를 제거하고자 일어설 때 결코 그렇게 할 수 없게 되지 않을까 염려가 됩니다. 왜냐하면 대로를 누비는 불한당들이 엄청나게 불어나 있을 테니까요. 좋으신 하느님께서 1894년과 같은 시련만은 면하게 해 주시길 빕니다! 청국 사건들은 이 모든 불의에 상당한 역할을 했습니다. 물론 관헌들의 악한 행실도 큰 몫을 담당했습니다. 저로서는 새 관찰사가 어서 부임하기를 기다릴 뿐입니다. 만일 그가 주교님께서 저희에게 말씀하신 대로 선량한 사람이라면, 조금 더 큰 단호함으로 이 모든 무질서를 바로잡을 수 있을 테니까요.

이 지방 모든 동료들은 잘 지냅니다.

주교님, 저의 최고의 존경의 감정을 받아 주십시오.

조선의 교황 파견 선교사
X. 보두네 드림

주교의 전라도 포교지
신설·정리 계획에 대한 의견 외

✛

예수 마리아 요셉

전주

1900년 9월 16일

주교님,

주교님께서 9월 4일 자 편지에서 저에게 군창에 새 포교지 하나를 설치하는 것이 바람직하고 가능한 일이라 생각하는지 물으셨습니다. 주교님 편지를 받던 날 이 지역 북쪽의 모든 신부가 마침 전주에 모였는데 주교님 편지 내용을 알고서 모두가 이 계획에 만장일치로 찬성했습니다. 사실 군창에 신부가 오게 된다면 제물포나 서울과의 연락이 더욱 빠르고 확실할 뿐 아니라 연락 비용도 줄어들 것입니다. 목포, 군창과 제물포 사이를 여러 척의 배가 6~7일 간격으로 오가고 있습니다. 군창에 부임할 신부는 항구에서 가장 가까운 충청도와 전라도의 공소들을 방문할 수 있을 것이고, 결국 예비교우도 얼마간 생겨날 수 있습니다. 1893년부터 그곳에 들어온 개신교에는 매우 많은 신자들이 있습니다. 이 같은 일은 전교회 재정이나 주교님께서 그곳에 임명할 신부의 재정을 투입함으로써 마찬가지로 가능합니다. 현재로서 주교님께서 이곳 동료들 중 누군가의 도움을 기대하실 수는 없다고 생각합니다. 그들의 재정이 넉넉지 않기 때문입니다. 현재 그곳에는 언덕 하나가 매매 대상으로 나왔는데 저희가 그것을 구입하면 좋을 것입니다. 엽전 500~1,000냥의 가격인데, 저희 모두의 재산을 모아도 일을 성사시키기엔 부족했습니다.

저의 구역에 대한 주교님의 구획 정리 계획은 저에게 아무런 불편도 초래하지 않습니다. 저는 오히려 제 담당 교우들 중 가장 멀리 있는 이들이 가장 가까이 있는 이들과 마찬가지로 더 자주 더 쉽게 성사, 특히 종부 성사를 받을 수 있다면 행복할 것입니다. 만일 주교님께서 방인사제를 보내신다면 남원에 포교지를 만드실 생각을 하시는 것은 소용없다고 생각합니다. 제 생각에 그는 그곳에 발붙이려 하지 않을 것입니다. 거기엔 단지 두 명의 신문교우가 있고, 남원 근방의 몇몇 예비교우만 있으니까요. 그럼에도 남원에 포교지를 만드는 것이 필요합니다. 제가 잘못 생각하는지 모르겠지만 저는 남원이든 근방 지역이든 회두자들이 있으리라 생각합니다. 그곳은 기쁜 소식을 아는 사람들이 적은 새로운 곳입니다.

주교님께서 조선인 사제를 보내신다면 저는 장수, 남원, 무주와 진안의 몇몇 공소, 그리고 어은동의 사제관을 그에게 넘기겠습니다. 그리고 조금 미리 소식을 알려 주신다면 좋을 것입니다. 새로 부임할 신부가 지낼 방을 마련하고, 현재 공소에 살고 있는 교우가 거처할 다른 곳을 고를 시간이 필요하니까요.

주교님께서도 페네 신부가 조선을 떠나겠다는 이상한 결정을 한 것에 대해 아실 것입니다. 이 지방 북쪽의 모든 신부가 모여 있을 때 페네 신부는 자기가 주교님께 쓴 편지를 저희에게 읽어주었습니다. 저희는 최선을 다해서 그의 결심을 바꾸려 했지만 성공하지 못했습니다. 저는 7~8

일 내로 그를 만나러 가서 다시 한번 설득해 보겠지만 성공하리라 생각지 않습니다. 그는 자기의 결정을 세 가지 이유 때문으로 설명했습니다. 새 교우들의 부족한 믿음, 신앙 전파와 신부에 대한 헌신 부족, 그리고 솔직함의 결여라는 이유였습니다.

요 며칠 동안은 활빈당에 대해 많은 얘기들을 하지 않습니다. 전주의 군인들이 그들을 추방했고 49명은 체포했습니다. 처형된 서너 명 외에 이들은 심문 후 모두 방면되었습니다.

우리 주님 안에서 주교님께 매우 순명하는 아들
X. 보두네 드림

새해 인사 계획과
전라도 신부들의 근황 보고

✛

예수 마리아 요셉

전주
1901년 2월 23일

주교님,

최근 비에모 신부 편에 주교님께서 며칠 후 서울에 도착하시리라는 소식을 들었습니다. 올해 첫 휴일 며칠을 이용해 다시 오실 주교님께 인사드리고 새해 인사를 드리고자 합니다. 전라도 북쪽의 네 신부가 설날에 함께 모였을 때 저희는 주교님께 공동으로 새해 인사를 드리는 편지를 쓸 생각을 했으나 저희 편지가 언제 어떻게 주교님께 닿을지 몰라서 주교님께서 서울로 돌아오실 때까지 기다리기로 했습니다.

주교님께서는 순시하시느라 매우 힘드셨을 것입니다. 북쪽 지방의 교우 공동체 간의 거리가 꽤 먼 데다 특히 주님 공현 후 조선의 겨울은 매우 추우니까요. 선라노의 보는 동료들은 주교님의 소식을 애타게 기다리고 있습니다.

10월 말 이래로 전라도에서 뚜렷하게 특별한 일은 하나도 없었습니다. 제가 말씀드리고자 하는 것은 제 관할 지역입니다. 다만 무안의 우적동에서는 가엾은 이 아오스딩 신부가 12월 20일경에 더 나은 생명으로 건너갔습니다. 드에 신부가 이 아오스딩 신부의 마지막 순간과 임종에 대해 주교님께 자세한 편지를 보냈다고 말해 주었습니다. 그래서 거기에 대해 따로 말씀드리지 않겠습니다. 페네 신부 역시 여드레 동안 고열로 고생했습니다. 1월 28일 월요일 오후 3~4시경 열이 나기 시작했는데, 그때부터 앓기 시작해서 움직일 수도 말을 할 수도 없었습니다. 당시 신부는 침실에 홀로 있었기에, 저녁 식사 시간이 되어서 그의 방에 들어간 복사는 신부가 의식이 없고 어떤 말도 하지 못하는 것을 발견했습니다. 초동 처치를 받은 후에야 신부는 저의 조선 이름을 겨우 발음할 수 있었습니다. 교우들은 신부가 저를 보고 싶어 하는 것으로 이해하여 곧바로 네 사람이 밤중에 저를 찾으러 왔습니다. 그들은 자정이 되어서야 저의 집에 도착했습니다. 저는 즉시 출발했지만 그토록 서둘렀음에도 신부 집에 도착한 것은 다음 날 아침 다섯 시였습니다. 신부는 의식을 되찾고 침대 위에 앉아서 잠시 저와 대화를 나눌 수 있었습니다. 열이 조금 내렸고 다음 날 아침까지 이런 좋은 상태가 유지되었습니다. 저는 전주와 그 근방 교우들에게 성사를 주어야 했기에 그 전날 밤 도착한 드에 신부에게 페네 신부를 돌보도록 맡기면서 수류리를 수요일 아침에 떠났습니다. 수요일부터 일요일 아침까지 사나흘 동안 페네 신부는 무척 앓았습니다. 열이 내리지 않았습니다. 그는 때때로 헛소리를 하는가 하면, 어떤 순간에는 자신이 죽으리라고 믿고 두세 번 종부성사를 청하기도 했습니다. 일요일 아침에야 비로소 열이 가셨습니다. 그날 신부는 우유 몇 잔이나 약간의 수프밖에 먹을 수가 없었습니다. 그다음 날인 월요일에 신부는 빵을 포도주에 적셔서 먹어보았는데, 이런 식이요법이 힘을 되찾아주어서 화요일에 제가 그곳을 떠날 때(저는 토요일에 수류리로 다시 가서 그다음 날인 일요일에 떠나는 드에 신부와 교대하였습니다) 페네 신부는 다른 사람의 도움 없이 마당을 꽤 오랫동안 걸었습니다. 그는 점심에 국과 고기 한 조각을 먹고 나더니 자기는 완전히 나았다고 말했습니다. 정말로 일주일 후 신부는 아무런 피곤도 느끼지 않고 저를 보러 왔습니다. 그때 이래로 신부의 기력은 완전히 회복되었습니다.

김 스테파노 신부는 대여섯 공소 방문 후 약간 쇠약해졌습니다. 아침에 일어날 때 코피를 흘린 탓입니다. 교우들이 그에게 강장제를 주었는데, 그 이후 그는 더 이상 쇠약함을 느끼지 않았고 더 이상 코피를 흘리거나 빈혈을 느끼지도 않았습니다. 이 신부는 매우 규율이 있고 신중하고 열성적입니다. 그는 많은 기대를 갖게 합니다.

김 스테파노 신부와 주교님의 종인 저는 작년과 거의 비슷한 수의 영세자를 내리라 봅니다. 예비교우 숫자는 늘 것입니다.

베르모렐 신부와 미알롱 신부는 잘 있습니다.
주교님, 당신 선교사의 존경 어린 경의를 받아 주십시오.

조선의 교황 파견 선교사
X. 보두네 드림

추신
주교님, 이렇게 고친 흔적 가득한 편지를 보내는 것을 용서해 주십시오. 교우들이 세배로 저를 괴롭힙니다. 내일 저는 미알롱 신부에게 가려 합니다. 편지를 정리하여 다시 쓸 시간이 없습니다.

1900~01년도 성무집행 보고서
-올해의 성과와 긍정적인 내년 전망-

+

예수 마리아 요셉

전주

1901년 4월 6일

주교님,

연례피정은 결코 헛되지 않았습니다. 오히려 이전의 피정들만큼, 아니 그 이상으로 풍성한 열매를 맺었다고 하는 것이 더욱 진실할 것입니다.

우리 신문교우들은 대부분 단순하고 착하며 열심합니다. 그들은 성사에 자주 참여할 수 있어서 행복해합니다. 도시 교우들은 자주 성사에 참여하고, 도시 주변의 교우들도 일 년에 여러 차례 참여합니다. 저의 집에서 멀리 사는 교우들은 대개 일 년에 두 번 성사에 참여합니다. 일 년에 한 번만 성사에 참여하는 교우들은 드문데, 대개 젊은 교우들로서, 조선의 관습상 자기 마을을 떠날 수 없었기 때문입니다. 방금 말씀드린 것을 뒷받침하기 위해 저는 주교님께 올해의 영성체자와 고해성사자의 총 숫자를 말씀드리기만 하면 될 것입니다. 영성체자와 고해성사자는 각각 1,500명에 달하는데, 이는 이제까지 제가 도달한 숫자 중 가장 높은 숫자입니다. 이 숫자는 한 해 평균 숫자의 3분의 1만큼 더 많습니다.

영세자는 작년보다 몇십 명 더 많습니다. 그들 숫자는 저의 관할 구역에서만도 114명이라는 다발을 이룹니다. 김 스테파노 신부는 자기가 사목하는 구역에서 50명 이상의 영세자 수를 세례대장에 등록했을 것입니다. 이런 결과는 저에게 대만족입니다. 정규 방문 시작 때 저는 이 같은 성공을 전혀 기대하지 못했기 때문입니다.

예비교우들도 작년 이맘때보다 더 많습니다. 입교의 움직임도 느려지긴커녕 더 빨라지는 것 같습니다. 내년에 저희 모든 신부가 예외적인 영세자 수를 기록할지도 모릅니다. 그 이유는 개신교와 이교離敎[56] 때문입니다. 그들이 사용하는 전도 방법이 건전한 주민들을 다소 화나게 했기 때문입니다. 개신교도들은 한 달 전부터 자기네 교리책을 되도록 많이 보급하는 방식을 다시 택했습니다. 그들은 모든 시장과 마을마다 자기네 물품을 갖고 다닙니다. 그들은 전단지를 나눠 주고 책을 팝니다. 사람들 말로는, 그들이 자기네 재정을 이용해서 아직 그 물품들을 받지 못한 이들에게 그것들을 받아들이도록 강요한다고 합니다. 이 책들의 전파를 막기 위한 유일하게 효과적인 방해물은 바로 천주교인이라는 자격입니다. 러시아 부인이라는 허풍스러운 이름으로 서울의 어떤 조선 여자가 강경에서 3~4개월 동안 이교를 전파했습니다. 주민들이 이교를 받아들이게 하기 위해 모욕, 강압, 세금 물리기 등 모든 수단이 동원되었습니다. 이교에 가입된 사람들의 권력은 한계가 없었습니다. 여러 관헌들이 이 사람들과 다투었습니다. 그러나 싸움을 중재하기 위해 개입한 그 조선 여성

---

[56] 당시만 해도 천주교에서 정교회를 이교(離敎)라 하였는데, 이는 이교도라는 뜻의 이교(異敎, paganism)가 아니라 갈라질 이(離) 자를 써서 갈라진 교회라 하여 이교라 하였다.

앞에서 그들은 양보할 수밖에 없었습니다. 관헌들이 이렇게 물러나는 바람에 그들은 엄청난 영향력을 갖게 되어 그 이후로 그 어떤 것도 이교 신도들의 바람을 저지할 수가 없었습니다. 이교를 받아들인 사람들이 짧은 시간 내에 너무나 많아서 전주에서마저 모든 주민이 이교를 받아들였다는 소문이 온 사방에 퍼졌습니다. 그들에게 저항할 수 있는 것은 천주교인들뿐이었습니다. 개신교도들도 그들의 진영으로 넘어갔습니다. 그런데 한 차례 돌풍이 불자 그들은 전파될 때보다 더 빠른 속도로 와해되었습니다. 지방 당국자들이 서울에 불평을 호소하자 공공질서를 어지럽히는 주동자들을 체포하여 서울로 압송하라는 엄명이 내렸습니다. 주동자들 가운데 몇이 체포되자 모든 이교 신도들은 마법처럼 사라졌습니다.

많은 외교인들은 이미 개신교와 이교와 천주교의 차이를 구분합니다. 그들은 천주교를 선호하면서 개신교와 이교에 대한 혐오를 감추지 않습니다. 그들은 말하길, 외국 종교를 받아들여야 한다면 천주교를 받아들일 것이라고 말합니다.

내년에 영세자 수가 많을 가망이 있는 곳은 미실 근처의 진안 북부, 임실, 김제, 그리고 전주의 평야지역입니다. 책에 대한 요청이 많아서 그 바람을 다 채워줄 수 없을 지경입니다. 보유한 책이 지난 12월부터 이미 동이 났으니까요. 그러나 새로운 예비교우들의 자질을 시험할 필요가 있습니다. 그들 중 꽤 많은 사람이 여전히 물질적 이익과 상관없는 순수한 의도를 지니지는 않았으니까요.

주교님, 주교님의 선교사의 존경 어린 겸손한 마음을 받아 주십시오.

X. 보두네 드림

제주 참사 이후 전라도 천주교 상황과
성사 권한 및 대사 기도 관련 문의

✝

예수 마리아 요셉

전주
1901년 9월 21일

주교님,

파이야스Pailhasse 신부가 프랑스로 떠난다는 사실을 알린 주교님의 편지를 받았습니다. 전라도 북쪽의 모든 동료 신부가 이 사실을 알았습니다.

주교님께서는 다른 동료들을 통하여 이 지방 소식들을 들으셨을 것입니다. 새로 상세히 말씀드릴 만한 흥미로운 사실은 하나도 없이 모든 것이 평소처럼 흘러가고 있습니다.

하지만 안타깝게도 제주의 참사는 너무 큰 영향을 미쳤습니다! 신문들과 여론은 그 이야기의 이모저모를 퍼뜨리는 재미에 시간 가는 줄 몰랐습니다. 참사 이야기를 모르는 곳이 없었습니다. 물론 사실은 왜곡되었고, 우리 천주교에 대한 증오를 다시 불붙이는 구실로 사용되었습니다. 이제까지 조선 백성들과 당국은 우리에 대한 혐오를 행동으로 드러낸 적은 없었습니다. 다만 두 명의 군수들만이 예외적인 태도를 보였습니다. 그들 중 하나인 지도智島군수는 어떤 이유에서인지 모르지만 드예 신부의 복사와 마부를 죽도록 때릴 방법을 찾아냈고, 드예 신부 자신도 손을 다쳐서 글을 쓸 수 없다고 합니다.

또 다른 한 사람은 전주군수로서 그는 온갖 기회를 이용하여 천주교를 모욕하였습니다. 사실 그에 대해 불만을 가질 이유가 있는 사람은 우리만이 아니었습니다. 외교인과 교우를 가리지 않고 모든 사람이 그의 중대한 결점 때문에 그를 중오하였습니다. 도둑이고 잔인하며 판단력이 없는 그는 아전과 포졸들이 하자는 대로 끌려다닐 뿐입니다. 관찰사가 자리를 비운 틈을 타 행해진 절도와 매질은 헤아릴 수 없이 많습니다. 유복한 많은 가정들은, 자기들이 가진 것보다 더 많은 양의 쌀을 요구하는 군수 때문에 파산했습니다. 이 쌀값은 다른 곳보다 낮은 가격으로 지불되었습니다.

전주의 저의 교우들 중 하나는 자기의 수박 몇 개를 훔쳐 간 관아의 당인當引에게 수박값을 내라고 했는데, 값을 받기는커녕 당인과 그의 동료, 포졸들에게서 주먹과 발길질과 돌팔매로 맞아서 반죽음 상태가 되었습니다. 이 일을 보고받은 관장은 부하들에게 아무런 질책도 하지 않았습니다.

이제 이 편지를 마치기 전에 주교님께 두 가지 질문을 드리고 싶습니다.

1) 제가 김 스테파노 신부의 구역과 그가 담당한 공소에서 견진성사를 줄 수 있습니까? 어은동으로 다니러 갔을 때 저는 두 명에게 견진성사를 주었는데, 제가 권한이 있었던 것인지 잘 모르겠습니다.

2) 대사大赦를 얻기 위한 기도는 중단 없이 15일 동안 연이어서 해야 합니까? 아니면 시간 될 때 바치되 15일을 바치는 것으로 충분합니까?

주교님, 저의 깊은 존경을 받아 주십시오.

조선의 교황 파견 선교사
X. 보두네 드림

새해 인사와
전라도 신부들의 안부 및 성무집행 경과

✠

예수 마리아 요셉

전주
1902년 1월 9일

주교님,

꽤 오래전부터 서울에서 아무 소식을 받지 못했기 때문에 저와 이곳 동료 신부들은 주교님께서 돌아오셨는지, 아니면 아직 순시 중이신지 모릅니다. 그러나 뒤테르트르Dutertre 신부와 부이수Bouyssou 신부의 관할 구역들이 그다지 넓지 않으므로 짐작하건대 주교님께서 서울에 계시겠지요.

1902년이 시작되는 지금, 주교님께 저의 진심 어린 새해 인사를 다시 드리게 되어 기쁩니다. 좋으신 하느님께서 저희의 소중한 사명을 위하여 주교님의 건강을 오래오래 지켜주시길 기원드립니다!

전라도 북쪽의 신부들 중 몇몇은 두 차례 정기방문을 다 마쳤고, 다른 신부들은 아직 방문할 공소 몇 개가 남아 있습니다. 제가 가장 늦어서, 저는 아직도 한 달간 더 정기방문을 해야 합니다. 영세자는 그다지 많지 않습니다. 아마도 작년의 영세자 수에 미치지 못할 것 같습니다. 세속적으로나 영적으로나 좋지 못한 해입니다. 모든 것이 상호 연관되어 있습니다.

최근에 임실이나 김제, 또 전주 지역에서 모종의 입교 움직임을 보았습니다. 이것이 어떤 결과로 이어질지 아직 모릅니다. 요 몇 년간 있었던 신자들 이탈 현상 때문에, 세례 지망자를 세례에 받아들일 때 신중한 것이 좋습니다. 그를 받아들이기 전에 시험해 보아야 합니다.

베르모렐 신부는 말에서 떨어지는 사고로 죽을 뻔했습니다. 지금은 좀 나아졌고, 머지않아 완쾌되리라 기대하고 있습니다.

미알롱 신부는 최근 감기에 걸려서 전주에 오겠다는 약속을 지킬 수가 없었습니다.

페네 신부는 여전히 잘 있습니다. 그는 아마도 큰 추위가 지난 후 낙안에 갈 것입니다. 지난여름 이래로 몇 명의 세례 지망자가 있는 곳입니다.

스테파노 신부는 작년 정기방문 이후보다 건강이 더 좋아졌습니다. 그는 머지않아 두 차례 정기방문을 마칠 것입니다.

주교님, 우리 주님 안의 헌신적인 당신 아들의 가장 겸손한 존경을 받아 주십시오.

조선의 교황 파견 선교사
X. 보두네 드림

페네 신부 성소 관련 사건으로 인한
천주교의 피해와 갈등

예수 마리아 요셉

전주

1902년 3월 17일

주교님,

어제 편지에서 저의 복사가 저 몰래 주교님께 전한 몇 가지 사실들은 너무나 믿기 어려운 일들이어서, 주교님께 말씀드려야 할지 여러 번 망설였습니다. 저는 주교님께 말씀드리면 큰 슬픔을 드리게 될 것을 알고 있었습니다. 불행히도 그 일들은 너무나 사실입니다… 주교님, 저의 이동을 요청해야 하나 자문했습니다. 저의 처지가 매우 난처해졌기 때문입니다. 저는 천주교에 가해지는 피해가 분명히 보입니다. 제 바람 같아서는 조선 당국자들이 모든 악의 근원인 몇 사람의 나쁜 교우들을 처벌했으면 좋겠으나 모든 관헌들은 방관하고만 있습니다. 주민들은 교우들을 반대하여 외치고, 권리를 유린당한 몇몇 외교인들은 저에게 와서 정의롭게 판결해 달라고 요구합니다. 저에겐 그들을 도울 아무 힘이 없습니다. 페네 신부는 제가 베르모렐 신부나 미알롱 신부 앞에서 그에게 한 경고를 전혀 듣지 않습니다. 어떻게 해야 할까요? 페네 신부가 최근 주교님께 보낸 편지에서 자기 성소를 검토하기 위해 홍콩으로 가겠다는 바람을 드러냈으니 피정 때까지 기다리는 것이 좋을 듯합니다. 피정 후에 책임 있는 자들에게 벌이 내려져야 할 것입니다. 그리고 가능한 한도 내에서 저질러진 피해를 복구하도록 해야겠지요. 저의 복사와 제가 주교님께 편지했다는 사실에 대해 페네 신부가 모르는 편이 나을 것입니다.

주교님, 주교님의 미천한 선교사의 가장 충심 어린 존경을 받아 주십시오.

조선의 교황 파견 선교사
X. 보두네 드림

1901~02년도 성무집행 보고서
-생성 시기별 교우 공동체의 양상-

예수 마리아 요셉

전주
1902년 3월 25일

주교님,

습관이 들면 모든 것에 무심해진다는 것은 사실입니다. 사목 처음 몇 해 동안에는 이야깃거리가 될 만한 일들도 나중에는 아무 흥미를 주지 못합니다. 모든 것이 너무나 변함없이 행해져서 다른 사람에게라면 흥미로울 수 있는 세부 사항들이 아무런 매력도 갖지 못하지요.

오래된 교우 공동체, 그중에서도 특히 오래되거나 경험 많은 교우가 회장으로 있는 공동체는 선교사에게 아무런 근심도 끼치지 않습니다. 교우들의 행실도 모범적이지요. 남녀노소 할 것 없이 두 가지, 곧 먹고살기 위해 열심히 일하고, 영생을 얻기 위해 의무를 잘 이행하는 것밖에 다른 생각이 없습니다. 이런 공동체에 사는 예비교우나 신문교우도 자기네 지도자들의 습관을 쉽게 따라함으로써 그들도 심지가 굳은 교우들이 됩니다. 그러면서 시간이 감에 따라 가족 구성원 모두가 천주교인이 됩니다.

이런 공동체에서는 당국이나 외교인과의 관계에서도 별 어려움이 없습니다. 전교회장이나 영향력 있는 교우들이 노련하게 그런 어려움을 예방하거나, 그런 어려움이 천주교의 이름에 해가 되는 결과로 이어지지 않도록 막는 것이 습관화되어 있기 때문입니다.

그러나 새로운 교우 공동체는 이와 아주 다른 양상을 보입니다. 그리스도교 정신이 매우 피상적일 뿐 아니라 신문교우들은 이웃 외교인들에 비해 자신들이 퍽 우월하다고 상상하며 너무나 교만합니다. 신중함이라는 가장 기본적인 규칙도 지키지 않는 그들이 이 사람 저 사람과 싸울 거리를 찾고, 유감스러운 일에 간섭하는 일이 심심치 않게 일어나는데, 그 결과는 선교사들에게 종종 걱정을 불러일으키지 않을 수 없습니다.

신문교우들 가운데 이 같은 호전적 정신이 퍼져 있는 이유가 무엇일까요? 여러 가지가 있지만 그중 주된 요인 몇 가지만 들어보겠습니다. 동양의 모든 민족과 마찬가지로 조선인들의 체제도 구성원 누구에게나 동일한 것이 아닙니다. 양반은 평민 앞에 무슨 짓이든 할 권리가 있다고 믿습니다. 부자들은 가난한 이들을 억압합니다. 관리는 비록 평민과 가난한 이들의 동기가 올바르더라도 쉽사리 양반과 부자의 편을 듭니다. 여기서 평민과 가난한 이들이 자기들을 억압하는 부자와 양반들에게 은근한 원한을 갖게 됩니다. 외국인들의 법도와 관습이 신문이나 많은 외국인 여행객들을 통해 조선에 알려지면서 새로운 사조가 생겨나고 있습니다. 과거의 피억압 계층이 오늘날에는 자유를 요구하며, 더 이상 끽소리 없이 짓눌려 있지는 않습니다. 마침내 느리지만 언제나 진보해 가는 반응이 생겨나고 있습니다.

우리 신문교우들도 이 움직임을 따릅니다. 아니 차라리 이런 움직임에 앞장서고 있습니다. 하느님의 총애 받는 자녀가 되었거나 될 준비가 된 그들 모두는 자기들이 미래 운명이란 점에서 보면 이교인에 비해 우월하다는 것을 압니다. 사실은 이 큰 은총을 좋으신 하느님의 덕으로 돌려야 하는데 그들은 그런 생각을 아예 못 하거나 조금밖에 하지 못합니다. 그들은 그리스도교적 겸손을 이름만 아는지라 그들 성격의 근저를 이루는 교만을 드러내고 맙니다. 오래된 교우들과 외교인들 사이의 상호 존중도 그들로 하여금 역시 혜택을 입게 해 주고, 이런 목적으로 그들은 때로 폭력적이거나 정의에 별로 부합하지 않는 수단을 씁니다. 그들은 자기들 것이 아닌 재산을 요구하는가 하면, 친구라는 명목으로 아무 관계가 없는 외교인을 도우려 듭니다. 여기서 유감스러운 무질서가 발생하는 것입니다.

올해는 특히 임실 구역이 이러한 폐해의 무대였습니다. 유럽식 새해 첫날부터 여러 신문교우들, 그리고 특히 오래된 교우 서너 명이 공소가 없는 여러 마을을 돌아다녔습니다. 거기에서 그들이 죄인으로 지목한 어떤 불행한 이를 끌고 돌아다니면서 그를 때리고 그에게서 꽤 큰돈을 빼앗았습니다. 그들이 여러 날 동안 머문 주막 주인들에 이르기까지 그들에 대해 불만을 표하지 않는 사람이 없었습니다. 태인의 두 교우가 이 여러 사건들 속에서 불명예스러운 명성을 얻었습니다. 천주교인이라는 이름을 주민들은 두려워하고 혐오했습니다. 저는 글을 써서 군수의 중개로 여러 장소에 붙임으로써 이 무질서를 끝내고, 외교인들의 눈에 천주교를 다시 일으켜 세우려 했습니다. 저의 노력이 완전히 성공하지는 못했습니다. 그와 비슷한 무질서가 그 이후에도 또 일어났기 때문입니다.

너무 젊고 너무 무른 성격의 옛 임실군수는 이 모든 무질서를 바로잡기 위해 아무 일도 하지 않았습니다. 좀 더 활력 있는 그의 후임자가 질서를 바로 세우길 바라야겠지요.

임실에서 우리 천주교의 좋은 평가와 관련하여 유감스러운 일들이 많이 일어난 반면, 선교사의 마음을 기쁘게 하는 일들도 있었습니다. 회두의 움직임이 매우 활발합니다. 날마다 이런 움직임이 발전하고 있습니다. 예비교우 숫자가 더 이상 몇십 명이 아니라 몇백 명을 헤아립니다. 모든 마을에 우리에 대한 예찬을 하는 사람들이 있습니다. 특히 두 마을이 천주교를 받아들이기 위해 움직였습니다. 남자와 여자, 아이들에 이르기까지 거의 모든 사람이 기도를 배우고 있습니다. 세 명인가 네 명이 최근에 세례를 받았습니다.

김제의 닫골에서는 30가구 중 13가구가 천주교인이 되었습니다. 기도나 교리를 배우려는 모든 사람의 열성을 보면 새로운 천주교 공소가 생기기를 얼마든지 희망할 수 있습니다. 이미 이 예비교우들은 그들 중 아무도 세례를 받지 않았는데도 기도처로 삼기 위해 마을의 가장 아름다운 집을 샀습니다.

이 구역의 다른 곳에는 위에 말한 두세 마을만큼 예비교우가 많지 않음에도 저는 여기저기서 선의를 지닌 사람들을 만나리라 생각합니다. 결국 미래 전망은 매우 밝은 것 같습니다. 다음 정기방문 때는 영세자 수가 상당히 증가한 것을 볼 수 있을 것입니다.

위에 말씀드린 것에 의해 올해의 정기방문이 불모였거나 빈약하다고 판단해서는 안 될 것입니다. 오히려 저는 올해 방문이 만족스러웠고 심지어 지난해보다 나았다고 솔직하게 고백할 수 있습니다.

영세자와 고해성사자, 영성체자의 수가 작년보다 더 많아졌습니다.

주교님, 당신의 매우 미천한 선교사의 가장 깊은 존경의 표현을 받아 주십시오.

조선의 교황 파견 선교사
X. 보두네 드림

성가회聖家會 입회자[57]

성	이름	거주지	행정구역	나이	가입 연월일
강	안나	국촌리	전주	57	1899.11.12.
안	수산나	국촌리	上同	40	1898.11.12.
이	야고보	적내	전주	56	1898.11.14.
최	도비아	신안리	전주	44	1898.11.14.
김	바오로	신안리	전주	45	1898.11.14.
전	베드로	대성리	전주	28	1898.11.17.
이	니고나오	손실	진안	48	1898.11.24.
김	베드로	장재동	진안	46	1898.11.30.
장	요셉	어은동	진안	31	1898.11.30.
이	가로로	어은동	진안	42	1898.11.30.
유	분도	법련동	장수	38	1898.12.15.
김	원선시오	엄목정이	남원	46	1898.12.20.
김	피리보	수분리	장수	53	1898.12.20.
곽	말구	수분리	장수	31	1898.12.20.
임	바오로	다리골	남원	67	1898.12.20.
조	아타나시오	고중대	진안	43	1898.12.22.

---

[57] 입회자의 세례명과 거주지는 보두네 신부가 작성한 전동성당의 세례대장에 적힌 것을 참조하였다.

성	이름	거주지	행정구역	나이	가입 연월일
김	수산나	터골	진안	53	1899.1.2.
김	요안	터골	진안	56	1899.1.2.
이	베드로	대편	전주	60	1899.1.6.
이	베드로	전주	부중府中	27	1899.1.8.
김	스더왕	귀동	진안	31	1898.12.25.
주	미카엘	재남리	김제	53	1899.1.18.
이	시메온	마재	전주	24	1899.11.25.
박	이냐시오	회경동	임실	45	1899.11.8.
방	방지거	다랏	장수	36	1899.12.6.
이	요셉	재남리	김제	26	1900.1.22.
보두네	사베리오	전주	부중府中	41	1900.4.15.
최	요셉	上同	上同	73	1900.4.22.
강	그레고리오	전주	부중府中	72	1900.8.15.
박	말구	전주		54	1901.2.1.
김	루가	오산리		48	1901.3.19.
정	골롬바	전주	부중府中	71	1901.4.6.
이	베드로	전주	부중府中	58	1901.4.6.
임	시몬	전주	부중府中	52	1901.5.16.
김	방지거	진안		44	1901.11.28.
이	리노	재남리	김제	36	1901.12.21.
한	마두	재남리	전주	43	1901.12.21.
최	아릭수	임실		37	1902.1.18.
천	바실로	덕실	임실	56	1902.1.20.
이	아우스팅	신전	임실	42	1902.1.20.
서	말구	영평리	진안	39	1902.1.22.
최	베드로	오산리	진안	39	1902.2.27.
김	베드로	돌밑	진안	35	1902.3.4.

(1902년 3월 25일자 서한에 첨부됨)

페네 신부 관련
경과보고

예수 마리아 요셉

전주
1902년 10월 28일

주교님,

주교님께 이렇게 늦게 답장드리게 된 것은 일이 어떻게 진행될지를 주교님께 알려 드리기 위해서였습니다. 다행히 일은 좋은 방향으로 진행되었습니다. 페네 신부가 먼저 저희 집으로 왔습니다. 그런 다음 제가 그 신부의 집으로 갔습니다. 페네 신부는 미알롱 신부의 동반을 받으면서 다시 한번 저희 집으로 왔습니다.

저는 페네 신부가 좀 나아졌다고 믿습니다. 그는 자기 잘못을 주교님께 고백한 것이 매우 도움이 되었고, 자신의 양심이 더 편안해졌다고 미알롱 신부에게 고백까지 했을 것입니다.

저는 페네 신부가, 자신의 비밀을 저에게 폭로했다고 다른 지역의 한 동료를 비난했다는 말을 들었습니다. 그의 주장은 전혀 근거가 없습니다.

그가 말하는 동료는 완전히 결백합니다. 저는 또 다른 경로로 이 사실을 알았습니다.

여기서 저를 정당화하는 것은 무익해 보입니다. 저는 제 일을 하느님 섭리의 손에 맡기고, 제가 결심한 대로 침묵을 지키는 편을 택하렵니다.

주교님, 저의 가장 깊은 존경의 표시를 받아 주십시오.

X. 보두네 드림

1903년도 성무집행 보고서
-외교인 마을에 거주하는 영세자들 걱정-

+

예수 마리아 요셉

전주

1903년 9월 12일

주교님,

올 한 해는 작년과 매우 흡사합니다. 이 지역 어느 곳에서도 두드러진 회두 움직임은 적고, 몇몇 선의를 지닌 영혼들이 하느님의 부르심을 듣고 와서 예수 그리스도의 충실한 양 떼를 증가시켰습니다.

이곳저곳에서 몇몇 이삭들만을 주울 수 있었음에도 전체 이삭 양에 놀랐습니다. 영세자 수의 증가는 작년에 비해 두드러집니다. 제가 예상했던 숫자보다 예순 명이 더 많습니다. 이 영세자들은 대부분 산골보다는 평야의 완전 외교인들의 고장에서 나왔습니다. 이 영세자들 여러 명이 같은 마을에 산다면 제가 그들을 방문하여 신자 생활을 하도록 양성할 수 있겠지만 유감스럽게도 그들은 서로 거리가 있는 마을들에 사니 그들에게 신자 생활의 기초 의무를 어떻게 가르칠 수 있을까요? 엿새의 평일 동안 외교인들 가운데 머무는 위험에서 그들을 지키려면 주일 의무를 지키는 몇몇 교우들과의 만남으로 충분할까요? 그리고 그들의 신앙이 일으킨 연약한 불꽃이, 되풀이되는 체면 존중 때문에 금방 사그라들지 않을까요? 또 체면 존중이 가족들을 가르치는 것에도 위협이 되지 않을까요? 이제까지 저는 선교사의 열렬한 권고에 그다지 순종하지 않는 외교인 마을에 사는 영세자들이 교우촌으로 이사 가는 것을 종종 봤습니다. (그리고 그들은 좋은 교우가 됨으로써 자기 가족을 가르치는 데 열중합니다.) 그러나 대부분은 외교인들 가운데 고집스럽게 머뭅니다. 이런 범주의 교우들은 결코 열심하지 않으며, 가장 나이 많은 이들 중 몇몇은 자기 가족을 가르치지만, 다른 사람들은 이 중요한 의무를 소홀히 하며 더군다나 이런 교우 백 명 중 열 명 정도는 3~4년 안에 천주교의 모든 신심을 완전히 포기해 버립니다.

제가 담당하는 전 지역이 똑같은 도덕적 상태를 유지하고 있습니다. 천주교를 열심히 믿고, 교우들끼리, 그리고 교우와 외교인 사이에 완전한 일치를 이루며, 밭일도 열심히 합니다. 이런 것들이 그들이 충실하게 이행하는 본질적 의무들입니다.

주교님, 저의 겸손한 존경의 표현을 받아 주십시오.

예수 그리스도 안에서 주교님의 헌신적인 선교사
X. 보두네 드림

새해 인사 및 성무집행 현황 보고, 기근과 세금, 강도 등으로 비참한 전라도 상황

✝

예수 마리아 요셉

전주
1904년 1월 8일

주교님,

1904년 새해 인사를 드리게 되어 기쁩니다. 좋으신 하느님께서 주교님 자신과 주교님께 맡겨진 영혼들의 선익을 위해 이 땅에서 오래 살게 해 주시라는 인사입니다.

전라도 북쪽의 신부들은 작은 사고 하나 없이 정기방문을 마쳤고, 몇몇 신부는 거의 다 마치고 집으로 돌아갈 것이고, 공소 방문 중 약간 휴식을 취하기로 한 나머지 신부들은 아직 열흘에서 보름 정도의 정기방문이 남았습니다.

다른 동료들이 세례 준 신자 수가 얼마인지 모르나, 제 관할 지역은 작년보다 숫자가 줄어들 것입니다.

주교님께서는 아마도 어떤 지역에서 주민들이 자기네 상황에 매우 불만을 품고 봉기할 것이라는 소문을 들으셨을 것입니다. 이 소문은 근거가 없는 것이 아닙니다. 주민들의 생활은 비참합니다. 한 마을을 이루는 20~30가구 중 적어도 3분의 1은 먹을 것이 하나도 없습니다. 다시 말해 올해 기근이 있었다는 말입니다. 많은 조선인들이 세금 낼 길이 없어서 다른 곳으로 이주했습니다. 정부는 엽전(엽)을 사용하는 지방에 백동을 사용하는 지방과 같은 액수의 세금을 내도록 요구하는데, 이에 따르면 세금 징수액이 크게 달라집니다. 0.6엽은 백동 1냥과 맞먹으니까요. 관찰사 이성열李聖烈(1865~미상)은 백성을 살리는 데에 큰 관심을 갖고서 이제까지 그 어떤 전임자에게서도 볼 수 없는 뛰어남과 공명정대함으로 자기 임무를 수행했습니다. 그러나 그는 이용익李容翊(1854~1907)의 마음에 들지 않아 해임되었습니다. 이용익은 그 대신 가장 무능한 사람을 그 자리에 임명했습니다. 그는 김명수金命洙라는 자입니다. 그는 무지하고 판단력도 없으며 도둑 심보인 데다 인정도 없습니다. 게다가 이용익은 세금 징수를 위해 처음으로 봉세관封稅官[58]을 임명하게 했습니다. 이에 대해 관헌들도 아전들도 모두 불만입니다. 아전들은 봉기했습니다. 경상도 아전들은 이미 부산에 모였으니 전주를 거쳐 서울로 올라갈 것입니다. 주민들도 큰 도둑으로 알려진 이 봉세관 때문에 많은 고생들을 하고 있습니다.

노상강도도 이 지방의 어려움을 가중하는 데 한몫했습니다. 그들은 방방곡곡에 있습니다. 전주에서도 그들은 부자와 여행객들에게 돈을 요구하고 집에 불을 지르는데, 당국은 그들을 두려워하며 이 무질서를 멈추게 하지 못합니다. 당국이 보는 데서 약탈할 수 없는 사람들을 그들이 어떤 방법으로 약탈하는지 보여 주는 벽보를 동봉합니다. 이 벽보와 세

---

58 세금을 징수하는 일을 맡아보던 벼슬아치.(『표준국어대사전』)

가 이곳에 보관하고 있는 또 다른 벽보는 저의 집 바깥 문에 붙어 있었습니다.

주교님, 저의 존경과 경의의 마음을 받아 주십시오.

조선의 교황 파견 선교사
X. 보두네 드림

1904년도 성무집행 보고서
-기근 등 작년에 이은 시련과 황해도 사건의 영향-

✝

예수 마리아 요셉

전주
1904년 8월 4일

주교님,

올해 정기방문 동안 시련이 없지 않았습니다. 이 시련은 작년 피정 전에 시작되어 아직도 끝나지 않은 듯합니다.

개신교도와 일본인들에게 판매되는 조선 신문들은 황해도 사건을 천주교에 가장 불리한 시각으로 보도함으로써 천주교인의 이름에 먹칠하는 것을 큰 즐거움으로 삼았습니다.

올해 수확은 평균에 훨씬 못 미칩니다. 그럼에도 당국은 이웃 지방보다 3분의 1이 더 높은 세금을 물렸습니다. 따라서 주민들의 비참은 극한 지경에 이르렀습니다. 마을들은 매일 열 명의 기근자를 내고 있습니다. 그러는 동안 무정부 상태가 되었습니다. 이런 상태는 오래 계속되었고, 아직도 계속되는 것이 아닐까 염려가 됩니다. 도둑들이 평야의 주인이 되었고 때로는 도시들마저 그들 손에 좌지우지되기도 합니다. 그들은 셋, 넷, 일곱, 열 명씩 무리 지어 다니면서 길 가는 이들에게 돈을 요구하고, 부잣집과 마을들을 텁니다. 그들이 주민들을 너무나 공포에 떨게 만든 나머지 그들 중 단 한 사람만이라도 아무 데서나 나타나 거리낌 없이 원하는 것을 요구할 수 있었으며, 아무런 거절도 당하지 않습니다. 두 달 전부터 당국자들이 이 무질서를 바로잡고자 노력하는데 그들의 행동은 너무나 무기력하고, 그들이 고용한 포졸과 군인들은 너무나 탐욕스러워서 주민들 대부분이 불만스러워합니다.

일본인들이 이 지방에 머무는 동안 조선 당국자들이 주민들에게 강요한 다양한 세금과 노역으로 주민들의 감정은 격해져 있습니다. 올해 저희에게 찾아온 이 아픔은 두 달 동안 계속된 가뭄으로 더 커지고 말았습니다. 최근 며칠 동안 비가 내렸지만 모든 논에 물을 대기에는 충분치 않습니다.

이처럼 우리 주 예수 그리스도의 왕국을 사람들 마음 안에 펼치기에 올해는 저희에게 전혀 호의적이지 않았습니다. 아니 올해는 특히 열악했다고 말하는 것이 진실에 가까울 것입니다. 그럼에도 하느님의 은총은 너무나 넘쳐흘렀기에 올해 정기방문의 결과가 이제까지의 다른 해들만큼 좋은 것이 아닐까 생각할 여지가 있습니다. 교우들은 현재 겪고 있는 어려운 시기와 이로 인한 걱정에도 불구하고, 성사 받는 일에 똑같은 열성을 보여 주었습니다. 인명록人名錄은 거의 비슷한 정도의 재고해와 재영성체 수를 보여 줍니다. 한 영혼의 가치를 아는 오래된 교우들은 죽어가는 어린이가 있을 때마다 그들에게 구원을 얻어 줄 기회를 결코 놓치지 않습니다. 안타깝게도 이런 경우는 매우 드뭅니다. 교우들은 거의 이동을 하지 않으니까요. 기껏해야 교우들과 같은 동네거나 인근에 사는 외교인의 아이들만이 세례로 새로 난 후에 하늘나라로 날아오를 행운을 누립니다.

세례자 수가 작년만큼 많지는 않아도 앞선 해들에 비해 여전히 좋은 축에 듭니다. 영세자 수는 임종 대세자를 포함하여 158명에 달합니다. 더 높은 숫자까지 도달할 수 있었겠지만 저는 세례를 준비하는 사람들을 시험하는 것이 좋다고 판단했습니다. 도중하차하는 이들은 주로 외교인 마을에 홀로 사는 신문교우들 가운데 있었습니다. 그러나 꾸준히 나오는 사람들도 자기 아내와 아이들을 가르치지 않습니다. 이런 잘못을 바로잡기 위해 저는 올해부터 이 예비교우들에게 세례를 받기 전에 그들의 아내를 부분적으로라도 가르치라는 숙제를 주었습니다.

천주교 인구는 늘어나는 것이 사실이지만 '신앙'은 감소하는 것 같습니다. 이는 신문교우들만 있는 공소만이 아니라 오래된 교우들의 공소에도 해당하는 사실입니다. 예전의 좋은 전교회장들이 점점 드물어지고, 식견을 갖추고 열성 가득한 지도자가 없는 교우 공동체는 열심을 잃어버립니다.

그럼에도 천주교인들의 정신은 대체로 좋습니다. 외교인의 정신에 생겨난 변화를 고려하면, 더 큰 악이 없다는 것에 오히려 놀라워해야 합니다. 당국자들은 일을 그릇되게 처리함으로써 보통 규율 없고 불성실한 태도를 유지하고 키웁니다. 백성은 정의의 기본 원칙들을 알면서도 짓밟는 당국자들과는 결코 함께 살 수 없습니다. 죄인과 무죄한 사람 간의 어떤 구분도 없습니다. 친인척 가운데 마을의 세금을 착복하는 나쁜 징세관徵稅官[58]이 있는 탓에 집안이 망하는 경우는 흔히 보는 광경입니다. 사용되는 처벌 방식에 대해 할 말이 많을 것입니다. 모든 것이 관헌들과 종복들의 마음대로입니다. 따라서 가난한 주민이 자기네 관헌의 도가 넘는 심한 처사에 불만을 토로하는 경우가 심심치 않게 일어납니다.

이미 길어진 이 보고서를 끝내면서 저희에게 다가올 미래에 대해 몇 마디 드리고자 합니다.

황해도 박해 때 저희를 향한 적개심을 만천하에 드러낸 새 관찰사는 뉘우치려 들지 않는 것 같습니다. 두세 가지 특별한 경우에 그는 교우들을 과도하게 엄격히 다뤘습니다. 그가 교우들이 고발된 건에 대해 얼마나 쉽사리 처벌하는지를 보면, 교우라는 호칭은 그의 눈에 죄인과 동의어인 듯합니다. 소위 개신교도들이라고 자칭하지만 결국 이름난 도둑들인 사람들에 의한 정읍의 교우촌 약탈은 저희에 대한 관찰사의 악의 어린 조처가 주원인입니다. 이 부랑배들은 만일 전주에 다른 관찰사가 있었다면 감히 모든 사람이 보고 아는 가운데 3주 동안이나 쌀을 빼앗고, 소를 빼앗아 잡아 고기를 나누고, 남녀 교우들을 때리고 내쫓고 하지는 못했을 것입니다. 그리고 이 막중한 잘못에도 불구하고 마치 양심에 아무 거리낌도 없는 듯이 자기네 집, 다시 말해 그들 희생자들의 인근 거리에 천연덕스럽게 머물지는 못했을 것입니다. 사실 부내府內의 모든 사람이 하나같이 말하는 바는 관찰사가 저희에게 악의를 품었다는 것입니다.

따라서 저희에 대한 관찰사의 적대적인 태도를 포함하여 주민들이 겪는 고통이 다음번 정기방문 때 복음 전파에 제동을 가하지 않을까 걱정입니다. 그러나 이런 고려 사항들이 저희를 낙담하게 하지는 않습니다. 저희는 하느님의 섭리를 신뢰하면서, 섭리가 저희에게 축복을 계속 내리시

---

59 세금을 거두어들이는 일을 담당하는 관리.(고려대 한국어대사전)

기로 선택할 때를 기다립니다.

주교님, 주교님의 선교사의 겸손한 경의를 받아 주십시오.

조선의 교황 파견 선교사
X. 보두네 드림

성무집행 보고와 새해 인사
-진보주의, 서명 운동의 실패와 불안한 분위기-

✚

예수 마리아 요셉

전주
1904년 12월 30일

주교님,

영국 군대의 퍼레이라Pereira 장교[60]가 10월에 저의 집을 다녀갔는데 당시 저는 평야의 교우들에게 주는 성년성사를 베풀고 있었습니다. 그가 다시 전주에 들러 저를 보러 와 서로 알게 된다면 기쁠 것입니다. 그에 대한 주교님의 증언을 듣기 이전에 이미 교우들이 저에게 말해 준 작은 일화 하나가 그가 좋은 천주교인임에 틀림없다는 인상을 제게 주었기 때문입니다.

전라도의 모든 신부들은 이미 연례 방문이라 일컫는 2차 방문의 대부분을 완수했습니다. 그들은 틀림없이 1월 중 2차 방문을 마칠 것입니다. 그들이 정기방문을 최대한 빨리 마치려는 까닭은 머지않아 사방에서 닥쳐

---

60 George Edward Pereira(1869~1942). 중국에서 주로 활동하다가 1903년에 조선에 파견되어 1904년까지 기주한 영국의 임시 무관. 본인도 천주교 신자이며 형은 천주교 사제.

올 어려움들 때문입니다.

최근 의사擬似 진보주의자들에 대한 말들을 많이 합니다. 그들은 전주에서 떼거지로 모여 머리를 자르고, 약간 유럽식인 옷을 지어 입고, 자기네 우두머리에게 일본식 모자를 씌우느라 야단스러운데, 신발만은 조선 것을 그대로 신습니다. 아마도 고르지 못한 조선의 길을 걷는 데는 유럽식 구두가 아주 불편하기 때문일 것입니다. 더군다나 그들이 유럽식 구두를 마련할 방법이 있겠습니까? 게다가 그들은 당국자들의 비난할 만한 행동들을 공공연하게 비판했습니다. 매일 이러저러한 군수나 관찰사나 승찰사가 비평의 대상이 되었는데 그들이 하는 비판은 대개 매우 정확했습니다. 이러한 연출에서 남은 것은 무엇일까요? 전혀, 혹은 거의 아무것도 없었습니다. 당국자들은 우선 두려움 때문에 태도를 결정하지 못하다가 위험이 지나가고 나면 곧바로 억압적인 예전 체제로 되돌아갔습니다. 주민들은 세금에 관한 한 다른 지방에서 조선인들이 받는 것과 동일한 대우를 얻어내기 위해 서명운동을 계속하면서 자기들을 짓누르는 무거운 멍에를 다소 흔들어 보려 했습니다. 왜냐하면 엽전 80냥에 맞먹는 맥陌은 백동화白銅貨 80냥으로 지불되는 것의 곱절이기 때문입니다. 백동화는 이 지방에서 엽전 시세의 반 이하 가치밖에 없습니다. 주민들의 운동은 거의 좋은 결과를 내지 못했습니다. 그들 대부분이 쫓겨났고, 한두 지역에서는 몇 사람이 투옥되기도 했습니다. 이 갇힌 사람들 중에는 임피의 천주교인 한 명과 두 명의 예비교우가 있습니다.

진보회원進步會員들이 흩어진 것은 사실이지만, 흩어진 그들이 함께 모여 있을 때보다 시골 사람들에게 더 큰 두려움의 대상이 되고 있습니다. 왜냐하면 그들 대부분이 자기네 공모자들의 모임을 뒷받침하느라 가진 재산을 다 쓴 데다가 굶어 죽지 않으려고 도둑질을 하기 때문입니다. 이미 이런 유의 사건 여러 건이 저에게 보고되었습니다. 무장을 한 3, 4, 5, 6, 10, 20명의 도둑 떼에 대한 불평이 벌써부터 사방에서 들려옵니다. 만일 진보회원들 모두 또는 대부분이 도둑질로 먹고산다면 어떻게 되겠습니까? 쌀 수확도 대체로 나쁜 데다가 미래마저 그다지 밝아 보이지 않습니다. 하느님 뜻에 맡겨야겠지요!

1905년 새해를 축하드립니다. 주교님, 저도 로마 주교 예식서의 말을 되풀이하렵니다. Ad multos annos![61] 좋으신 하느님께서 저물어 가는 올해보다 더 나은 한 해를 베풀어 주시길 기도합니다!

주교님, 매우 순종하는 당신 아들의 가장 겸손한 존경을 받아 주십시오.

조선의 교황 파견 선교사
X. 보두네 드림

추신
12월 31일에 조선인 사제 김 스테파노 신부가 저를 보러 왔습니다. 그는 지금 저와 함께 있는데 주교님께 존경과 경의의 인사를 보냅니다. 미사 통상문이 아직 도착하지 않았습니다.
서울 경찰서 요원 8명이 전주에 와서 아직 전주에 남아 있는 진보회원들에게 전주를 떠나라고 위협한 후 지난밤에 그들을 모두 추방했습니다.
주교님, 이 추신을 첨가하는 것을 용서하여 주십시오.

---

[61] 앞으로 보두네 신부의 서한에 자주 등장하는 라틴어 문구로 장수를 기원한다는 뜻으로 사용된다.

페네 신부 관련 소식 및
관찰사와 그의 태도에 대한 하소연

+

예수 마리아 요셉

전주
1905년 2월 15일

주교님,

주교님께서는 현재 저의 집에 머물고 있는 페네 신부의 편지 한 통과 한문으로 쓴 안내문을 통하여 이 신부에게 방금 일어난 작은 사건을 아시게 될 것입니다. 그럴 필요도 없는 일이었으나, 개신교도들에게는 그토록 다정한 관찰사는 우리에 대한 증오의 또 다른 증거를 보여 주고자 했습니다. 그러나 저희는 무척 인내했습니다! 그가 선입관을 보여준 경우는 헤아릴 수 없이 많습니다. 개신교도들과 도둑들에게는 모든 것이 허용된다고 말할 수 있을 정도입니다. 하긴 엄격함은 교우들과 엽전이 없는 가난한 주민들에게만 적용됩니다. 주민들이 관찰사에게 붙여준 '무능한 자'라는 별명은 그에게 꼭 들어맞습니다. 그는 이 지방에 매우 해로운 인물입니다. 세금에 관한 여러 차례의 봉기가 있었고, 아직도 그럴 위험이 충분합니다.

저는 그와 그 어떤 관계도 갖지 않겠다고 결심했었지만 이번에는 너무 심합니다. 그는 제가 이곳에 있다는 것을 알면서(저는 심지어 그와 교류한 적도 있습니다.) 마치 제가 없는 듯, 저의 집이 조선인이 사는 집인 듯 행동합니다. 관찰사들, 군수들, 그리고 그 밖의 모든 사람들이 제가 이곳에 사는 것을 분명히 아는데도 말입니다. 이런 상황이 계속된다면 저의 위치를 지킬 수 없게 될 것입니다. 당국자뿐 아니라 앞으로는 아무나 마음대로 저의 허락도 없이 저의 집에 들어올 수 있을 것입니다.

이상과 같은 것이 제가 주교님의 고견에 맡겨야 한다고 생각하는 몇 가지 사실과 소견입니다.

주교님, 저의 겸손한 존경을 받아 주십시오.

조선의 교황 파견 선교사
X. 보두네 드림

전교회장 김련금 옹호와 전주 소요 경과보고

+

예수 마리아 요셉

전주
1905년 4월 17일

주교님,

주교님께서 저에게 주신 두 통의 편지를 각기 수신자 페네 신부와 김 스테파노 신부에게 전달했다는 보고를 드립니다.

익산군수가 서울에 두 차례 불평을 제기한 전교회장 김련금은 사람들이 말하는 만큼 큰 죄인이 아닙니다. 그는 한 번도 도둑질한 적도, 도둑질을 시도한 적도 없습니다. 기껏해야 그는 자기 지역의 관헌이 서울 지역보다 더 많은 세금을 주민들에게 요구하려는 것을 막았을 뿐입니다. 그는 수중에 두 가지 서류를 갖고 있었습니다. 하나는 내부대신, 다른 하나는 탁지부 대신의 서류인데, 두 서류 모두 관헌의 행동을 단죄하고 주민들의 불평을 인정하고 있습니다. 관헌은 전교회장이 온통 불구의 몸인데도 용감하게 반대한 것에 격분했습니다. 더욱이 저는 여기에 그의 '뛰어난 청렴'이라고 덧붙이고 싶습니다. 왜냐하면 그가 소송을 포기하기를 원하기만 해도 그에게 5천 냥을 주겠다는 제안이 있었지만 그는 단호하게 거부했기 때문입니다. 그는 군수의 탐욕에 맞서 싸웠던 것입니다. 이 관헌이 상급자들의 명령과 주민들의 반복적인 요구를 무시한 채 과도하게 부를 추구하는 데에 재갈을 물리지는 못했다고 해도, 그의 행동에 찬성하지 않는 더욱 정의로운 새 관찰사 앞에서는 그런 욕구를 억제해야 할 것입니다. 새 관찰사는 이미 그 관장에게, 대신들이 명한 대로 세금을 서울 돈(백전白錢)으로 받도록 명했습니다. 따라서 주민들이 결정적으로 이긴 것입니다. 이 일에서 전교회장은 그 일에 관여하지 말라는 저의 조언을 듣지 않고 그의 자존심을 부추기는 외교인들의 아첨에 휘말리는 쪽을 선택하고 말았습니다. 아무튼 그의 명분은 옳았습니다.

전주의 소요는 사람들이 생각하던 것만큼 심각하지는 않았습니다. 진보회원들로 자처하는 자들이 아전이 (반쯤 취한 탓에) 그들에게 비키라고 아마도 좀 거칠게 말한 것을 갖고 싸움을 걸면서 화약에 불을 댕겼습니다. 아전들이 도전에 응하자 진보회원들의 처지가 곤란해졌습니다. 주민들과 아전들이 한편이 되었기 때문입니다. 아전들은 전주부府와 인근의 모든 건장한 이들을 세 차례 소집하여 진보회원들의 전주 진입을 막았습니다. 주민들은 아무 무기도 없었기에 유혈사태는 없었고, 진보회원들도 감히 전주 성문을 열고 들어올 엄두를 내지 못했을 것입니다. 모두 아전의 형제거나 부모인 군인들이 아전들의 편을 들 것을 알고 있었기 때문입니다. 일본 헌병 35명은 때마침 잘 와 줘서 진보회원들을 곤경에서 구했습니다. 진보회원 대부분이 돈이 없어 굶주리고 있었기 때문입니다.

날씨는 다행스럽게도 어제부터 비가 내립니다. 모든 사람이 흡족하도록 충분히 비가 내렸으면 좋겠습니다.

임기 초기인 새 관찰사는 도둑들의 난동을 바로잡고 정의를 회복하고자 하는 것 같습니다.

주교님, 저의 가장 겸손한 존경을 받아 주십시오.

X. 보두네 드림

주교 수품 기념일 축하 인사
및 전라도 순시 일정 문의

+

예수 마리아 요셉

전주

1905년 9월 21일

주교님,

게으른 탓에 주교님께 저의 소식을 지난 피정 이래로 전하지 못했기에 주교 수품 기념일에 편지를 드리겠다고 생각했습니다. 그러나 그저께야 비로소 저는 비록 제가 곧바로 편지를 쓴다 하더라도 편지는 주교 수품일 이후에나 도착하리란 것에 생각이 미쳤습니다. 베르모렐 신부가 저의 집에 함께 있기 때문입니다. 저는 수품 기념일이 가까웠다는 것을 잊고 있었습니다. 따라서 저의 망각을 최대한 빨리 보충하는 것이 옳습니다. 주교님께서 제가 드리는 축하 인사를 받아 주시길 바랍니다. 저도 로마 주교 예식서의 인사말과 같은 말로 인사드립니다. 우리의 소중한 선교를 위하여 주님께서 주교님에게 장수의 은혜를 내려 주시길 빕니다.

비에모 신부의 일지에는 주교님께서 다음 달 초 무렵 순시를 위해 서울을 출발하신다고 되어 있더군요. 주교님은 목포부터 가신다고요. 주교님께서 전라도 북부 지역을 언제쯤 순시하시는지, 그리고 각 지역에 얼마 동안 머무실지 대강이라도 알 수 있을까요? 순시 일정이 나오는 대로 저희의 정기방문 계획도 잡을 수 있을 듯해서입니다.

푸와넬 신부가 전라도의 사건들을 말씀드릴 테니 제가 여기서 따로 말씀드리지는 않겠습니다.

파스키에Pasquier 신부에 대한 파리외방전교회 평의회의 결정에 저는 찬성입니다.

주교님, 저의 가장 깊은 존경의 표현을 받아 주십시오.

조선의 교황 파견 선교사
X. 보두네 드림

페네 신부 사건 관련
상황 보고

+

예수 마리아 요셉

전주

1906년 2월 4일

주교님,

주교님께서 지난 6일인가 7일에 쓰셔서 전주의 새 관찰사에게 맡기신 편지에 좀 늦게 답장을 드립니다. 이 관헌이 주교님의 편지를 받은 바로 다음 날 저의 집으로 부친 것을 보니 그는 편지를 저에게 충실히 전해 주려고, 편지가 제게 빨리 도착하게 하려고 서두른 것입니다. 그럼에도 저는 편지를 며칠이 지난 후 공소에서 받았습니다. 공소 정기방문을 내버려두고 전주로 곧장 올 수가 없었습니다. 관찰사는 이미 제가 집에 없고 며칠 지나서야 돌아오게 될 것을 알고 있었습니다. 게다가 페네 신부에게 해야 할 권고가 쓸모없게 되었습니다. 왜냐하면 일본 대표가 소송 중인 양측을 조사하기 위해 수류리에 가야 했으니까요. 제 생각이 틀리지 않았습니다. 제가 방문을 다 마치고 전주에 돌아오던 날 저의 집에는 그날 법정 증언을 한 페네 신부의 복사와 교우 한 사람이 와 있었으니까요. 그다음 날 수류리에 간 저는 이 일에 관해 수류리와 서울에서 무슨 일이 있었는지 모두 알게 되었습니다. 제가 집에 돌아온 지 이틀이 지날 무렵 일본 대표가 저를 보러 와서는 페네 신부가 언제 서울로 가느냐고 물었습니다. 저는 그에게 내린 명령이 취소되었기에 페네 신부는 새로운 통지가 있어야만 서울로 올라갈 것이라고 알렸습니다. 명령이 취소되었다는 말에 그는 매우 불편한 기색이었습니다. 그는 이 명령 취소가 주교님에게서 온 것으로서 공식적인 공사公使의 명령과 반대된다는 이유를 들어 그것의 유효성을 받아들이고 싶어 하지 않았습니다. 저는 주교님께서 공사와 합의한 이후에 그렇게 하셨을 것이라고 그에게 말했습니다. 그는 그렇다면 왜 그것에 대해 아무런 통보가 없었느냐면서 반박했습니다. 저는 공사가 조선 당국자들에게 이 명령 취소 의견을 틀림없이 주었을 것이고, 조선 당국자들은 머지않아 통보를 해 올 거라고 답했습니다. 이 답변은 그를 만족시킨 것 같았습니다. 일본 대표는 조사 후 페네 신부의 행동이 정당방위에 해당한다고 믿었다고 말했습니다. 그의 이 말에 너무 큰 중요성을 부여할 필요는 없을 것입니다. 왜냐하면 이 사건 처음부터 지금까지 일본인들은 개신교도들과 이해를 같이해 왔으니까요.

개신교도들은 페네 신부가 서울의 일본인 헌병들에게 체포되어 서울로 압송되었고 신부의 복사는 전주에 투옥되었다는 소문을 퍼뜨립니다.

저는 관찰사를 만나러 가서 30분 정도 함께 이야기를 나누었습니다. 부윤府尹도 그와 함께 있었습니다. 따라서 대화는 어느 정도 불편했고, 특히 관찰사가 페네 신부 사건에 대해 물을 때 그랬습니다. 저는 사건의 본질에 대한 그 어떤 평가도 하지 않은 채 어떤 일본인이 한 조사에 대해서만 그에게 이야기했습니다. 관찰사는 또한 천주교인들의 사건이 일어날 경우에 대해 주교님과 자신이 맺은 계약에 대해서도 저에게 말했습니다. 제가 이를 원만하게 해결하는 데 동의했다는 것은 말씀드릴 필요도 없겠지요. 관찰사는 선량한 사람 같았습니다. 그는 저를 보러 오기로 약속했습니다.

주교님, 저의 가장 깊은 존경과 경의를 받아 주십시오.

X. 보두네 드림

을사늑약 이후
조선인

+

예수 마리아 요셉

전주
1906년 7월 4일

주교님,

베르몽Bermond 신부에게 호조護照를 직접 전해 주고 싶었지만 할 수 없었습니다. 이 신부는 전주 방문 계획을 돌아오는 가을로 늦췄습니다. 따라서 그에게 호조를 부칠 수밖에 없었습니다. 그는 얼마 전에 호조를 받았다고 알려 왔습니다.

가뭄이 꽤 오래 계속되어 드디어 농민들에게 진짜 걱정을 안기고 있었습니다. 마침내 비가 왔는데, 산악 지역에서는 많은 양이 내렸고, 평야 쪽에는 덜 내렸습니다. 요즘은 우기입니다. 따라서 벼와 담배가 비록 몇몇 지방에서는 약간 늦은 감이 있지만 좋은 조건에서 자라리라 희망할 수 있습니다.

조선인들은 주인이 바뀌었어도 얻은 것이 하나도 없고, 그들은 한 명의 주인 대신 두 주인을 갖게 되었는데 둘 다 어느 쪽이든 상대쪽보다 나은 것이 전혀 없습니다. 두 주인의 통치하에 예전처럼 정의는 짓밟히고 힘이 권리보다 우선합니다. 가장 미미한 일본인도 가장 힘센 조선인들의 돈을 아무 처벌도 받지 않고 갈취할 수 있습니다. 전주의 주임관은 올바른 판결을 내려 주지 않습니다. 조선 당국자들은 자신들은 무력하다고 합니다. 식구 중 일본인들에게 돈을 빌린 사람이 있는 조선의 가구는 머지않아 붕괴되고 맙니다. 일본인은 엽전 한 냥을 빌려 주고 하루에 엽전 한 푼의 이자를 물리면서, 만일 채무자가 갚을 수 없으면 그의 삼촌이나 부모가 대신 갚게 하기 때문입니다. 모든 불의하고 정직하지 못한 일에는 그 중심에 일본인이 있습니다. 조선인들이 그에 맞서기 위해 도움을 구할 데가 전혀 없기 때문입니다. 전주에 사는 몇몇 일본인들의 불의는 더 이상 헤아릴 수 없을 정도로 날마다 일어나는 일입니다. 주민들의 분개는 이루 말할 수 없을 만큼 크지만 일본 헌병들에 대한 두려움 때문에 겉으로 표현되지 못합니다.

이곳의 몇몇 거물들이 개신교 신자가 되려고 시도해 본 후 아마도 그들의 신심에 맞지 않다고 여겼기에 천주교를 받아들이고 싶다는 가벼운 바람을 표했습니다. 그들이 그같이 좋은 의도를 저버리지 않고 유지할까요? 미래가 그것을 알게 해 주겠지요. 저로서는 그렇게 바라면서도 별로 큰 기대를 하지 않습니다. 그들의 회심에는 다른 많은 것들이 섞여 있겠기 때문입니다.

모든 신부들의 소식은 다 좋은 소식들입니다.

주교님, 저의 가장 겸손한 존경과 경의를 받아 주십시오.

X. 보두네 드림

봉기에 대한 의견과
서얼 출신 교우의 신학교 입학 청원

+

예수 마리아 요셉

전주
1907년 8월 30일

주교님,

과거에는 당국에 맞서 봉기하는 데 일등이던 전라도 지방은, 일본의 탐욕에 맞서야 하는 오늘날 미동도 하지 않습니다. 전라도에 살고 있는 다수의 일진회원들이 이 같은 고요함의 주원인입니다. 사람들은 고발되어 엄한 처벌을 받을까 두려워 감히 자기 감정을 크게 드러내지 못하고 있습니다.

아무튼 저희는 현재의 평화를 축복하며, 이것이 가능한 한 오래오래 지속되길 기원합니다. 저희는 의병들의 이 모든 봉기가 조선의 일을 조금도 진전시키지 못할 뿐 아니라 봉기가 일어나는 고장을 황폐화하는 원인임을 경험으로 압니다. 이 의병들은 이름만 그럴듯할 뿐 그들의 행동은 도둑들과 거의 비슷합니다. 도둑들은 완전히 사라지지 않았습니다. 제 관할 구역의 공소 세 곳도 이번 여름에 도둑을 맞았습니다. 도둑들이 거울철에 더 늘어나지 않을까 염려됩니다. 올해 작황은 보잘것없을 테니까요. 경험상 도둑들은 흉년에 더 늘어난다는 것이 입증되고 있습니다.

주교님, 성 아오스딩 첨례인 그저께 주교 예식서의 문구 Ad multos annos를 주교님을 위해 기원드릴 수 있어서 행복했습니다. 저는 주교님의 주교 수품일인 성 마두 첨례에도 같은 축원을 드립니다.

피정 때 기낭 신부가 전주의 한 젊은이를 용산신학교에 받아들여 줄 것을 제안했습니다. 주교님께서 허락하셨으리라 생각합니다. 이 젊은이는 신학생이 되기에 장애 사항이 있는데, 저는 6월에 있었던 그의 부친의 사망 이틀 전에야 그 사실을 알았습니다. 그는 서얼입니다. 그의 아버지는 합법적 아내인 첫째 아내가 살아 있을 때 어떤 과부와 관계를 맺어 두 아들을 낳았는데, 두 아들 모두 교우이며, 그중 한 사람이 이 젊은이입니다. 저는 그의 두 번째 부인인 교우와의 혼인을 적법화하고 그의 아이들을 적자로 인정했습니다. 그러나 첫 번째 부인이 아직 살아 있으므로 장애는 여전히 존재합니다. 주교님께서 관면을 해 주시겠습니까? 아니면 그 청년에게 더 이상 신학교에 갈 생각을 하지 말라고 해야 할까요?

가장 겸손한 저의 존경과 경의를 받아 주십시오.

조선의 교황 파견 선교사
X. 보두네 드림

의병과 일본인의 충돌 사이 천주교인,
악의 없이 중혼한 교우들의 처분 문의

+

예수 마리아 요셉

전주

1907년 12월 29일

주교님,

신문을 훑어보니 온통 의병과 일본인들이 13개 도 도처에서 벌이는 일탈행위에 대한 기사로 가득합니다. 그들이 서로 전투를 벌이는 경우는 드물지만 주민들에게 끼치는 손해는 매우 많습니다. 이곳도 예외는 아닌데 가장 심한 피해를 입은 곳은 고산입니다. 의병이라 자칭하는 이들이 일본 군인들에게 붙잡혀 그 자리에서 처형되었다고 합니다. 벌써 열다섯 명 정도의 의병들이 처형되었는데 또 다른 의병들도 머지않아 처형될 것이라고 합니다. 의병들이 어떤 장소에 집결해 있을 때는 이따금 통행이 어렵습니다. 왜냐하면 그날 혹은 그다음 날 일본군들이 갑자기 달려가 아무런 구분 없이 길 가는 무죄한 이들을 불쾌하기 짝이 없는 방식으로 취급하는 것을 목격하기 때문입니다. 우리 천주교인들은 의병이나 일본 군들 양측으로부터 상대적으로 덜 고통을 당했다고 말할 수 있습니다. 하느님의 섭리가 분명히 교우들을 보호해 주셨습니다. 신부들도 예전과 마찬가지로 정규적으로 아무 어려움 없이 공소들을 방문했습니다.

주교님께서는 순시 중에 어떤 경고를 받으시지 않았는지요? 무탈하게 서울로 돌아가셨는지요?

1908년 새해가 시작되므로 주교님께 주교 예식서에서와 같이 가장 열렬한 새해 인사를 드립니다. ad Multos annos!

저의 가장 깊은 존경과 경의를 받아 주십시오.
X. 보두네 드림

저에게 좀 걱정스러운 일을 주교님께 감히 맡겨드립니다.

약 15년 전부터 함께 살고 있는 이 요셉과 김 아가다는 처음엔 외교인이었다가 그 후 영세를 했습니다. 1년 전과 2년 전인 그들의 세례 때 그들은 자기들의 첫 번째 배우자가 살아 있다는 사실을 밝히지 않았는데, 악의는 없었습니다. 왜 그런지 이유는 다음과 같습니다. 이 요셉의 장인은 자기 딸이 요셉과 동거한 지 2~3달 후 친정에 온 것을 기회로 딸을 어떤 부자의 첩으로 주고자 했습니다. 요셉이 감히 아내를 요구하지 못할 만큼 영향력 있는 부자였습니다.

김 아가다는 첫 번째 남편과 3년의 동거 끝에 헤어졌습니다. 그녀는 남편이 죽었다고 믿었지만, 그녀가 영세한 뒤 남편의 형이 고백하길 그녀의 남편이 그 마을에서 100리 떨어진 곳에 살고 있다고 했답니다. 이 요셉의 첫 번째 부인은 더 먼 곳, 김 아가다의 첫 번째 남편처럼 교우들이 없는 지역에 살고 있었습니다. 이 요셉과 김 아가다는 현재 그들의 첫 번째 배우자가 어디에 살고 있는지 알 방도가 없습니다. 이 요셉은 병약하고 너무 가난하며 주변에 친척도 없고, 아가다는 38세의 여인으로 소식을 얻으러 나가기엔 위험이 많습니다. 제가 그들에게 질문을 관면해줘야 합니까? 이것이 주교님께 여쭙고 싶은 부분입니다.

일본 경찰관이 성탄날 저를 방문하여 자위단에 대하여 모든 조선인은 가입하든 안 하든 자유라고 말했기에 저는 이 대답을 이곳 관헌에게 알려 주면서 천주교인들은 자위단에 가입하지 않을 것이라고 선언했습니다. 그는 일본 경찰관과 같은 의견이었고 저에게 결정권을 주었습니다. 베르모렐 신부와 베르몽 신부에게도 이 사실을 알렸습니다.

조선의 교황 파견 선교사 드림

일본인과 일진회의 자위단 가입 겁박과 폭력에 따른 신속한 도움 요청

+

예수 마리아 요셉

전주
1908년 2월 16일

공경하올 부주교 신부님,

근심 없는 영예는 없다. 아래의 사건을 맡아보려 하시면서 다시 한번 이 격언이 사실임을 깨닫게 되실 것입니다. 이 사건을 제가 여기서 해결할 수 없는 이유는, 사람들 말에 따르면, 이를 담당할 일본 기관이 없기 때문입니다. 오직 서울에서만 이 사건이 해결될 수 있다고 그들은 덧붙입니다.

신부님은 주교님께서 저의 모든 동료 사제들에게 편지하시어, 우리 교우들이 자위단에 가입하는 것을 막도록 하셨음을 아실 것입니다. 이 명령에 따라 저는 제 관할인 각 공소와 김 스테파노 신부가 담당하는 공소들에 편지 한 통을 썼습니다. 그 편지에서 저는, 주교님께서 일본 부통감副統監에게 알아본 결과 우리가 자위단에 가입하거나 말거나는 각자의 자유이며, 저 역시 이 문제로 일본 경찰관과 헌병대장, 그리고 부윤에게 문의했는데 답변은 동일했다고 썼습니다. 따라서 주교님의 명령에 의하면 교우들은 자위단에 가입하지 말아야 합니다. 그렇지 않을 경우 신앙생활에 지장을 초래할 수 있기 때문입니다. 저는 거기에 그치지 않고, 제가 그런 명령을 내렸음을 당국자들에게 알렸습니다. 진안 수비대장(틀림없이 휘하에 열다섯 명 정도의 군인만 지닌 하사나 소위일 것입니다)과 일순사日巡査 빼고는 일본 당국자건 조선 당국자건 저에게 반대하는 사람은 없었습니다. 이 두 사람은 조선인들 사이에서 인정머리 없기로 유명한 인물들입니다. 이 둘은 일진회의 선동하에 매우 경직된 형태의 자위단을 세웠습니다. 모든 마을들은 길가에 참호를 파야 했고, 하사들에게는 밤낮 보초를 서면서 무언가 특별한 일이 있는지, 전혀 아무 사건도 일어나지 않았는지를 매일 단장에게 보고하라는 명령이 떨어졌습니다. 또한 단장은 일진회장이나 수비대장에게 통지해야 합니다. 이것이 견딜 수 없는 고역임은 굳이 말할 필요가 없습니다. 생존에 필요한 모든 것이 박탈당했고, 자위단 가입자들은 일진회로부터 온갖 괴롭힘을 당할 수밖에 없었습니다. 그들은 단순히 일진회의 하인들에 불과했기 때문입니다. 그들은 또한 의병으로부터 오는 직접적 위험도 무릅써야 했습니다. 더군다나 일진회는 백성의 재산을 마음대로 사취했는데 백성은 저항할 수가 없습니다. 일진회 회원 하나가 일본 수비대장에게 고발할 경우 백성은 감옥에 가거나 사형을 당하기 때문입니다. 고산에서 의병 활동에 참여했다는 죄명 하에 집행된 70건의 사형 가운데 적어도 3분의 2는 과거에 일진회와 곤란한 관계가 있었거나, 아니면 일진회 사람들이 탐낼 만한 돈을 가졌다는 것 외에 비난받을 만한 것이 아무것도 없는 사람들입니다.

급기야 최근 신안에서 일어난 일을 말씀드리겠습니다. 교우들이 자유롭게 지내는 것을 보고 화가 난 일진회원들이 그들을 강제로 이 단체에 가입시키고자 일본인들에게 온갖 거짓말을 해댔습니다. 일본인들은 만일 천주교인들이 복종하지 않을 경우 전시법에 따라 그들을 엄중하게 다루겠다는 회람을 만들었습니다. 그들은 단장들을 시켜 교우들을 심문하였고, 일진회원들을 파견하였으며, 김 신부를 출두시켰습니다. 김 신부는 이 일이 저와 관련된다고 말했습니다. 그 어떤 것으로도 천주교인들을 굴복시키는 것이 아무 소용이 없자, 그들은 순검과 일진회원들을 시켜 한 교우를 잡아들였고, 무슨 일이 일어나는지 보려고 읍에 머물던 다른 다섯 명의 교우들 역시 체포되어 옥에 갇혔습니다. 전주의 일본인 당국자들에게 물었지만 그들은 진안 사건은 그들과 관계가 없다는 답변이었습니다. 그래서 저는 진안에 가보기로 했습니다. 감옥 문이 열려 있기에 저는 교우들을 위로하고, 일본인들과 외교인들에게, 감옥에 있는 교우들은 저 때문에 고통을 겪는 것이며, 필요하다면 그들이 아니라 제가 투옥되어야 하고 사형되어야 할 사람이라고 말했습니다. 감옥에서 나오자마자 저는 수비대장을 만나러 가서 대화를 나눴습니다. 그 결과 교우들의 자위단에 대한 가입이나 거부 의사를 조사할 수 있었습니다. 그런 다음 저는 투옥된 교우들의 의사도 조사할 수 있게 해 달라고 부탁했습니다. 대장은 교우들에 대한 온갖 비방으로 답변을 대신했고, 저는 그것들을 반박했습니다. 그는 화가 나서 주먹을 들어 올리며 저를 위협했고, 끔찍한 눈으로 저를 노려보았고 목소리가 높아졌습니다… 그러자 자연스레 (호! 호! 호!) 제 목구멍에서는 놀라움의 외침이 터져 나왔습니다. 갑자기 세 명의 일본인이 저에게 달려들어 주먹질을 해댔습니다. 한 사람은 제 수염을 잡고, 보초병은 제 머리를 총 개머리판으로 내리쳤습니다. 피가 흥건하게 흐르자 그들은 저를 놔주었습니다. 저는 곧바로 떠나고자 했지만 그들은 저를 붙잡더니 따뜻한 물 한 대야를 갖다주었습니다. 저는 피범벅이 된 얼굴과 머리, 수염을 그 물로 씻었습니다. 그런 다음 그곳을 빠져나왔습니다. 프랑스인에 대한 우정을 희한하게 표시한 그들은 법도 없는 사람들이며, 그들이 저를 다룬 것을 보면 조선인들을 어떻게 대하는지 알 수 있다는 말을 그들에게 남긴 후 그곳을 떠났습니다. 여인숙에 돌아와 저는 다시 손과 얼굴, 머리와 여전히 피가 묻어 있는 수염을 닦았습니다. 일본인들이 제 소식을 물으러 그날 저녁에도, 그다음 날 아침에도 오지 않았기에 저는 아무것도 먹지 않고 진안을 떠나 토요일 저녁인 2월 15일에 저의 집으로 돌아왔습니다.

친애하는 신부님, 저희는 신속한 도움이 필요합니다. 그렇지 않을 경우 우리의 위신은 사라지고, 신자들의 평온함도 위태로워질 것입니다. 신부님께서 저희를 위해 해 주실 모든 일에 대해 미리 감사드립니다.

저의 가장 깊은 존경을 받아 주십시오.

조선의 교황 파견 선교사
X. 보두네 드림

진안 자위단 가입 강요 사건 처리에 관한 정보 보완 및 의견 제출

✛

예수 마리아 요셉

전주
1908년 3월 13일

지극히 공경하올 두세 신부님,

신부님께서 지난번 편지에서 보여 주신 호의와 공감에 참으로 기뻤습니다. 또한 신부님께서 이미 저를 위해 해 주신 모든 것에 어떻게 다 감사드려야 할지 모르겠습니다. 신부님께서 영사에게 간곡하게 부탁하신 덕분에 영사는 기꺼이 제 사건을 담당해 주었습니다. 진안에서만이 아니라 다른 곳 거의 대부분에서 이미 개선의 조짐이 느껴지고 있습니다. 일진회원들은 더 이상 예전처럼 오만하지 않습니다. 일본인들은 자기들의 수상쩍은 협력자들이 저지른 수많은 폐해에 눈을 뜨기 시작했습니다. 그들이 일진회원들을 그들 잘못의 경중에 따라 처벌할까요? 저는 그렇게 생각지 않습니다. 조선의 문명화 선도자라는 일본인들은 무게가 각기 다른 여러 개의 저울추를 사용합니다. 그들 동족의 잘못에 대해서는 매우 가벼운 추를, 그들을 곤란하게 만드는 조력자들에 대해서는 덜 가벼운 추를, 그리고 그들의 심기를 불편하게 할 정도로 신중치 못했던 가여운 조선인들에게는 지나치게 무거운 추를 적용합니다.

공경하올 부주교 신부님, 저의 사건이 만족스럽게 해결되도록 다시 한번 애써 주십시오. 이에 대해 신부님과 영사님께 미리 감사를 드립니다. 신부님과 영사님이 관대하게 그리해 주실 것을 의심하지 않기 때문입니다.

조사는 끝났습니다. 바로 오늘 자로 서울로 결과가 보내질 것입니다. 그러한 조건에서 행해진 조사는 그다지 신빙성이 없다는 점을 알리는 것이 꼭 필요합니다. 아전들과 일진회, 일본인은 한통속ejusdem farinae[62]임을 아는 것으로 충분합니다. 그들은 이 사건에서 제가 한 말이나 행동의 잘못을 찾아내기 위해 서로 짰을 수도 있습니다. 우선 그것들을 믿어서는 안 될 것이며, 그들이 고발하는 저의 잘못이 매우 큰 것일 경우 더 폭넓은 설명을 얻기 위해 제발 저에게 물어주십시오.

조선 경찰서장은 어제저녁, 일본인들이 제게 저지른 폭력에 대해 더 자세히 이야기해 달라고 부탁했고, 폭력을 쓴 자가 일본인인지 조선인인지 물었습니다. 바로 이것이 그가 이 이야기의 온갖 행위들에 대해 유일하게 제기한 불만입니다. 이 점을 기억하는 것이 좋습니다. 앞서 말한 모든 것에 대해 아무런 이의를 제기하지 않으므로, 저의 이야기가 사실이라고 결론 내릴 수 있을 테니까요.

저는 그에게 좀 더 상세하게 답했습니다. 여기 동봉하는 저의 답변에 대한 사본으로 신부님께서는 일이 어떻게 진행되었는지 대강 아실 수 있

---

62 Ejusdem farinae는 "같은 밀가루에서 나온"을 뜻하는 라틴어로, 같은 결점을 지닌 사람이나 사물을 경멸적으로 지칭할 때 사용하는 표현이다.

을 것입니다. 제가 일본 수위대장에게 문명화된 사람들에 의해 이런 취급을 받았다고 항의하였지만, 그는 반박하지 않았습니다. 이는 저를 때린 것이 그의 부하들이란 증거입니다.

제가 여인숙으로 돌아와 얼굴과 머리와 손을 씻을 때 군주사軍主事는 다음과 같이 자신의 생각을 이야기했습니다. "그들(일본인들)이 신부님을 다룬 방식을 보면, 우리 조선인들이 그들 눈에 어떤 존재인지 판단하실 수 있을 것입니다." 게다가 저를 때린 것은 일본인이었다는 소문이 사방에 퍼졌는데, 조선인에 대한 이야기는 하나도 없었습니다. 저는 일본 경시警視가 저를 방문했을 때, 그리고 조선 경시가 어제 저에게, 저를 때린 것이 조선인이었는지 일본인이었는지 물은 이유를 모르겠습니다. 어쨌거나 저를 때린 것은 수비대장 밑에 딸린 사람들이고, 수비대장만이 책임이 있다는 것입니다. 만일 그 수비대장을 진안에서 떠나게 할 수 있다면 좋겠습니다.

미사 안에서 언제나 기도로 일치하며.
저의 가장 깊은 존경을 받아 주십시오.

조선의 교황 파견 선교사
X. 보두네 드림

논과 관련한 분쟁으로 변의관이란 자가 신부님 댁을 방문하거든 그의 말을 믿지 마십시오.

통감 비서 미우라 방문과
그 의미

✛

예수 마리아 요셉

1908년 3월 28일
전주

지극히 공경하올 부주교 신부님,

어제 서울의 통감 비서인 미우라 씨가 이 지역을 지나는 길에 저를 보러 왔습니다. 사심 없는 방문은 아니라고 생각됩니다. 왜 그런지 설명 드리겠습니다. 그는 자기가 그 어떤 명령을 받고 온 것이 아님을 믿게 하려고 이리저리 말을 바꾸어 책략을 쓴 후, 제가 왜 우리 영사에게 신고하지 않았는지를 물었습니다. 저는 우리 회헌에 따르면 구역의 특별한 사실들을 장상에게 알리도록 되어 있으며, 보고를 받은 장상은 권한이 있는 사람에게 고소할지 말지를 자유롭게 결정할 수 있다고 답했습니다. 저의 대답을 들은 후 미우라 씨는 제 담당 교우 공동체에 대해, 그리고 제가 기초 교육을 담당하고 있는 어린아이들의 숫자에 대해 대화를 나누었습니다. 그러나 작별인사를 하고 나서 정원에서부터 출입문까지 그를 동반하는 가운데 그가 갑자기 혹시 제가 저의 고소를 취하하지 않을지, 아니면 절대로 고소를 취하하길 원치 않는지를 물었습니다. 저는 이 사건이 이미 영사에게 올라갔으니 이 질문에 답할 수 있는 것은 영사뿐이고, 영사만이 유일한 재판관이라고 답했습니다.

미우라 씨가 저를 보러 온 것이 자기 의지건 아니건 간에 제가 영사에게 고소한 것에 대한 그의 두 가지 질문은, 여기서 이뤄진 조사가 이미 오래전에 통감의 손에 들어간 것을 제가 분명히 알고 있는 만큼 의미심장한 것으로 보입니다. 일본인들은 자기네 입장이 매우 불리한 것을 압니다. 게다가 그들은 손해배상을 해야만 하는데 이것이야말로 그들이 자존심을 걸고 절대로 피하고자 하는 것입니다. 그렇다면 그들이 무엇을 할까요? 아무런 보상도 해 주지 않으면서 고소를 취하하라고 요구하는 것이지요. 정말 기막힌 정의입니다!

존경하올 부주교 신부님, 이상과 같은 정보를 드리오니, 신부님께서 적절하다고 판단하시는 대로 필요할 경우 이용하시기를 바랍니다.

저의 최고의 존경을 받아 주십시오.
우리 주님 안에서 신부님께 헌신하는
조선의 교황 파견 선교사
X. 보두네 드림

추신
미우라 씨가 3월 23일 드예 신부를 방문했을 때, 그는 진안의 유감스러운 사건이 완전히 종료되었다고 말했을 것입니다!

부당하게 투옥된 진안의
김 스테파노 신부와 교우들 사건 전말

+

예수 마리아 요셉

전주
1908년 4월 11일

공경하올 두세 신부님,

저는 어제저녁부터 김 스테파노 신부와 그의 세 교우 때문에 큰 불안 속에 지내고 있습니다.

그 이유는 이러합니다. 김 신부는 최근 몇 년간 무척 많아진 도둑들이 마을을 공격할 경우를 대비하여 조선 총 몇 자루를 구입했습니다. 그는 정기방문을 위해 떠나면서 다섯 자루의 총을 집에 숨겨두었고, 교우들이 사냥하는 것을 금하고, 그들에게 총이 있다면 그것을 감추지 말도록 명했습니다. 그러는 동안 김 신부의 마을에 일본 경찰대장이 도착하여 총들을 요구했습니다. 신부가 부재한 가운데 교우들은 어떤 교우가 갖고 있던 총 한 자루를 경찰에게 제출하면서, 다른 총들은 김 신부의 것인데 신부가 숨겨 놓았다고 말했습니다. 11월 말에 의병들이 마을을 지나면서 마을에 있는 총들을 요구했습니다. 교우들은 자기네에게 총이 없다고 답했고, 그럼에도 독촉을 당하자 더 이상 쓸 수 없는 총 한 자루를 제출했습니다. 그때 이래로 더 이상 총으로 말미암은 문제는 없었습니다. 그러나 4월 8일 진안의 그 수많은 교우들의 원수들의 밀고로 김 신부를 찾으로 온 다섯 명의 일본군은 교우들의 접근을 막고 김 신부와 반나절 동안 이야기를 나누었습니다. 그들은 조선 총 다섯 정과 칼 한 자루를 가지고 나와, 세 교우더러 함께 읍내로 가서 수비대장으로부터 신부가 앞서 언급한 총들을 제출했다는 증명서를 받아 가라고 했습니다. 김 신부도 그들을 따라 읍내로 갔고 교우들은 투옥되었습니다. 그다음 날 교우들은 차례로 수비대장에게 불려 나가 심문을 받았는데, 그들은 의병들이 마을에 온 날짜를 각기 다르게 말했습니다. 한 사람은 11월로, 다른 사람은 12월로 말했습니다. 이 일로 그들은 심하게 매질을 당했고 의병들과 공모했다고 고발되었습니다. 그들은 철창에 갇혔습니다. 신부 자신은 장판전[63]에 갇혔고, 거기서 외출하거나 교우들과 소통하는 것이 금지되었습니다. 그는 목요일부터 그곳에 있는데 아무것도 먹지 않는 것 같습니다.

저는 일본 경시를 만나러 갔는데, 그는 제 이야기를 듣더니 비록 군인들의 일이 자기 권한은 아니지만 올바른 판결이 나도록 최선을 다하겠다고 말했습니다. 저는 중대장에게 편지를 썼습니다. 그는 현재 부재중이고, 그를 대리하는 자는 저에게 답장을 해 주지 않습니다.

존경하올 신부님, 이 사건은 김 신부가 아무 잘못을 하지 않았는데도 억지로 조장된 것입니다. 우리의 원수들인 진안 군인들과 아전들과 일진회

---

63 Tjyanghpantyen. 정확한 실체는 확인되지 않으나, 특정 건물 혹은 수감 장소를 지칭하는 고유명사로 보인다.

원들의 뻔뻔함과 무례함을 하루빨리 막지 않는다면 큰 불행이 우리에게 닥칠 수 있습니다.

저의 가장 겸손한 경의를 받아 주십시오.

조선의 교황 파견 선교사
X. 보두네 드림

자위단 가입 강요 사건 처리에 관한
통감부의 주장 반박

✚

예수 마리아 요셉

전주

1908년 4월 25일

지극히 공경하올 신부님,

통감부는 제가 직접 서명한 두 진술서로는 가해자 또는 가해자들(그들은 세 명이었으니까요)의 신원을 특정할 수 없었다고 주장합니다.

진안에 있는 일본군은 경찰들까지 포함하여 겨우 20명 정도입니다. 우두머리들은 틀림없이 자기 부하들을 알 것입니다. 당시 그들은 4개월째 함께 살고 있었기 때문입니다. 2월 14일 저녁 7~8시경, 제복을 입지 않은 두 명의 군인 또는 경찰과 손에 총을 들고 보초를 서고 있던 군복 차림의 군인 한 명이 신부님께서 아시는 바와 같은 상황에서 저를 공격했습니다. 어떤 방에 함께 모여 있던 그들의 대장들, 곧 수비대장, 경찰대장, 그리고 두 명의 하사관(하사 또는 상병)은 3명의 가해자들을 가해 이전과 가해 동안, 가해 이후에 여러 차례 마주쳤습니다. 제복을 입지 않은 가해자들 중 한 명이 제가 얼굴에서 핏자국을 지우는 것을 도와주었습니다. 보초병은 초소로 돌아갔고요. 모든 가해자들은 여전히 그들의 상관 눈에 띄는 곳에 있습니다. 상관들은 가해의 시작과 가해가 행해지는 동안, 그리고 가해 후에도 태연히 자리에 앉아 있었습니다. 제 옆에 있던 역관譯官도 범인들을 빤히 알아보는 것 같습니다. 3주 후 수비대장과 경찰대장은 예심판사로 임명된 경시에 의해 전주로 호출되어 심문을 받자 범인들을 알아낼 수 없었다고 답했습니다. 예비 판사는 당시 이방吏房, 군주사(소환 통보를 받은 호장은 오지 않았습니다)와 일진회장을 포함하는 지방 당국자들을 소환하였습니다. 이들은 모두 친일파였으며 따라서 우리의 적들이었습니다. 그가 심문하였는데, 그들은 어떻게 대답했을까요? 가해 행위가 일어났을 때 그 자리에 있었던 이방과 군주사는 감히 진실을 말하지 못했습니다. 그러나 그들은 범인들이 누군지 알고 있었습니다. 도무지 신뢰할 수 없는 인물인 일진회장 이상숙李相淑은 자기는 아무것도 못 보았고, 아무것도 모른다고 대답했습니다. 이 의심스러운 증언으로 조사는 종료되었습니다.

서로 일치하지 않는 두 개의 진술서에 대해 말씀드리자면, 저는 그중 하나를 저의 집에서 진행된 조사 때 경시에게 제출했는데, 거기엔 아무 서명이 없습니다(이 진술서는 자위단에 가입하도록 교우들에게 가해진 폭력에서부터 저에 대한 가해까지 모든 사실을 적고 있습니다. 이 중 주된 사실들에 대한 사본 한 부를 두세 신부에게 보냈습니다. 저의 집에는 더 이상 사본이 없습니다). 또 다른 한 부는 1주일 후에 조선 경시에게 보냈는데 여기에는 저의 서명이 들어 있습니다. 조선 경시는 일본 경시에게 제출된 첫 번째 진술서가 가해 행위에 대해 분명하지 않다는 구실로 저에게 또 한 번 진술서 제출을 요구한 것입니다. 그는 또한 저를 때린 것이 일본인들인지 조선인들인지 물었습니다. 이는 제가 진술서에서 '사람'이란 용어를 사용했음에 대한 반증입니다. 저의 복사에게 그가 첫 번째 진술서에서 '사람' 대신 순사나 군인이란 단어를 사용했는지 물었더니 그는 자기가 어떤 단어를 썼는지 더 이상 기억하지 못하며, 그런 용어의 차이를 그리 중요하게 생각지 않는다고 답한바, 저는 그대로 '사람'으로 기입한 것이었습니다.

공경하올 신부님, 이 배상금은 제 자존심이 허락하지 않습니다. 또한, 나중에 문제가 될 소지가 있어 거절해야 한다고 생각합니다. 마치 저를 다른 사람과 비교하며 주는 것 같아 받아들일 수 없습니다.

김 신부는 이곳 경시의 명령에 따라 지난 수요일에 풀려났습니다.

이 사건에서 끌어내야 할 결론은 자연스럽게 사실들에서 나옵니다. 가해 행위 당시 그곳에 있으면서 반대하지 않았던 수비대장, 경찰대장은 책임을 져야 마땅합니다. 그들의 태도 변화를 요구하는 것이 좋을 것입니다. 더구나 지난 12월부터 지금까지 일본인 옆에서 천주교인들을 향한 온갖 괴롭힘의 주모자들이었던 이방, 군주사, 호장, 도단장은 파면되어야 마땅합니다. 천주교인들을 평온히 놔두고 더 이상 괴롭히지 말라는 명령을 내려달라고 부탁하는 것이 좋을 것입니다.

김 신부가 조선 교인들에게 "여러분의 총을 일본인들이 빼앗아 갈 수 없게 저에게 가져오시오."라고 말하여 신부의 집에서 10자루 이상의 총들이 발견되었다는 소식은 거짓임을 말씀드립니다. 조사가 끝나면 2~3일 내로 더 자세하게 말씀드리겠습니다.

공경하올 두세 신부님, 일본인들이 집을 짓거나 철도를 건설하기 위해 저에게 속한 밭이나 논을 사겠다고 할 때 제가 원하는 가격을 요구할 수 있는 것인지 여쭙니다.

저는 통감이 언급하는 저의 첫 번째 진술서에 서명을 하지 않았다고 신부님께 말씀드린 바 있습니다. 이를 증언할 수 있는 사람은 많습니다. 만일 거기에 서명이 되어 있다면 그것은 위조된 것입니다. 따라서 저는 법이 정한 최고의 형벌이나 배상금을 요구합니다.

공경하올 부주교 신부님, 우리 주님 안에서 신부님께 온전히 헌신하는 저를 믿어주십시오.

X. 보두네 드림

신부님께 (매우 짧은) 두 번째 진술서 사본을 보내드립니다. 여기서는 저 자신에 대한 가해만 진술했습니다. 이 사본과 두 개의 진술서는 모두 같은 필체로, 매우 얇은 종이에 작성되었습니다. 첫 번째 진술서는 매우 길며 <u>저의 서명이 없습니다</u>. 두 번째 진술서는 꽤 짧고 <u>저의 서명이 있습니다</u>.

진술서 내용이 불일치하므로 가해자 특정이 불가하다는 일본인의 주장에 대한 석명[64]

+

예수 마리아 요셉

전주
1908년 5월 24일

지극히 공경하올 부주교 신부님,

신부님께서 완쾌되셨다니 다행입니다. 저는 신부님이 최대한 빨리 기력을 되찾으시고 다시 한번 예전의 원기왕성한 두세 신부님이 되시기를 기도드렸습니다.

신부님께서는 "신부님 사건에 관해서 저는 최선을 다했지만 첫날보다 더 앞으로 나가지 못했습니다. 저는 영사와 다투었으니까요. 그것이 제가 저의 모든 노력에서 얻은 전부입니다."라고 말씀하십니다. 그런 다음 신부님은 저의 두 진술서가 서로 일치하지 않을 뿐 아니라 저의 첫 번째 편지와도 일치하지 않아서 모든 것이 뒤죽박죽이 되었고, 영사의 마음에 의구심을 남겼다고 말씀하십니다. 그래서 신부님께서는 설명을 위해

---

[64] 釋明. 사실을 설명하여 내용을 밝힘.

저를 서울로 올라오도록 하셨습니다.

공경하올 두세 신부님, 신부님께 깊이 감사를 드립니다. 신부님께서는 최선을 다하셨고, 그것이 중요한 점입니다. 그래서 깊은 감사를 드리지 않을 수 없습니다. 신부님께서 성공하지 못하신 것은 중요치 않습니다. 신부님의 잘못이 아니니까 그 점은 조금도 걱정하지 마시기 바랍니다.

신부님께서는 서로 일치하지 않을 뿐 아니라 저의 첫 번째 편지와도 일치하지 않는 두 개의 제 진술서 설명을 위하여 저를 서울로 부르셨습니다. 공경하올 신부님, 일본인들은 우리의 정당함을 부인하려는 자기들의 의도를 감추기 위해 말장난을 하고 있습니다. 저의 첫 번째 편지의 버전이 두 개의 진술서 그것과 다르기 때문도, 두 진술서의 버전이 서로 다르기 때문도 아닙니다. 제 편지와 진술서에서 일치하지 않는 것은 세 가해자를 지칭하는 부분뿐입니다. 그 이유는 다음과 같습니다. 저의 편지에서 세 가해자의 직책을 정확히 언급한 것은 제가 그들을 알고 있기 때문이었습니다. 반면 경시에게 제출한 꽤 상세한 첫 번째 진술서에서 저는 세 가해자를 아마 경찰로 적었을 것입니다. 초고를 살펴보니 경찰들의 이름은 없었습니다. 저의 복사가 착각을 했거나 부주의했던 걸까요? 아니면 일본인들이 저희에게 트집을 잡기 위해 일부러 단어들을 바꾼 걸까요? (그들이 저의 첫 번째 진술서에 서명이 있었다고 하는 것이 거짓인 만큼 이에 대해서도 저는 의심을 갖지 않을 수 없습니다.) 저의 두 번째 진술서에서 저는 가해자들을 세 명의 일본인이라고 불렀을 것입니다. 저와 제 복사는 조선 경시의 질문에 직접적으로 똑같은 방식으로 답하기 위해 이 세 가지 용어를 사용했습니다. 저희는 나중에서야 그들이 쳐 놓은 함정에 빠졌음을 알았습니다. 아무튼 저는 이 사건의 모든 상황을 되짚어 봄으로써, 일본인들이 가해자를 특정할 수 없었다고 말한 것은 잘못임을 증명하기 위해 노력할 것입니다.

저의 설명이 영사의 모든 의심을 걷어내기에 충분하길, 그리하여 제가 서울에 가지 않아도 되길 희망합니다. 저의 상황상 서울에 올라가는 것은 불가능하기 때문입니다. 우리에게 영예롭도록 이 사건을 끝내는 가장 좋은 방법은 프랑스 영사로 하여금 부통감에게 요구하여, 진안 수위대장과 이곳의 경시, 그리고 신부님의 종인 저를 세 명의 판관, 곧 프랑스 대표, 부통감, 그리고 이 둘에 의해 지명된 또 다른 영사 앞에서 대질심문을 받게 하는 것일 겁니다. 부통감은 이 제안을 받아들이려 하지 않을 것입니다. 왜냐하면 그는 자기 나라의 영예에 이것이 해를 끼칠 수 있음을 알기 때문입니다.

공경하올 신부님, 저의 겸손한 존경을 받아 주시길 청하며 이만 줄입니다.

우리 주님 안에서 신부님께 헌신적인
조선의 교황 파견 선교사
X. 보두네 드림

진안 자위단 가입 강요 사건
주범 처벌 등을 위한 조처 호소

+

예수 마리아 요셉

전주
1908년 6월 14일

지극히 공경하올 부주교 신부님,

전주의 주임관奏任官은 6월 11일에 제가 올린 제소에 대해, 진안의 전임 수비대장(그는 그 후 경상도 진주로 전임되었다고 합니다)을 소환한 후 저에게 알리겠노라고 구두로 답했습니다. 어제인 6월 13일에 그는 자신이 공정하게 조사를 했으므로 저의 제소를 받아들일 수 없노라고 편지로 알려 왔습니다. 자기의 조사가 상관들의 찬성을 얻었으므로 공정하다는 것이었습니다. 저는 그의 조사가 공정했다고 생각지 않습니다. 그런 까닭에 저는 제가 주범으로 보고 있는 수비대장 앞에서 저의 설명을 들으라고 그에게 요구하는 것입니다. 그는 제 이야기 듣기를 거부합니다. 왜 그럴까요? 자기 조사에 담겨 있는 거짓이 탄로날까 두려운 것입니다.

그의 거절 때문에 저는 다시 한번 영사의 호의에 호소할 수밖에 없습니다. 여기서 신부님과 영사님께 깊은 감사를 드립니다.

신부님께서는 가해 행위가 일어났을 때 수비대장도 현장에 있었다는 증거를 갖고 싶으실 것입니다. 저는 아무도 이 점을 감히 부인할 수 없으리라고 생각합니다. 사실 그 상황에서 수비대장이 단 몇 초라도 자리를 비우는 것은 물리적으로 불가능했습니다. 왜 그렇겠습니까? 그가 저를 향해 무분별하게 주먹을 휘두르며 위협하고, 목소리 톤이 매우 거칠었으며, 눈빛으로 극도의 분노를 표출하는 바람에(제가 아는 한 그럴 만한 이유가 전혀 없는데도) 저도 모르게 놀라서 소리를 질렀기 때문이니까요. 곧바로 가해 행위가 일어났고 기껏해야 2분 정도 지속되었습니다. 신부님도 아시다시피 머리를 다쳐 피가 줄줄 흐르기에 저는 이 군바리 무리 속에서 벗어나고 싶었습니다. 저를 이 상태로 만든 이들은, 미동도 하지 않고 제자리에 태연히 앉아 있는 수비대장의 명령에 따라, 그 자리를 떠나려는 저를 세 차례나 막아섰고 저를 물이 담긴 대야 쪽으로 끌고 갔습니다. 그때 저는 수비대장에게 그의 부하 군인들의 난폭함을 비난했습니다. 수비대장은 말없이 있었는데, 이는 그가 모든 것을 보았다는 증거입니다. 그는 가해자들을 야단치지 않았는데, 이는 그가 죄책감을 느끼지 않는다는 증거입니다. 가해자들도 전혀 두려움을 느끼지 않았는데, 이는 그들의 대장이 저를 그렇게 다루도록 명령했다는 증거입니다.

이상과 같은 것이 제가 신부님께 드리는 보충 설명입니다. 아마도 이 설명들이 신부님께 유익할 것입니다.

공경하올 부주교 신부님, 저의 가장 깊은 존경의 표현을 받아 주십시오.

조선의 교황 파견 선교사
X. 보두네 드림

주교의 무사 귀환
소식을 접한 감상

+

예수 마리아 요셉

전주

1908년 12월 26일

주교님,

주교님의 무사 귀환이라는 기쁜 소식을 저희는 몇 주 전에 경향신문을 통하여 이미 알고 있었습니다. 이곳 교우들과 신부들은 마음 졸이며 기다리던 소식에 몹시 기뻐했습니다. 신문을 구독하는 사람들은 구독하지 않는 사람들에게 이 소식을 알리며 기뻐했고, 특히 주교님께서 도착하셨을 때 열광적인 환영을 받으셨다는 소식을 알리며 행복해하였습니다. 이런 영접을 직접 본 여러 명의 외교인들도 그 소식을 지방에 퍼뜨리지 않을 수 없었습니다. 이는 우리 천주교를 높이 평가하는 데 일조한 것입니다. 비에모 신부도 자기 일기에서 주교님은 아주 건강하시며 긴 순시에 조금도 피곤해하지 않으신다고 알려왔습니다. 그는 또 덧붙이기를 사업 창립[65]이 최종적으로 인가되리라는 소식을 머지않아 받게 될 것을 희

---

65 사업의 내용에 대한 구체적인 설명이 나오지 않지만, 뮈텔 주교가 학교 설립을 추진하

망한다고 했습니다. 이는 우리가 우선 하느님의 섭리에, 그리고 그다음으로 주교님께 감사드릴 좋은 소식들입니다. 주교님께서는 무수한 교섭을 통하여 우리 선교에 (현재) 참으로 필요한 사업의 창립자들을 마침내 찾아내셨으니까요.

전라도의 모든 선교사 신부들은 아직도 정기방문 중입니다. 베르몽 신부만이 방문을 모두 마쳤습니다. 저는 3분의 2가량 마쳤고요. 성탄절 무렵 며칠의 휴가를 위해 페네 신부와 미알롱 신부의 구역에 갔다가 저는 그곳에 수많은 의병들이 돌아다닌다는 소식을 들었습니다. 다른 구역들에는 없는 듯합니다.

아름다운 성탄 축제에 대해 주교님께 말씀드리면서 저는 아기 예수님께서 제가 주교님을 위해 드린 모든 기원을, 특히 길고 복된 수명의 기원을 들어주시도록 온 마음으로 기도드렸다고 말씀드릴 수 있어서 행복합니다.

주교님, 저의 깊은 존경과 경의를 받아 주십시오.

주교님의 미천한 선교사이며
조선의 교황 파견 선교사
X. 보두네 드림

던 시기였기에 학교 설립 사업으로 해석할 수도 있다.

순교자 유항검의 재산 회수를
위한 도움 요청

1909년 1월 1일

주교님,

아주 중요한 한 사건에 대해 주교님께 말씀드려야겠습니다. 그 사건은 고려할 만한 가치가 있기에 주교님께 알려 드리지 않을 수 없습니다.

전라도의 1801년 박해에서 유항검의 가정은 수많은 순교자를 냈는데, 그중에서 이 루갈다는 우리 조선 교회의 가장 아름다운 인물 중 하나입니다. 그녀에 대해 이어져 내려온 전승에 따르면 그들의 무덤은 재남리 마을 근처일 것이라고 합니다. 그곳은 제가 일 년에 적어도 한 번은 방문하는 마을로 인구의 반쯤은 교우들입니다. 저는 제 눈으로 이 무덤을 여러 번 보았습니다.

우리 순교자 항검의 사촌의 아들은 이 가문의 유일한 생존자이며 조선식으로 하자면 당질일 뿐입니다. 이것은 별로 중요하지 않습니다. 그는 이 가문의 유일한 생존자이기 때문입니다. 이 유씨가 무엇을 했기에 제가 그에게 관심을 가지는 걸까요? 그는 유항검의 상당한 재산을 되찾게 되길 기대하며 일진회와 천도교에 몸담기도 했습니다. 그는 만일 유항검의 재산을 되찾을 수만 있다면 꽤 많은 돈을 주겠다고 외교인들에게 약속하면서 그들을 서울로 올려 보냈습니다. 그 자신도 서울로 올라갔고, 천주교인들과 관계를 맺고 나서 곧바로 잘못된 교리를 포기하고 천주교를 받아들였습니다. 그는 서울에서 여러 차례 저에게 편지하여 자기를 도와달라고 했습니다. 저는 그의 회심이 진정한 것인지 자문하면서 계속 기다렸습니다. 그러다가 결국 그의 진심을 확신하면서 그를 도울 수 있다고 생각했습니다. 서울(경리국)의 서류 한 통으로 전주의 감독국은 유항검의 가문에 속한 재산을 조사하게 되었습니다. 이 서류에 힘입은 저는 감독국 국장에게 인사하러 간다는 구실로 그를 만나러 가서, 유씨의 역사를 알고 있으니 그것을 유씨에게 주라고 했습니다. 그는 저에게 편지로 답하는 것이 마땅한데 현재까지 한 달이 넘도록 아무 소식을 주지 않습니다. 대체 무슨 일이 생긴 걸까요? 국장은 우선 유씨 가문의 재산이 그다지 많지 않다고 보았으며, 전주 지역의 땅 외에 다른 것이 없다고 생각했습니다. 그런 이유로 그는 여러 차례 부하 직원들에게 조사를 하라고 명한 것입니다. 부하 직원들은 어떤 면面의 면장에게 이 조사를 하도록 시켰습니다. 유씨 가문의 대표(그의 이름은 길노입니다)는 여러 차례 진정서를 냈습니다. 감독국 직원들은 그에게 직접 조사를 하여 국장에게 제출하라고 지시했습니다. 그는 그 말대로 하여 전주의 논 1,500마지기의 목록을 제출하면서 동시에, 유씨 가문에 속한 논들이 있을 다른 열 군데의 군에서도 조사를 할 수 있도록 서면 허가증을 줄 것을 요청했습니다. 국장은 엄청난 양의 논을 보고 깜짝 놀랐습니다. 그는 목록과 청원서를 되돌려보내며, 이 사건은 너무 중대한 문제라고 대답하였습니다. 최근 감독국에 제출된 반란자 문건들은 국장이 유柳를 위해 시작된 조사를 포기하게 만드는 구실이 되었습니다.

유항검 가문의 후손 또는 생존자인 유길노는 서울에서 돌아와 오늘 저를 보러 왔습니다. 그는 천주교를 열심히 믿겠다고 약속했습니다. 그는 벌써 십이단을 배웠는데, 기억력이 너무 좋지 않아서 노인들의 문답집을 가르친 후 세례를 주어야 할 것입니다. 그의 아내 역시 교리를 배우고 있습니다. 유씨의 논을 경작하는 여러 외교인들이 천주교 서적을 요청했습니다.

만일 주교님께서 이 사건을 주교님께서 아시는 권위자들이나 통감, 또는 탁지부 대신에게 부탁하시면서 조금이라도 도움을 주신다면 이 사건은 잘 해결될 수밖에 없을 것입니다. 탁지부 대신은 1801년 박해 때 유씨 가문에서 빼앗아 간 재산 목록을 넘겨주기만 하면 됩니다. 과거에 탁지부 직원이던 서울의 신자 이세직李世稙이 그 목록을 보았습니다.

이 사건의 성공은 여러 가지 유익을 가져다줄 것입니다.

1. 이 가문의 생존자들이 천주교를 받아들일 것이고,
2. 그 땅의 경작자들 중에 많은 수의 입교자들이 나올 것이며,
3. 우리가 순교자들의 소중한 유해를 되찾기가 쉬울 것이고,
4. 교회는 경당이나 학교를 지을 재원을 어느 정도 마련할 수 있을 것입니다. 이 재산을 돌볼 수 없는 유씨가 그것들을 저에게 맡길 테고 심지어 상당 부분을 교회에 기증할 테니까요.

만일 우리가 이 사건에 전혀 관여하지 않는다면 유씨의 신앙은 그다지 깊지 않으므로 그는 우리를 버리고 외교인들의 품으로 달려갈지도 모릅니다. 외교인들은 유씨의 부를 나눠 가질 기회로 이를 이용하겠지요. 그러면 지금 외교인들이, 유항검과 그의 온 가족이 천주교를 믿었다는 이유로 잔혹한 죽임을 당했으니 이 재산이 우리 천주교에 되돌아가야

한다고 목소리를 높이고 있는 마당에 우리는 그들의 웃음거리가 될 것입니다.

주교님, 이 사건을 주교님께 부탁드리면서 걱정을 끼쳤다면 용서해 주십시오. 하느님 앞에서 오랫동안 숙고한 후에 저는 주교님께 이 사건에 대해 말씀드릴 수밖에 없다고 믿었습니다.

주교님, 저의 가장 겸손한 존경과 경의를 받아 주십시오.

우리 주님 안에서 온전히 헌신하는 주교님의 선교사이며
조선의 교황 파견 선교사
X. 보두네 드림

이 편지를 갖고 가는 김 요한(도사)은 유길노의 대리인이요 옛 아전으로서, 이 사건을 다루는 데 큰 도움을 드릴 수 있을 것입니다.

소송을 제기한 변정식에 대한 정보, 성벽 매입을 위한 도움 요청

+

예수 마리아 요셉

전주
1909년 2월 7일

주교님,

변정식의 제소에 대한 답변으로 주교님께 이 사건의 요약과 우리 권리를 입증하는 서류들의 사본을 보냅니다. 저는 이 사건의 처음부터 변씨가 옛 대장(주교님도 아시는 인물입니다) 김병욱과 현 군수와 짜고서 저희를 속이려 했다는 사실도 증거로 제출할 수 있습니다. 제가 변씨에 대한 고소를 제기한 익산군수는 임시로 전주군수도 겸하고 있는데 그는 변씨를 언짢게 할까 두려워 판결을 내려 주고자 하지 않았습니다. 이 관장은 저의 대리인 앞에서 그렇게 고백하면서 제 소송 사건은 어느 법정에서건 이길 것이라고 덧붙였습니다. 변씨는 또한, 우리 친구들 중 한 명이 저희에게 와서 말해 주었듯이, 저의 복사를 매수하자는 제안을 했습니다. 그 친구는 그를 만류했죠. 저의 요약과 이 몇 마디 편지가 주교님의 이해에 충분한 도움이 되기를 바랍니다.

성벽의 일부를 사기 위해 누구에게 상의해야 하는지 몰라서 저는 김 요한에게 서울에서 이 매매를 성사시키기 위해 최선을 다하도록 임무를 주었습니다. 그가 이 매매를 성사시킬 수 있도록 그를 도울 수 있는 교우에게 그를 소개해 주실 수 있을까요?

주교님, 저의 겸손한 존경과 경의를 받아 주십시오.

조선의 교황 파견 선교사
X. 보두네 드림

교회를 짓는 동안의 주일 노동 허락 요청과
의병의 침입을 받은 페네 신부 소식

+

예수 마리아 요셉

전주

1909년 6월 8일

주교님,

주교님께서 로베르 신부가 교회를 짓는 동안에 일꾼들에게 주일에도 일할 수 있도록 허락해 주셨다고 로베르 신부 편에 들은 것 같습니다. 주교님, 저도 겸손하게 간청드리오니 제가 고용하게 될 교우 노동자들에게도 같은 허락을 주셨으면 합니다. 물론 저는 이런 허락을 긴급한 필요시에만 사용할 것입니다.

주교님께서는 피정이 끝나는 토요일에 의병들이 페네 신부의 집에 침입하여 그들 마음에 드는 모든 것, 돈, 의복, 총 등을 훔쳐 갔다는 소식을 들으셨을 것입니다. 가엾은 신부는 서울에서 여름 수단이 오기를 기다리고 있습니다. 그에게 남은 유일한 수단은 겨울용이어서 여름에 입기에는 너무나 덥기 때문입니다. 그는 피정 때 겨울 수단을 입고 있었습니다. 최근 들어 곳곳에서 소란이 가라앉고 있습니다.

주교님, 주교님의 미천한 선교사인 저의 존경과 경의의 겸손한 정을 받아 주십시오.

X. 보두네 드림

페네 신부의 건강 상태와
상경 일정 보고

✛

예수 마리아 요셉

전주
1909년 9월 19일

주교님,

저는 미알롱 신부와 함께 사흘간 페네 신부에게 가서 지냈는데 신부의 상태는 많이 좋아졌습니다. 이질은 나았고 위통도 사라졌습니다. 그럼에도 허약한 상태는 여전합니다. 이 환자는 그 어떤 음식에도 거부감을 느껴서 아무것도 먹지 못합니다. 이는 아마도 오래된 위의 쇠약 때문일 것입니다. 가엾은 페네 신부는 조선 음식에 결코 익숙해지지 않았기 때문입니다.

건강 상태상 페네 신부는 9월 23일에야 서울로 떠나기로 했습니다. 그는 그동안 기운을 좀 되찾기를 바라고 있습니다. 더구나 페네 신부를 동반해야 할 미알롱 신부도 페네 신부의 짐들을 정리하려면 페네 신부 집에서 며칠간 머물러야 합니다. 두 신부는 군산에서 떠나 서울에 9월 25일이나 26일에 도착할 것입니다.

다른 신부들에게서 받은 최근 소식은 모두 좋은 소식입니다.

주교님, 저의 가장 깊은 경의와 존경을 받아 주십시오.

조선의 교황 파견 선교사
X. 보두네 드림

주교님께서 페네 신부에게 곧바로 서울로 오라고 하신, 9월 17일 금요일자 전보를 잘 받았다는 말씀을 하마터면 잊을 뻔했습니다.

1909~10년도 성무집행 보고서
-일본인 지배하의 종교적 상황, 인플루엔자 창궐-

+

예수 마리아 요셉

전주
1910년 4월 16일

주교님,

1909~10년도 정기방문도 과거의 다른 해들처럼 위안과 실망을 동시에 주었습니다. 교우들의 정신은 언제나처럼 열성 있는 좋은 조건을 유지하고 있습니다. 그들 중 아무도 종부성사 없이 죽는 것을 원치 않을 것입니다. 때로 교우 공동체의 중심부에서 너무 멀리 떨어져 있어 신부의 도움을 구하지 못한 채 죽는 교우들이 있다는 것이 안타깝습니다. 그러나 증인들의 증언에 따르면 이런 이들 중 대부분은 임종 때 훌륭한 태도를 보인다고 합니다.

교우들은 점점 더 자주 성사에 참여합니다. 재영성체와 재고해 숫자는 해마다 늘어납니다. 올해 이들 숫자는 2,750명에 달했습니다. 만일 성당 건축에 대한 부담이 없었다면, 모든 요구들을 충족시키고 더 높은 수치를 기록했을 것입니다.

세례의 수확은 만족과는 거리가 멉니다. 영세자 추수 다발은 지난해들에 비해 상대적으로 작습니다. 이곳저곳의 이삭을 줍는다 해도 50명이 될까 말까 합니다. 미래에도 더 나아질 것 같지 않습니다. 예비교우도 많지 않습니다. 그들의 수가 줄어들 가능성이 있습니다. 오늘날 우리의 주인인 일본인들은 우리 성교의 전파에 오히려 장애물입니다. 새 학교들은 어느 정도 교육을 받은 젊은이들을 배출하긴 하지만 그들의 도덕 교육은 전무합니다. 모든 사람이 점점 더 부나 물질적 안락에 대한 사랑만을 삶의 목표로 삼습니다. 조선에 자리 잡은 일본인 교우들 가운데 공공연하게 자기들의 신앙을 고백하는 사람들이 있기만 하다면…! 이런 이들은 너무도 드물어서 예외적 경우라고 말하기도 힘들 지경입니다. 이런 사실로 말미암아 우리 천주교는 조선인들에게 조금도 매력을 주지 못합니다.

개신교도들과 그 밖의 종파들의 과도한 전파는 사람들 마음에 혼돈을 일으킬 뿐입니다. 조선인은 이 뒤엉킨 사조들 가운데 어떤 것이 좋은 가르침인지 구분할 수 없을 것입니다. 그들을 가르쳐야 할 텐데 안타깝게도 우리 교우들과 전교회장들은 너무나 부족한 교육 탓에 자기네 동포를 향한 이 임무를 채울 수가 없습니다.

교우들의 사망률도 이번 정기방문 기간 동안 매우 높았습니다. 어떤 때는 티푸스성 열 같기도 하고 또 어떤 때는 인두염이나 목과 머리의 엄청난 부종 같기도 한 일종의 인플루엔자가 우리 교우들을 덮쳐 수많은 희생자가 나왔습니다. 이 질병은 완전히 사라지지는 않았습니다. 작년과 올해 초 몇 달 동안 이 병은 특히 평야 지방에 창궐했고, 한두 달 전부터는 산악 지방에도 퍼졌습니다.

이상과 같은 것이 주교님께 제 구역의 상태에 대해 알리기 위해 글로 적는 것이 좋다고 판단한 것들입니다.

주교님, 저의 자녀다운 존경의 표현을 받아 주십시오.

조선의 교황 파견 선교사
X. 보두네 드림

성당 건축 자금 마련을 위한
대출 요청

+

예수 마리아 요셉

1910년 7월 26일
전주

주교님,

제가 현재 처한 곤란 속에서 저는 주교님의 호의에 기대는 것 외에 여기서 벗어날 다른 방법을 모르겠습니다. 저는 제 밭의 판매를 기대했습니다. 작년 같았으면 구매자를 쉽게 찾을 수 있었을 것입니다. 그러나 올해엔 구매자가 드뭅니다. 또 제게는 팔 생각을 거의 할 수 없는 논도 얼마쯤 있습니다. 만약 판다면 우리 마을의 몇몇 교우 가정의 생계 수단을 빼앗는 일이 되기 때문입니다. 논과 밭 전체의 가격, 그리고 제게 남은 담배까지 합치면 7천, 8천, 9천 엔에 달할 것입니다.

외교인들에게 돈을 빌리는 것은 이자가 너무 높기 때문에 생각할 여지가 없습니다. 하지만 저의 본당 지붕에 쓸 함석을 사고, 본당 건축 마무리까지 꼭 필요한 비용을 감당하려면 4~5천 엔이 필요합니다. 주교님께서 이 돈을 저에게 빌려주실 수 있겠습니까? 그러면 내년에 주교님께서 정해 주시는 이율로 갚아드리겠습니다. 이렇게 해 주신다면 아주 큰 도움이 될 것입니다. 주교님의 도움이 없이는 건축 일을 계속할 수가 없습니다. 게다가 건축 일 중단은 상당한 손실을 가져올 것입니다.

저의 요구로 걱정을 끼쳐 드린 데 대해 주교님께서 용서해 주시기를 바랍니다. 석 달 후면 조선의 우리 전교회가 새로운 성당을 하나 더 갖게 되는 것에 주교님께서는 기뻐하실 것입니다.

저의 겸손한 존경과 경의를 받아 주십시오.

주교님의 부당한 선교사이며
조선의 교황 파견 선교사
X. 보두네 드림

주교의 성당 자금 대출에 대한
감사 및 상환 계획

+

예수 마리아 요셉

전주

1910년 8월 8일

주교님,

김 스테파노 신부가 저를 방문한 까닭에 주교님께 좀 더 일찍 편지를 드릴 수 없었습니다. 김 신부는 올해의 예외적인 비와 더위에도 아주 건강하게 지냅니다. 주교님께서 보여 주신 특별한 호의에 감사드립니다. 주교님께서 제시하신 조건을 받아들입니다. 이 편지를 통해 저는, 전주의 북문부터 동문까지의 땅(모두 성벽 안에 있습니다) 안에 갖고 있는 밭(모두 93마지기)으로 3천 엔의 빚을 갚겠다고 약속드립니다. 이 모든 밭의 상세 목록을 작성할 필요는 없다고 봅니다. 군청에서 제게 준 등록 서류에도 밭의 위치 등 세목 없이 밭의 숫자만 기록하고 있으니까요. 최근에 저는 그곳에 갖고 있던 100마지기 밭 중에 7마지기를 450엔에 팔았기에 이제 93마지기가 남아 있는데 그 가격은 틀림없이 3천 엔 이상일 것입니다.

따라서 저는 북문에서 동문까지에 있는 93마지기의 밭으로 3천 엔의 빚을 내년 중으로 갚겠다고 약속드립니다.

주교님, 저의 감사와 더불어, 주교님의 미천한 선교사인 저의 존경의 표현도 받아 주십시오.

조선의 교황 파견 선교사
X. 보두네 드림

전라도 신부들의 안부와
성당 건축 현황 보고

+

예수 마리아 요셉

전주

1910년 9월 14일

주교님,

제 교우 중 그 누구도 우리의 영광스러운 순교자 베르뇌 주교와 다블뤼 주교의 생애나 업적이나 글에 관한 정보를 제게 주지 않았습니다.

베르모렐 신부와 베르몽 신부는 오늘 여기서 수류리로 떠났습니다. 모든 동료 신부들의 건강은 좋습니다. 그러나 모두들 회두자들이 없음을 한탄해합니다.

석공들은 종탑을 짓고 있습니다. 그들이 벽돌로 된 12미터 높이의 건물을 지으면 모든 일이 완성될 것입니다.

저의 깊은 경의와 존경을 받아 주십시오.

주교님의 헌신적 선교사이며

조선의 교황 파견 선교사

X. 보두네 드림

주교님께 드리는
감사 인사와 새해 기원

+

예수 마리아 요셉

진안 장자동
1910년 12월 30일

주교님,

정기방문 중이었기에 주교님의 15일과 19일 자 편지를 어제 12월 29일에 야 받아보았습니다. 그래서 서둘러 답장을 드립니다.

주교님께서 저에게 13대의 미사 지향을 보내주시고 미사 예물 26엔을 보내주신 배려에 감사드립니다. 미사를 지향대로 잘 봉헌하겠습니다.

또한 저에게 상당한 걱정거리였던 성당 건축의 신속한 종료를 기원해 주셔서 감사드립니다. 저도 주교님께 새해 인사를 드립니다. 하느님의 섭리가 주교님께 조선 전교를 위하여 장수하게 해 주시길 기원드립니다.

깊은 존경과 경의와 함께,
주교님의 미천한 선교사로 자처하는 것에 기뻐하는

조선의 교황 파견 선교사
X. 보두네 드림

알릭스 신부의
프랑스 방문 동의

+

예수 마리아 요셉

진안 장자동
1910년 12월 30일

주교님,

알릭스 신부가 프랑스에 다녀오는 데 저도 동의합니다.

조선의 교황 파견 선교사
X. 보두네 드림

성무집행 현황 및 동료 신부들 안부
-투표 동봉-

+

예수 마리아 요셉

전주
1911년 1월 23일

주교님,

주교님께서 전라도와 경상도 지방의 동료 신부들에게 주신 의견에 따르기 위하여 저도 제 투표를 봉인한 봉투에 넣어 보냅니다.

저의 정기방문은 3분의 2가 끝났습니다. 2월 20일경에 마치기를 희망하고 있습니다. 영세자 수는 예년에 비해 적습니다. 다른 지역에서도 비슷한 상황인 듯합니다. 여기저기서 들리는 소식에 의하면 동료 신부들은 꽤 오래전에 복귀하였고 모두들 좋은 건강 상태인 것 같습니다.

올해 겨울은 더 춥습니다. 추위가 오래 가고, 눈도 다섯 번이나 내렸습니다.

주교님의 매우 미천하고 헌신적인

조선의 교황 파견 선교사
X. 보두네 드림

1910~11년도 성무집행 보고서
-부진한 성무와 조선인의 성격 변화-

✝

예수 마리아 요셉

전주
1911년 5월 31일

주교님,

1910~11년도 성무는 예년보다 더 낫지는 않습니다. 신앙생활을 포기하는 이의 수가 예년보다 더 많습니다. 60~70명 정도입니다. 이런 이탈의 이유가 무엇일까요? 신앙생활의 의무에 대한 태만 때문입니다. 교우 공동체들에서 멀리 있어 고립된 신문교우들은 천주교에 대한 갖가지 공격이나 나쁜 욕망들에 어떻게 저항해야 하는지를 몰랐습니다. 좋은 조언자나 열심한 전교회장이 그들과 자주 관계를 가졌더라면 그들에게 큰 도움이 되었을 것입니다. 그러나 아! 이 모두가 그들에게 없었습니다.

과거에 조선인의 근본 성격이던 단순성이 사라지고 있습니다. 조선인은 이기주의의 경향을 보이고 있습니다. 문명은 그들을 선으로 이끌기는커녕 그들에게서 좋은 자질들을 없애고 무수한 결점만을 남깁니다. 우리 교우들까지도 이 같은 성격 변화에서 예외는 아닙니다. 선교사의 지시에 대한 그들의 순명은 덜 민첩하고, 때로는 반항 정신을 보이기도 합니다. 아직은 반항을 곧바로 억누르지만 조만간 터져 나올 수 있습니다. 제가 방금 말씀드린 모든 것, 예외적인 기근과 함께 찾아온 삶의 어려움(인구 절반은 풀죽으로 연명할 수밖에 없습니다. 돈이 없으므로 쌀을 살 수 없기 때문입니다), 그렇습니다, 이런 극심한 비참이 사람들 마음을 황폐하게 만든 것이 틀림없습니다.

올해 세례 다발은 작년에 비해 덜 풍요롭습니다. 저는 약 40명의 예비교우에게 세례를 주었습니다. 더구나 마지막 시간의 일꾼들인 스무 명 남짓은 임종 때에 기름부음을 받는 특별한 영예를 누렸습니다. 올해 수확이 보잘것없지만 미래에는 더 낫게 하려 노력할 것입니다. 그러기 위해서는 전교회장들의 열심을 북돋아야 할 것입니다. 그들은 포교열과는 거리가 멉니다.

재고해와 재영성체는 줄었지만 이는 제 시간 대부분을 앗아가는 성당 건축 일 때문이지 교우들이 성사 받기에 게을렀기 때문이 아닙니다.

주교님, 저의 겸손하고 깊은 존경과 경의를 받아 주십시오.

주교님의 부당한 선교사
X. 보두네 드림

전교회장 임약수의 노름빚으로 인해 휘말린 소송에서 권리를 보전하기 위한 도움 요청

✛

예수 마리아 요셉

전주
1912년 1월 16일

주교님,

약간 늦었지만 저의 새해 인사를 받아 주십시오. 저는 주교 예식서에 담긴 것 외에 다른 기원을 갖지 않겠습니다. **Ad multos annos**. 그렇습니다. 주교님, 비록 선교 지역이 분리되었지만 저의 마음은 주교님과 서울의 모든 선교사들에게 한결같은 애정을 품고 있습니다. 저는 주교님을 결코 잊지 못할 것입니다.

꽤 심각한 일이 얼마 전에 갑자기 일어났습니다. 저는 최대한 영예롭게 이 일에서 벗어날 수 있기 위해 주교님의 빛으로 도움을 주시기를 청하면서 주교님께 이 사실을 알리지 않을 수 없습니다. 임약수라는 전교회장이 노름에 빠져 자기 아들과 함께 도망쳤습니다. 그들은 제 소유인 집에 기거하고 있었습니다. 제 맞은편에 있는 그 집을 저는 여학교로 만들 생각이었습니다. 임약수의 채권자들은 매우 많고 빚도 엄청납니다. 채권자 중 한 명은 소송을 통해, 그가 살던 집을 압류했습니다. 저 역시 탄원서를 제출함으로써 이 집은 교회(천주교)에 속하고 저는 대표(대리 윤 사물)임을 밝혔습니다. 법정은 이 같은 탄원서를 인정하려 들지 않았습니다. 그래서 또 다른 탄원서를 써서, 이 집은 20년 전부터 제가 소유했고, 외국인에게는 금지된 시대에 구매한 것이지만 그럼에도 그 집이 제 소유인 것은 사실이며, 문서상 자격(옛 자격)이 이를 증거하며, 이 집 구매 이후 그 어떤 반대도 없었다고 썼습니다. 법정은 이 마지막 탄원서를 받아들였습니다. 판결은 꽤 한참 후인 2월 13일로 예정되어 있습니다. 이로 미루어 보아 저는 판사들이 어떤 선고를 내려야 할지 아직 확실치 않아서, 그동안 다른 곳, 아마도 서울에서 더 많은 정보를 얻을 시간을 확보하려는 듯합니다. 판결일에 답변하기 위한 가장 나은 방법이 무엇일까요? 그 집이 제 소유이며, 비록 금지된 때에 이뤄진 구매였지만 이제는 제가 그것을 소유할 수 있는 때가 되었다고 주장해야 할까요? 아니면 금지된 때에 구매했기에 그 집이 교회에 속하는 것이라고 주장하면서, 대표(대리 또는 대표)로서 교회의 권리를 옹호해야 할까요? 아니면, 제가 전주에 온 것이 콜랭 드 플랑시 씨가 학교 창설을 이유로 조선 외부대신에게서 얻어준 허락 덕분이므로, 혹시 외방전교회 참사회가 중재해 주실 수는 없을까요? 저의 권리를 부각시킬 수 있는 최선의 방법을 좀 알려 주시길 바랍니다. 주교님께서 전임 변리공사나 총독 편에 이러한 경우를 위한 해결책을 갖고 계시다면 제가 이용할 수 있도록 좀 알려 주시기 바랍니다.

임약수의 사건이나 빚은 저를 몹시 불안케 합니다. 왜냐하면 채권자들은 온갖 구실을 써서 저에게 곤란을 일으키거나 적어도 대중 앞에서, 임약수가 교우요 전교회장이며 저의 집 중 하나에 살았고 저의 신임을 받는 사람이라는 등등의 이야기로 제 평판을 망칠 수 있기 때문입니다. 이 사건은 최근 구매자가 나섰음에도 제 밭의 판매를 늦출 수도 있습니다.

밭 판매에 대한 반대는 저를 큰 곤경에 빠트릴 수 있습니다. 저의 빚을 갚는 데에, 또한 내년 봄에 성당 건축을 마치는 데에 장애를 초래할 수 있습니다.

주교님께서 미사 중에 저를 특별히 기억해 주시길 부탁드리며 저의 가장 공경스럽고 겸손한 경의를 표하며 편지를 마칩니다.

조선의 교황 파견 선교사
X. 보두네 드림

보두네 신부
약전略傳[66]

1859년 9월 25일 출생
1884년 11월 19일 파견
1915년 5월 27일 선종

프랑수와 자비에 보두네François-Xavier BAUDOUNET는 1859년 9월 25일 아베롱Aveyron 지역 로데스Rodez의 모스튀에줄Mostuéjouls에서, 아들 가운데 두 명을 교회에 바친 독실한 그리스도인 가정에서 태어났다. 그는 벨몽Belmont 소신학교에서 수학하였으며, 그곳에서 온유함, 성격, 귀감이 되는 현명함과 돈독한 신앙심으로 눈에 띄는 학생이었다. 이후 로데스 대신학교에 입학하여 두 해를 보냈으며, 외방전교회 신학교에 들어갈 허락을 청할 때 삭발례를 받았다.

1881년 9월 9일, 파리에 도착한 그는 뤼 뒤 박rue du Bac에서 사도직 생활에 필요한 교육을 받고 준비하는 데 온전히 집중하며 삼 년을 보냈다. 그곳에서 진지한 지원자요 깊은 신앙심을 지닌 부지런한 학생으로 드러

---

[66] notice necrologique. 부고를 뜻함. 수도원 등에서 회원의 죽음을 간략한 행적과 함께 알리는 글. 보통 약전(略傳)이라고 함. (역자 주)

났다. 사소하지만 의미 있는 점으로는, 우리 선교회에서 그 역할과 권한을 다 알고 있는 '내적인 직책[67]'에 대해서도 허락을 받았다. 이 임무는 전혀 매력적이지 않고 보통 부러워할 만한 것도 아니었지만, 바로 이 점이 보두네 신부가 평생 어떤 사람이었는지를 잘 보여준다. 즉, 그는 무엇보다도 희생과 사랑, 헌신의 사람이었다.

프랑수와 보두네는 1884년 9월 20일 사제품을 받고 11월 19일에 동료 두 명과 함께 조선 선교를 위해 길을 떠났다. 기쁨에 벅차 일본에 도착한 길동무 세 명은 그들의 대목구장인 고(故) 블랑 주교가 보낸 서한을 발견하였다. 그 편지에는 새로 파견된 선교사들 중 오직 두 사람만 조선에 입국할 수 있으며, 세 번째 사람은 얼마간 더 기다려야 한다는 내용이 담겨 있었다. 그래서 제비뽑기를 하였는데, 두 동료가 여정을 계속할 동안 기다려야 할 사람으로 보두네 신부가 뽑혔다. 주교가 이렇게 결정한 데는 그럴 만한 이유가 있었다. 그때는 박해에서 가까스로 빠져나오는 때였고, 조선은 외국인에게는 늘 문을 닫고 있었다. 경비는 삼엄했고 선교사들이 조선에 들어가는 방법은 조선인으로 변장하는 길밖에 없었다. 블랑 주교는 세 사람이 함께 들어갔다가 곧장 발각되어 체포되지 않을까 우려하였다. 보두네 신부는 상황을 이해하고 이 희생을 순명으로써 받아들였다. 하지만 나가사키에서 조선 선교지 관구장으로서 인쇄 관련 업무로 일본에 온 코스트Coste 신부를 만나는 행운을 얻었다. 그의 존재는 젊은 선교사가 느끼던 유배 생활의 지루함을 덜어주는 데 많은 도움이 되었다. 이 유배는 7개월 동안 계속되었다. 1885년 8월, 드디어

---

67 당시에 파리외방전교회의 본부에서 청소, 정원 관리, 제의실 담당, 식당 등 구체적인 업무를 맡은 신학생들을 'ministres'라고 불렀다. 즉 봉사하는 직책을 가리키며, 여기에는 돈과 후원비의 관리와 공사도 포함된다.(파리외방전교회 한국지부 허보록 신부Philippe Blot가 본부의 자료실 담당 신부와 전문가에게 자문을 구해 준 답변임)

보두네 신부는 죽을 때까지 떠나지 않을 소중한 선교지로 들어갈 수 있었다.

서울에서 며칠을 보낸 후, 보두네 신부는 이 나라의 언어를 배우고 관습을 익히기 위해서 충청도에 있는 조그만 교우촌으로 파견되었다. 여기서는 6개월만 머물렀다. 오늘날 우리의 존경하는 원로인 아쉴 로베르Achille Robert 신부는 당시 경상도에 혼자 있었고, 보두네 신부는 그의 관할구 이웃으로 배정되었다. 1886년 5월 중, 보두네 신부는 서울을 떠나 발령받은 곳으로 갔다. 여진이는 작은 가마터로 서울에서는 470리, 로베르 신부의 거처가 있던 신나무골에서는 80리 떨어진 곳이었다.

로베르 신부는 다음과 같이 전한다. "나는 새 동료가 자리를 잡는 데 필요한 것을 전부 준비하여 서둘러 만나러 갔다. 그곳에 도착한 때는 저녁 6시였다. 신자들은 나와 함께 신부를 맞이하려고 모두 모여 있었다. 형제로서 포옹하고 신자들의 인사가 끝난 뒤, 우리에게 저녁 식사가 제공되었고, 내 젊은 동료는 식사에 훌륭히 응했다. 식사를 마치자마자, 사람들이 보두네 신부가 길에서 대구의 정탐꾼 무리에게 발각되었다는 소식을 전해 주었다. 정탐꾼들은 그 근처에 출몰하는 도둑들을 잡으려고 왔으며, 불과 몇 시간이면 여진이에 도착하여 보두네 신부를 잡을 수 있다는 것이었다. 그래서 우리는 신자들에게 우리가 왔다 간 것이 드러날 만한 표식을 감추도록 부탁한 뒤 되도록 빨리 달아났다. 나는 동료를 30리 정도 떨어진 교우촌으로 데려가기로 결정하였다. 우리는 그곳에 새벽 1시쯤 도착하였다. 다음 날, 사람들을 사방으로 보내 새 소식을 모으게 했고, 위험한 일이 있을 경우에 즉시 우리에게 알리도록 했다. 우리는 낮에는 산에서 소나무 아래 숨어 있다가 저녁에는 밤을 보내려고 집으로 돌아가곤 하였다. 떠돌이 생활을 한 지 닷새 만에 대구에서 온 파발꾼이 우리에게 알리기를 마을 신자들이 돈을 들여 정탐꾼 우두머리를 설득해 대구로 돌려보내는 데 성공했다는 것이었다. 이제 우리는 목숨을 건진 것이었다. 다음 날 밤, 나는 보두네 신부를 거기서 80리 떨어진 내 거처로 데려갔다. 그는 거기에서 며칠 동안 쉴 수 있었고 처음 겪은 감정들을 가라앉힐 수 있었다. 그 후 나는 보두네 신부를 그의 자리인 여진이로 안내하였다. 그는 도착한 바로 다음 날부터 놀라운 열정과 인내심으로 언어 공부를 시작하였고, 그해 10월에는 그의 광대한 관할 지역 직무를 시작할 수 있게 되었으며, 그 일은 다음 해 3월까지 계속되었다.

이즈음 나는 대구 근처로 가기 위해서 신나무골을 떠나야 했고, 보두네 신부가 내 자리를 맡았다. 그래서 우리는 서로 40리 떨어져 있었고 15일마다 만날 수 있었다. 여름 동안, 내 동료는 계속해서 언어 공부에 전력을 기울여, 이미 꽤 말을 잘하게 되었으며, 사전을 상당 부분 외울 정도였다. 그러나 다음 봄에 우리는 헤어져야 했다. 주교는 보두네 신부를 베르모렐Vermorel 신부의 이웃이자 멘토로서 전라도로 보냈다. 베르모렐 신부는 이제 막 도착했으며 라푸르카드Lafourcade 신부 선종 이후 남아 있는 유일한 신부였다."

보두네 신부는 서울에서 460리, 전주에서 40리 떨어진 마을인 대승리에 자리를 잡았다. 거기서 삼 년을 머물렀는데 고생이 심하였다. 신자들은 주교에게 선교사를 요청하면서 선교사가 머물 숙소를 약속하곤 하였다. 그러나 선교사가 도착하고 나면 신자들은 누추하기 짝이 없는 방 하나를 내줄 뿐이었다. 그 방에서 선교사는 실낯을 뚫고 피를 빠는 데 여념이 없는 엄청나게 많은 작은 벌레와 미사를 드리고 낮에는 공부하고 밤에는 잠을 자야 했다. 이 방은 가족들이 사는 방과 떨어져 있지 않았다. 바로 옆 방에서 아이들 서너 명이 낮 동안 내내, 때로는 밤에도 내는 우는 소리와 웃는 소리와 온갖 소란을 막기에는 어림없는 얇은 벽이 있을 뿐이었다. 보두네 신부는 이 소음을 '팡파르(군악)'라고 부르곤 하였다. 신부가 머무르는 집은 빚이 많은 집안이었다. 쌀이 떨어지면 — 그리고 그건 자주 있는 일이었는데 — 세입자의 몫으로 대신하곤 했다. 훔치려는 의도는 분명히 없었다. 즉 언젠가 갚으려고 마음먹었을 것이다. 그러나 기다리는 동안, 선교사의 돈은 믿을 수 없을 정도로 빠르게 사라졌고 곡식 창고로 쓰이던 커다란 옹기는 늘 비어 있었다.

그럼에도 보두네 신부는 신자들 사이에서 행복하였다. 일 년 중 몇 달이 걸리는 (공소) 방문 외에도 고해성사를 주고 종부성사를 주기 위해서 높은 산들을 오르내리는 데 나머지 시간을 보냈다. 또 공부하는 데, 특히 조선말을 공부하는 데 썼다. 치열하게 노력한 덕분에 아주 평범한 방법만으로도 신부가 모국어보다 조선말을 더 잘하게 되었다. 그래서 그의 말을 들은 이방인들을 놀라게 하였다.

보두네 신부가 조선에 들어온 이래, 그러니까 10년 동안, 외국인에 대한 조선인의 생각은 비교적 많이 변화하였고, 특히 교육받은 계층에서는 더욱 그러하였다. 이 식자층은 조만간, 좋든 싫든 간에 수 세기 동안 지속해 온 쇄국정책을 그만두어야 하리라는 것을 알았다. 이미 무역 분야에서는 정부와 유럽 열강들 사이에 무역을 위한 조약이 체결되었다. 프랑스는 서울 주재 영사를 두고 있었다. 선교사들은 숨지 않고 돌아다니기 시작하였다. 여권을 가진 선교사들은 아무 데나 여행할 수 있었고 서울과 개방한 항구에 거주할 수도 있었다. 이는 자유를 향한 여명이었다! 조선 교회가 지하 교회에서 빠져나온 것이었다.

보두네 신부는 이런 상황을 전라도의 중심인 전주로 가서 정착하는 데 이용하였다. 때는 1891년이었다. 도착하였을 때, 그 도시에는 신자 가정이라곤 한 집밖에 없었고 휘몰아치던 박해 바람이 지나갔음을 아는 이도 없었다. 그러나 전주는 그리스도인들의 비옥한 토양이 되어줄 순교자들과 그 순교자들의 피와 특별히 영웅적인 동정녀 루갈다의 피를 품은 도시였다.

오래된 몇몇 신자 가정이 선교사 옆으로 이사 와서 살게 되었다. 이 신자들은 그들의 이웃인 외교인들에게 복음을 전하는 자가 되었다. 차츰차츰 예비신자들이 생겨났다. 개종은 빨랐고 수도 많았으며, 몇 년 후에는 사제 한 명이 담당하기에는 너무 넓어진 지역을 두 번에 걸쳐 나눠야 했다.

모든 게 순조롭게 진행되던 중 1894년 동학농민운동이 일어났다. 소규모의 의화단 봉기였다. 그들은 "조선은 조선인에게, 외국인들에게는 죽음을!"이라는 슬로건을 내걸었다. 대부분 무뢰한, 무직자로 구성된 동학군은 지방을 돌아다니며 아무 데서나 폭동을 일으켰다. 이들이 가는 곳은 약탈, 강간, 도적질로 얼룩졌다. 동학군은 훈련도 규범도 몰랐고 지도자도 없었다. 각자 편할 대로 하고 있었다. 그동안 서울에서는 선교사들을 걱정하고 있었다. 그래서 선교사들에게 서울로 돌아오라는 지시를 내렸다. 돌아갈 수 있는 이들은 이 신중한 소집에 응하여 돌아갔다. 그러나 너무 멀리 떨어져 있는 이들은 산으로 피해야 했다. 보두네 신부와 불운한 동료 비에모 신부는 신자들이 몰래 가져다주는 식량 외에는 아무런 식량도 없이 아무런 거처도 없이 두 달 동안이나 떠돌아다녔다. 그런데 육체적인 고통보다 정신적인 고통이 더 컸던 것은 어느 교우촌 신자가 살해당했고, 어떤 이는 고문당하였고, 부인들은 능욕을 당했고, 어느 마을은 불탔으며, 어느 선교사의 거처는 약탈당했다는 등 소식을 알려 주는 읍의 편지로 매 순간 정신적으로도 괴로웠기 때문이다. 이렇게 떠돌아다니는 불안정한 생활에 지친 우리의 두 용감한 사람은 상황이 나아질 기미가 보이지 않자, 행운을 시험하며 서울로 가자는 결단을 내리게 되었다. 이는 결코 쉽지 않은 일이었다. 길은 동학군으로 가득 찼고, 도망자들은 매 순간 동학군의 손아귀에 떨어질 위험에 놓이게 되었다. 그러나 그들은 마침내 도착했다. 위험이 없지도 않았지만 특별한 섭리의 보호도 없지 않았다. 어느 날 밤, 동학군은 자신들이 만난 두 유럽인이 말을 알아들을 거라곤 생각지도 못한 채, 두 사람을 죽일 궁리를 하였다. 비에모 신부는 피곤에 지쳐 잠을 자고 있었으나, 보두네 신부는 동료가 조용하게 쉬도록 둔 채 깨어서 말을 다 듣고 있었다. 그런데 그다음 날, 이 위기에서 기적처럼 빠져나와 들었던 말을 동료에게 이야기해 주었다.

우여곡절 끝에 서울에 도착한 보두네 신부는 있던 곳으로 돌아갈 수 있게 되기까지 다시 오랫동안 기다려야 했다. 마침내 조선 정부는 질서를 다시 세우기에 역부족임을 알고 일본인들에게 도움을 청하기로 결정하였다. (반란군과 싸우도록 보낸 군대가 신부들 곁을 지나갔다.) 일본인들은 주저하지 않았다. 그들은 병력 몇 개 부대를 보내어 약탈자들을 금세 제압했다. 몇몇을 사살하고, 몇몇은 부상을 입혔으며, 나머지는 도망쳤고, 마침내 나라에 평화가 찾아왔다. 보두네 신부는 동학으로 인해 초래된 정신적·물질적 피해를 복구하기 위해 서둘러 자신의 관할 지역으로 돌아갔다.

피해는 엄청났다. 선교사 조조Zozeau 신부는 살해당하였고, 다른 선교사들의 거처들은 약탈을 당하였으며, 보두네 신부의 거처는 특별히 더 큰 피해를 입었다. 집에 남은 것이라곤 지붕과 네 벽뿐이었다. 그 집은 도와

주던 사람의 헌신으로 화재는 면할 수 있었으나 이 사람은 그런 용기에 대한 대가로 총탄을 맞아 턱뼈가 날아가 버렸다. 회개의 물결을 멈추게 하거나 지연시킬 것처럼 보였던 이 광풍은 오히려 회개하는 이들을 증가시킬 뿐이었다. 그 후 수년 동안에 선교사는 수백 명에게 세례를 주었다. 바람은 종교 쪽으로 불고 있었다!

신자들의 수는 날이 갈수록 늘어나는데 막상 모임을 위한 초라한 경당 하나밖에 없었기에, 보두네 신부는 보다 큰 성당을 지을 생각을 하게 되었다. 신자들은 할 수 있는 대로 돕겠다고 약속하였다. 신부는 필요한 돈을 충당하기 위해 한 푼 두 푼 모으기 시작하였다. 오랜 시간이 걸렸다. 신부는 부유하지 않고 가난하였으며, 요청할 줄을 거의 몰랐다. 자금이 충분히 모였다고 생각하였을 때, 우리의 위대한 건축 설계자인 존경하는 프와넬Poisnel 신부에게 멋지고 웅장한 성당 설계도를 부탁하였다. 신부는 "여기는 도시입니다. 우리의 거룩한 종교를 영예롭게 할 어떤 것이 필요합니다."라고 하였다.

설계도가 완성되자 신부는 일을 시작하였다. 일은 순조로웠다. 그런데 벽과 지붕이 거의 완성되어 갈 무렵 자금 부족으로 일을 중단해야 했고, 그 중단은 2년 동안 지속되었다. 혹독한 시기였다. 그러나 언제나 하느님의 섭리에 의탁하는 사람인 신부는 용기를 잃지 않았다. 단순하게 다시 모으고 모금하고 특히 내핍생활을 시작하였다. 2년이 끝나갈 무렵, 성당을 다시 짓기 시작하였다. 그리고 종교를 영예롭게 할 뿐 아니라 전주에서 가장 아름답다는 한옥과 일본식 건물들을 압도하는 성당을 완성하였다. 조선의 두 선교지에서, 지방에 있는 성당들 가운데 가장 아름다운 성당임이 확실하였다. 그러나 하느님은 이 성당을 위해 신부가 얼마나 많이 걱정하고 절약하고 내핍하였는지 아신다. 우리는 이 성당의 돌 하나 하나가, 벽돌 한 장 한 장이 선교사의 내핍과 극기를 표현하고 있다고 얘기할 수 있다. 신부는 필요한 것조차도 절약하였다. 그토록 오랫동안, 일 년 365일을 너무나 부족한 가운데서도 견딜 수 있었던 것은 신부의 튼튼한 체질과 강철 같은 기질 덕분이었다. 나는 그가 순회 사목하던 삶에 대해 말하는 것이 아니다. 그것은 지극히 단순한 한국인의 일반적인 삶이었다. 누군가 그를 찾아오면 잘 맞이하려고 마음을 다하였다. 그러나 혼자 있을 때는, 평균 잡아 세 끼에 20푼 이상을 쓰지 않았다고 나는 믿는다. 그러나 몇 년 전부터, 신부는 유럽산 포도주 반 통 정도를 소비하는 사치를 누려도 된다고 생각하였다. 이 포도주 대부분은 손님을 위해서 남겨 두었다. 신부는 겨울에 아주 조금 마셨을 뿐이고, 여름에도 한 병을 소비하는 데 사오일은 족히 걸리곤 했다. 말을 한 필 가지고 있었는데, 지역에서 높은 산을 거쳐 가는, 자주 찾아가는 먼 거리를 갈 때 쓸모가 있었다. 건축을 꿈꾸기 시작한 날 이 말을 처분하였다. 입 하나라도 줄이는 길이었기 때문이었다.

그는 음식만큼이나 옷차림에서도 소박했다. 신부는 새 수단이나 모자 쓰는 것을 싫어하였다. 마지막 순간에 함께 있었던 두 동료는 신부의 보잘것없는 옷장에서 마지막 단장에 알맞은 옷을 찾아내는 데 애를 먹었다. 신부한테는 솜이 든 실내복이 한 벌 있었는데 자주 입던 옷이었다. 빛이 바랜 이 옷은 신부가 오랫동안 입었던 것이 분명하였다. 신부는 이 옷도 피정 갈 때에 같은 중요한 일이 있을 때나 사용할 뿐이었다. "그것은 헐벗음을 감추는 용도였다." 거처도 마찬가지였다. 한옥에서 살았는데, 그곳은 겨울을 겨우 날 수 있었고 여름에는 사람이 익어 버리는 곳이었다. 사람들이 이 점을 지적하면, 신부는 "일단 먼저 성당부터 짓게 해 주세요. 그다음 일은 나중에 봅시다. 먼저 주님을 모셔야지, 종은 그다음입니다."라고 외쳤다.

가난과 애덕은 자매간이며, 우리의 착한 동료는 그 어느 하나에서도 덜 뛰어나지 않았다. 신부의 가장 큰 행복은 다른 사람을 섬길 수 있다는 것이었고, 그 사람을 기쁘게 하는 것이었다. 신부를 아는 이들은 너나 할 것 없이 이 점을 증언한다. 그가 신자들의 육체적 비참함뿐 아니라 영적 비참함까지 덜어주도록 움직이게 한 것은 바로 그의 애덕이었다. 신부는 불행한 이들을 두고 볼 수 없었다. 괴로워하는 이들에게는 한없는 연민을, 신자들의 잘못과 결점을 용서하는 데는 비범한 관대함을 보였다. 특히 새 신자들과 집안사람들에게는 더욱 그러하였다. 이들에 대하여 나쁘게 말하는 것은 그의 눈동자를 건드리는 셈이었다. 그들이 종종 이해하지도 못했던 이 선의를 일부 사람들이 이용하려 했다는 사실이 그저 놀랄 뿐이다. 조선에 큰 도시에는, 전주도 예외 없이, 일하지 않는 사람들, 할 일을 찾으려고 하지 않는 사람이 많았다. 이런 이들 가운데 많은 이가 선교사의 면담실을 드나들었다. 이들은 종교에 대해 알고 싶다는 핑계로 찾아와서 이런저런 이야기를 늘어놓고, 담뱃대로 담배를 피우고 물건들을 어질러 놓았다. 또 식사 시간에는 요리하는 사람을 돕는다고 가서 솥 바닥까지 비우곤 하였다. 얼마나 많은 쌀이, 알고도 모르고도, 그대로 두는 가엾은 신부님 몰래 사라졌던가! 성품이 곧고 순박했던 그는 사람들이 하는 말을 쉽게 믿었고, 누군가가 자신을 속일 수 있다는 생각조차 하지 못했다. 그는 자신을 기준 삼아 타인을 판단했는데, 이는 애덕에는 도움이 되었지만, 항상 신중하다고는 할 수 없었다.

바오로 성인은 영혼 구원을 위해 유익하게 일하려면 모든 이의 모든 것이 될 줄 알아야 한다고 하였다. 보두네 신부는 이 원칙을 문자 그대로 지켰다. 모든 면에서 조선 사람이 되었던 것이다. 영혼 구원을 위해 일할 때는 아무것도 신부를 멈추게 하지 못하였고 신부한테는 아무것도 힘들지 않은 듯 보였다. 종부성사를 달라는 부탁을 받으면 낮이든 밤이든 아무 때든 상관없이 곧장 떠났다. 바로 그때가 많은 죄인에게는 결정적인 시간이고 큰 고기를 낚아챌 수 있는 가장 좋은 순간이라고 말하곤 하였다. 부부들이 화해하고, 집 안에 평화가 다시 자리 잡으며, 좋은 길에서 벗어난 가련한 이들이 다시 바른길로 되돌아오도록 얼마나 많은 시간을 고해소 안팎에서 보냈는지! 우리의 사랑하는 동료는 신심과 하느님과의 일치 안에서 사명을 잘 수행할 수 있는 힘과 빛을 끌어왔다. 그는 신심업(기도생활)에 매우 충실하여, 아무리 바쁘더라도 그것을 빠뜨리는 일이 드물었다. 신심 안에서 자신을 충전하는 것이 마치 음식을 먹어야 하는 것처럼 꼭 필요하다고 느꼈다.

나는 여기서 끝내지 않을 것인데, 신부가 우리에게 남긴 본받을 만한 덕행, 매우 아름다운 품성을 되새기고 싶기 때문이다. 나에게 있어 신부는 사도직 생활을 하는 사람의 전형이요, 말 그대로 선교사이며, 파리 신학교에서 꿈꾸던 이상형이었고, 계속 그러하리라고 덧붙이는 것으로 충분하다. 이상이라니! 실천하기보다는 상상하기가 훨씬 쉬운 것. 그렇다. 우리가 간절히 원하는 강인함을 지닌 선교사는 드물다. 그를 잃음으로써 선교회는 큰 손실을 입었다. 선교회는 끝까지, 기진맥진할 때까지 일한 착한 일꾼을 잃었다. 신부는 선교 인생 전체에서 두 번 앓았다. 한 번은 장티푸스에 걸려 한 달을 앓으면서 새 풍토에 적응하는 대가를 치른 때였고, 두 번째는 4년 전, 병자를 돌보며 접촉하면서 이질에 걸려 고생할 때였다.

신부를 앗아간 병은 단 5일 동안 지속되었을 뿐이다. 5월 22일, 성령강림대축일 전날, 신부는 저녁에 이미 몹시 피곤하였으나 온종일 고해를 들었다. 처음에는 그저 소화 불량에 걸렸나 싶었다. 그러나 얼마 후에 구토와 설사가 심해졌다. 신부는 콜레라에 걸린 것 같다고 생각하고 약을 먹었다. 조선인 의사가 지어준 약들은 아무런 효과도 없었다. 밤에는 불편해서 선교사는 잠을 잘 수 없었다. 다음 날, 상태가 심각한 데도 미사를 드리려고 하였다. 세 번 시도했으나 마치지 못하였다. 그는 패배를 인정할 수밖에 없었다. 사람들이 신부를 방으로 데려갔고 신부는 자리에 누웠다. 그리고 다시 일어나지 않았다.

그토록 아름다운 삶의 마지막을 장식한 죽음을 온전히 전하기 위해, 나는 우리 모두가 사랑하고 애도하는 이 소중한 동료의 마지막 순간을 자세하게 전해 주는 드망즈 주교의 편지를 거의 그대로 옮기는 것보다 더 나은 방법은 없다고 생각한다.

주교는 5월 28일에 다음과 같이 썼다. "약해진 것은 바로 심장이었습니다. 그제 신부님은 다시 조금 나아져 신문도 읽으려 하고 담배도 피우려 하였습니다. 그러나 저녁이 되자, 미알롱Mialon 신부님과 뤼카Lucas 신부님은 신부님의 기력이 약해지는 것을 알아차렸습니다. 기력이 점점 더 떨어졌습니다. 신부님은 의식이 또렷한 상태에서 종부성사를 받았습니다. 신부님이 눈을 감고 잠든 것처럼 머리를 약간 오른쪽으로 기울이고 숨을 멈췄을 때는 두 동료가 임종경臨終經을 방금 마친 때였습니다. 1915년 5월 27일, 어제 아침 10시였습니다. 저는 밤 11시가 되어서야 겨우 도착했습니다. 시신을 선교지의 산에 매장하는 허가를 받으려고 경찰서에 다녀온 오늘 아침, 우리는 '신자들의 오열' 속에 입관 예절을 하였습니다. 이 슬픈 의식이 진행되는 동안, 저는 30여 년 전 뤼 뒤 박 성당에서 사람들이 입 맞추었던, 고인의 발을 바라보았습니다. Quam speciosi……, 모든 이가 부활할 그 날에 저 발은 얼마나 아름다울지! 저 두 발은 항상 거친 길, 산길을 얼마나 걸었는지! 그 걸음에는 신부님이 하느님께 바치셨던 조선인의 영혼 구원이라는 목적 외에는 아무런 목적도 없었습니다. 신부님은 조선인 영혼들을 주님만이 아시는 육체와 정신의 고통을 대가로 치르고 샀습니다. 왜냐하면 고인은 불평할 줄 몰랐기 때문입니다."